일반유아교사를 위한

특수유아의 이해와 지도

강미희 · 김순영 공저

21세기사

머 리 말

우리나라의 유아특수교육은 1994년 개정된 특수교육진흥법에 의하여 장애유아 분리교육 중심체제에서 통합교육 중심체제로 전환되었다. 1998년부터 일반 유치원에 설치되기 시작한 장애유아 통합학급은 2004년 156개로 전체 유치원 학급의 0.9%를 차지하고 있다. 또한 보육시설의 경우 장애유아의 비율은 보육시설 전체의 1.9%를 차지하고 있으며 보육시설 중 20.8%가 장애유아를 포함하고 있다. 그리고 특수학교에서 유아특수학급이 점차 없어져 가고 있는 현상은 우리나라에서 장애유아통합교육이 확산되고 있음을 보여주고 있다. 현재 장애학생 통합교육을 위한 학급구성에서 장애유아의 수는 일반학교 1학급당 유치원은 4명, 초등학교와 중학교는 6명, 고등학교는 7명까지 포함시켜 교육할 수 있도록 규정하고 있다.

그리고 정부가 추진한 일련의 정책 즉, 2004년 장애유아 무상교육비 지원, 2005년 보육시설의 장애유아 무상교육 4천명에서 9천명으로 확대 실시, 2005년 유아특수교육기관 종일반 및 방과 후 학교 운영지원, 2006년 장애아 특수학급 설치 의무화 등 정책 흐름을 살펴보면 장애유아에 대한 통합교육, 무상교육, 의무교육을 강화하려는 움직임을 감지할 수 있다. 따라서 앞으로 유치원이나 보육시설인 어린이집에서 장애유아 통합교육은 더욱 활성화 될 것으로 전망되며 장애유아가 일반 유치원이나 어린이집에 입학하는 수는 급격히 증가될 것으로 보인다.

또한 교육인적자원부는 2007년 12월 13일, 현재 비장애학생과 마찬가지로 초・중등학교만 의무교육 대상이었던 장애학생에 대하여 2010년부터 만 5세 장애유아도 의무교육 대상에 포함시킬 뿐 아니라 장애유아 만 4세는 2011년, 만 3세는 2012년부터 의무교육을 하겠다고 발표했다. 이대로 정책이 추진된다면 향후 3~5년 사이에 일반 유치원이나 보육시설에서 일반유아와 장애유아를 포함시켜 교육하는 통합학급이 보편적인 현상으로 자리 잡을 것으로 예상된다. 즉 유치원 및 어린이집은 최소한 1학급 이상의 통합학급을 갖게 될 것이며 통합학급은 일반유아교사와 유아특수교사, 일반유아와 장애유아가 함께 어우러져 교육활동이 이루어지는 통합교육환경 및 통합교육과정 구성 및 운영으로 전환된다.

따라서 유아교육기관 및 보육시설의 원장 및 일반 유아교사는 곧 다가 올 장애유아 통합교육 및 통합학급에 대비하여 유아특수교육 전문가 수준만큼은 아니더라도 특수유아를 이해하고 통합교육활동에 필요한 특수유아교육에 대한 기초 지식을 습득해야 하는 것이 당면한 과제라 할 것이다. 이와 같이 특수교육대상자에 대한 정부의 지원정책이 강화되는 추세에 발 맞춰서 교육인적자원부(2007)는 특수유아교사가 아닌 유치원 2급 정교사 자격증 취득을 위한 교육과정에 교직필수로 교직소양과목에 특수아동의 이해, 특수교육학개론, 영재교육 등의 내용도 포함시켜 다루도록 교사자격 관련법령 개정안을 발표했다. 즉 이제는 특수유아교사가 되려는 교사뿐만 아니라 일반 유치원 교사가 되려는 예비유아교사들 또는 현재 일반 유치원에서 근무하는 유치원 교사, 어린이집 교사도 특수유아에 대한 기초지식을 습득하는 것이 선택이 아니라 필수가 된 것이다. 따라서 적어도 유치원 교사를 양성하는 대학의 유아교육과 교육과정에는 2시간 이상의 특수유아, 특수교육학, 영재교육 등의 내용을 다루는 것이 기본이 되었다.

다만 기존에 특수유아교육을 전공한 학생들이 주로 보는 특수유아교육과 관련된 전문 서적들을 유아교육 전공 학생들에게 강의 교재로 제공하다보니 유아교육 전공학생 입장에서는 그 양과 질에서 부적합하고 어렵게 느껴지며 흥미를 잃기 쉬운 점이 발견되었다. 즉 특수유아 및 특수유아교육에 대한 전문지식의 양과 깊이, 준비도에서 유아특수교육 전공 학생과 유아교육 전공 학생 간에는 관심과 필요 및 요구의 정도가 다를 뿐 아니라 눈높이에 차이가 있음에도 불구하고 전혀 이를 반영하지 않은 유아특수교육 전공자에 맞춰진 교재를 그대로 유아교육 전공자에게 사용하는 경향이 있다. 이로 말미암아 특수유아 및 특수교육환경에 전혀 접해본 경험이 없는 유아교육 전공자의 입장에서는 특수유아 및 특수교육 내용이 매우 거리감 있게 느껴진다. 또한 교재내용이 특수유아 보다는 초등특수아동에 초점을 맞추어지는 경향이 있고 특수유아를 교육하는데는 구체적으로 도움을 주지 못하는 경우도 있다.

따라서 이 점을 보완하여 유아특수교육 전공자의 전문 지식과 유아교육 전공자의 특수유아와 유아특수교육에 대한 준비도와 시각차를 조율하여 적정한 선에서 특수유아교육을 체계화시킨 일반유아교사 전용의 '일반유아교사를 위한 특수유아의 이해와 지도'라는 책을 출간하게 되었다. 또한 이 책에서는 교육인적자원부에서 교직소양과목의 내용으로 특수교육에 영재교육을 포함시켜 다루도록 한 관련법령 개정안 규정(교육인적자원부령 제922호, 2007.12.31)을 충실히 반영하여 영재교육과 관련된 기초적인 이론 및 지식도 함께 포함시켜 집필하였다.

이 책은 다음과 같이 10장으로 구성되어 있다. 제1장 유아특수교육의 이해, 제2장 장애유아란 무엇인가?, 제3장 장애유아의 진단 및 평가, 제4장 시각장애유아의 이해와 지도, 제5장 청각장애유아의 이해와 지도, 제6장 언어장애유아의 이해와 지도, 제7장 정신지체유아의 이해와 지도, 제8장 자폐증유아의 이해와 지도, 제9장 장애유아 가족의 특성과 요구에 대한 이해, 제10장 영재유아와 영재교육으로 구성하였다.

아무튼 이 책이 부족하나마 유아교육 전공자들이 특수유아와 유아특수교육에 대한 기초지식을 보다 이해하기 쉽고 흥미를 갖고 접하는데 조금이나마 보탬이 되었으면 하는 바람이다.

그리고 이 책이 나올 수 있도록 흔쾌히 출판을 맡아주신 21세기사 이범만 사장님을 비롯한 직원 여러분께도 감사를 표한다.

2010년 4월 8일

공저자 강미희 · 김순영

차 례

제 1 장

유아특수교육의 이해

1. 유아특수교육의 중요성과 목적
2. 장애 발견과 조기중재

제1장

유아특수교육의 이해

1. 유아특수교육의 중요성과 목적

지금 우리 사회는 과거와는 달리 규준으로부터 일탈된 유아에 대한 관심이 증대되고 있다. 이는 유아기 초기의 경험이 훗날의 성공에 매우 중요하며, 이러한 중요성은 특별한 요구를 가진 장애유아에게 더욱 더 중요하다고 널리 인식하고 있기 때문이다. 장애유아가 성상발달의 가변성이 높은 결정적인 어린시기에 적절한 도움을 받는다면 훗날의 학습 실패가 예방되거나 개선된다는 것은 명백하다. 그러므로 장애아를 위한 교육은 영유아기 부터 시작되어야 할 필요성이 있다.

이러한 이유로 우리나라에서도 1994년 특수교육진흥법 개정을 통해 3세에서 5세 까지의 장애유아를 위한 유치원 무상교육을 명시하고 있다. 교육부의 특수교육 발전방안(1997~2001)을 살펴볼 때, 보건복지부는 조기 발견, 조기 치료, 상담(0~2세), 교육부는 조기교육과 조기통합(3~14세)을 기본 방향으로 삼고 있다(교육부, 1996). 이러한 정책 방향의 설정은 현시점이 그 어느 때 보다도 장애유아 교육의 기회 증가 뿐만 아니라 통합교육에 대한 사회적 관심이 급증하고 있음을 반영하고 있다.

장애유아는 신체적, 정신적, 사회・정서적, 환경적, 건강적 요인 때문에 장애를 가졌다고 판별되었거나 장애를 가질 위험이 있는 0~6세의 유아를 말한다. 이들은 연령이 어리므로 부모와 가족에게 매우 의존적이다. 그러므로 장애유아를 위한 교육은 장애유아뿐만 아니라 그 가족의 특별한 요구도 충족시켜야 할 것이다.

1) 새로운 학문의 출현 : 유아특수교육(Early Childhood Special Education : ECSE)

사회가 조기 경험의 중요성과 특별한 요구를 가진 장애유아를 인정하고 이들을 도와주려고 하자, 이러한 도전을 만족시킬 수 있는 새로운 학문의 필요성을 느끼게 되었다. 역사적으로 볼 때 특수교육은 학령(學齡)의 장애아 교육에 초점을 맞추어왔다. 그리고 유아교육은 학령전(學齡前)의 정상유아를 대상으로 교육하였다. 그리하여. 이 두 학문이 병합함으로써 학령전의 장애유아에게 초점을 맞추는 새로운 학문인 유아특수교육이 출현하게 되었다.

유아교육과 특수교육은 각각 분리되어 발달되어 왔지만, 이들은 모두 특별한 요구를 가진 아동에게 공통적인 관심을 가졌다. 우리는 이 두 가지 확립된 분야의 연구, 정보, 개념, 실제의 통합에 의해 장애유아를 더 잘 이해하고 그들을 더 효과적으로 도울 수 있다. 장애유아에게 적절한 교육이란 어떠해야 하는가? 유아교육에서는 유아의 전반적인 발달과 성장이 프로그램을 형성하는 데 기본이 된다. 그러므로 유아의 전인 발달과 성장이 교육의 기본이 된다. 반면에 장애유아를 대상으로 하는 특수교육은 장애유아 개인의 차이와 과제분석이 교육 프로그램 구성의 중요한 고려사항이다. 그러므로 장애유아의 교육을 위해 바람직한 유아특수교육은 유아교육과 특수교육의 제요소를 필요로 한다. 즉 유아의 전인발달에 초점을 맞추는 동시에 개인간의 차이와 개인내의 과제 분석에 초점을 맞추어야 할 것이다. 이러한 이유로 최근의 유아특수교육이 지향하고 있는 주요 전제는 다음과 같다.

① 다양한 이론적 접근과 프로그램 모델들이 현재의 유아특수교육에 공헌하였다.
② 가장 효과적인 유아특수교육은 제일 먼저 유아가 어떻게 배우는가를 이해하는 것이다.
③ 통합교육은 윤리적, 법적, 교육적 근거에서 지지되고 있다.
④ 최근 유아특수교육의 초점은 장애유아를 정상유아와 함께 통합교육을 실시해야 하는가(whether)에 있는 것이 아니고, 통합교육을 어떻게 가장 효과적으로 계획해야 하는가(how)에 있다.
⑤ 모든 유아특수교육의 목적은 부모와의 협력을 통해 가장 잘 성취되어질 수 있다.
⑥ 장애유아를 위한 교육 프로그램은 모든 유아에게 가장 적합하다고 여겨지는 원칙과 전략에 기초해야만 한다.
⑦ 유아특수교육의 최선의 실제는 NAEYC에 의해 인정된 '발달에 적합한 실제'를 포함하며, 다음의 두 원칙에 근거하고 있다. 첫째, 프로그램은 각 유아의 개별적인 발달적 요구를

충족시켜야 하며 둘째, 그들의 이러한 요구와 충족시킬 수 있는 최선의 매개는 유아의 놀이이다.

⑧ 유아의 요구는 다양한 서비스 전달 모델을 통해 충족되어야 한다. 가정 중심 프로그램과 기관중심 프로그램을 포함해야 한다.

2) 장애유아의 진단

유아특수교육의 목적은 문제가 가중되어 장애라고 진단되거나 신체적 장애가 다른 발달을 방해하기 전에 유아의 삶을 중재하는 데 있다. 그러나 전통적인 범주화된 진단은 이미 문제가 존재해야 하고 진단되어 질 수 있을 만큼 충분한 심각성이 있어야만 하므로 중재에 목적이 있는 유아특수교육의 목적에 위배된다. 신체적인 장애와 뇌손상 그리고 질병은 연령이 어려도 의학적으로 진단될 수 있으나 정신지체, 정서장애, 학습장애와 같은 진단 기준은 연령이 높은 장애아동에게 적합한 진단 규준이므로 장애유아에게 적용하기에는 어려움이 있다. 이들이 보이는 행동이나 인지 기술로부터 장애를 간접적으로 추론할 뿐이다. 또한 2세에 정신지체로 진단받았던 유아의 경우 적절한 교육이 주어졌을 때 정신지체가 아닐 수도 있는 것이다. 또한 어린 영아의 경우 매일의 신체적, 정서적 상태나 주변 환경에 매우 영향을 받으며, 급속한 성장과 발달의 기간이므로 한두 번의 진단을 내려 장애유형별 표찰을 붙이는 것은 매우 위험한 일이다. 결과적으로 유아특수교육 영역에서는 유아가 유아특수교육 대상자임을 확인하고 표찰함에 있어서 특수교육과는 상이한, 나름대로의 영역에 적합한 새로운 체제의 진단과 표찰의 제도가 필요하다는 것이다. 그리하여 유아특수교육자들은 "발달지체"라는 용어를 사용하기 시작하였다.

장애를 가진 영유아에게 장애분류 대신 발달지체라는 용어를 일반화하기 시작한 것은 1980년 이후부터이다. 특히 미국의 공법 94-142가 1986년 공법 99-457로 개정되면서 발달지체의 용어 정의가 미국의 각 주에서 내려지기 시작하였다. 발달지체는 영유아 조기교육이나 중재의 서비스 대상아동을 지칭하고 있다. 그리고 영아와 유아를 나누어 발달지체아의 범주를 정하고 있다. 미국의 1986년의 장애아 교육법(PL 99-457)에 의하면 유아특수교육의 혜택을 받아야 하는 대상아동을 다음과 같이 정의하고 있다.

① 적절한 진단도구와 절차에 의하여 인지발달, 신체발달, 언어발달, 심리·사회적 발달, 신변처리기술 영역 중 하나 이상에서 발달지체를 보이거나 ② 신체적, 정신적으로 발달지체를 일으킬 높은 가능성을 지닌 것으로 진단되었을 때 이다.

3) 유아특수교육의 목적

장애영유아를 대상으로 하는 유아특수교육의 목적은 다음 4가지이다.

① 장애영유아의 발달을 촉진하고 발달지체의 가능성을 최소화하며 ② 장애영유아가 학령기에 이르렀을 때 특수교육과 관련 서비스를 받아야 하는 가능성을 최소화하여 전국의 학교를 포함한 사회가 부담해야 할 교육비용을 절감하고 ③ 장애인의 시설 수용 가능성을 최소화하며, 사회에서의 그들의 독립적인 생활 가능성을 최대화하고 ④ 장애영유아의 특별한 요구를 충족시킬 수 있는 근본적이며, 꼭 필요한 가족들의 능력 개발에 있다.

4) 장애영유아 교육프로그램

일반적으로 장애를 가진 영아와 유아의 프로그램은 구별되고 있다. 이는 영아와 유아는 발달특성상의 차이로 인해 서비스의 내용들이 달라지기 때문이다. 일반적으로 조기중재(early intervention)는 발달지체 영아(출생~만2세)를 위한 서비스를 지칭하고, 유아특수교육(early childhood special education)은 발달지체유아(만3세~만5세)를 위한 교육을 말한다.

장애영아와 장애유아의 발달특성, 중재나 교육목표, 접근방법, 그리고 가족의 역할, 그리고 다른 영역 전문가와의 협력 관계 등을 비교해 보면 다음과 같다. 중재 목표나 교육의 목표를 비교해 보면, 영아기에는 행동과 움직임을 조직화하고, 환경적 자극에 반응하고, 초기 의사소통이나 사회적 기술, 애착관계 등의 발달에 중재의 목표를 두나 유아기는 전반적인 발달 영역, 즉 인지, 자조, 사회성, 의사소통, 놀이, 운동능력 등의 발달에 목표를 두는 것이 다르다.

접근방법에 있어서, 영아기에는 아동과 부모의 상호작용, 즉 우유를 먹이고, 기저귀를 갈고, 놀이를 같이 하는 것을 통해 교육을 한다면, 유아기에는 유아가 사물을 가지고 놀고, 또래집단이나 성인과 아동간의 상호작용을 통해서 학습이 이루어지는 것이 차이가 있다.

가족의 역할에 있어서도 영아기에는 가족의 욕구나 필요가 많이 반영되어야 하고, 가족중심적인 중재가 되어야 하므로 개별화된 가족서비스계획(Indivisualized Family Survice Plan : IFSP)이 필요하다. 유아기에도 가족의 역할이 중요하지만 영아기보다는 많이 줄게 되므로 결정권자로서의 부모역할 등 다른 면들이 부각되게 된다.

다른 영역 전문가와의 협력 관계를 보면, 영아기에는 앞서 언급한 아동의 특성이나 교육목표로 인해, 의사, 치료사, 사회사업가, 심리학자, 영양학자 등과의 긴밀한 관계가 유지되어야 하므로 다학문적 팀접근 방법(team approach)이 아주 중요하다. 유아기에 있어서도 전문가간의 상호협력 관계가 중요하지만 영아기보다는 관련 영역이 줄어들거나, 접촉이 줄어든 상태에서 여러 전문가와 협력하여 교육적 서비스를 제공한다. 이와 같은 영아기와 유아기 장애유아 프로그램의 차이점을 정리해보면 다음 〈표 1-1〉과 같다.

유아특수교육의 중요성과 목적 그리고 전반적인 교육 내용을 살펴보면 학령전의 장애를 가진 유아의 교육은 학령기의 장애를 가진 아동과 교육목표나 접근 방법에서 매우 차이가 있음을 알 수 있다. 또한 장애영아와 장애유아도 발달 특성으로 인해 교육목표나 접근방법에 있어서 차이가 있음을 볼 수 있었다. 우리는 이들을 위한 교육프로그램을 계획할 때 이들의 발달에 적합한 교육목표와 접근방법을 선택하여야 할 것이다. 장애유아를 지도할 때 우리는 '무엇을 가르쳐야 할 것인가'보다 '유아가 어떻게 배우는가?'에 먼저 주의를 기울여야 할 것이며, 장애유아를 장애를 가진 한 개체 이전에 유아임을 먼저 인식하고, 모든 유아에게 가장 적합하다고 여겨지는 원칙과 전략에 기초하여 교육프로그램을 계획하여야 할 것이다.

〈표 1-1〉 영아기와 유아기의 프로그램 비교

비교 영역	영 아	유 아
중재의 목표	행동과 움직임의 조직화, 환경적 자극에 구별된 반응, 인과관계, 초기 의사소통과 사회적 기술, 애착관계	인지, 자조, 사회성, 소근육 운동, 의사소통, 행동, 장난감 놀이, 대근육 운동
일정/규칙성	낮음—대부분 전적으로 영아에 달려 있음	중간 정도-일정을 어른이 정하지만, 유아의 요구나 흥미에 따라 융통성이 요구됨.
집중력	2~3분 이내의 상호작용 시간	5~10분 정도까지도 상호작용 시간이 늘어남.
교육을 위한 접근 방법	아동~부모 상호작용, 우유를 먹이고, 기저귀를 갈고, 옷을 갈아입히는 일상생활, 사물을 가지고 놀기	사물을 가지고 놀기, 또래 상호작용, 성인-아동 상호작용, 일상생활을 통한 교육
중재/서비스 장소	가정, 특정교육 중재 기관, 병원	특정 교육 중재기관 ,탁아 프로그램, 가정, 병원
팀 기능	많은 경우 다양한 기관과 다양한 전문가들과 긴밀한 의사소통과 협력	역할들이 약간 혼합됨, 분리되어 일하는 것도 가능
통합 환경	일반 탁아 프로그램 거의 기회가 제공되지 못함.	일반 어린이집과 유치원 역통합 환경 가능

2. 장애 발견과 조기중재

장애란 어느 신체 기관의 손상이나 발달지체로 야기된 결함으로 말미암아 생활에 필요한 기능을 적절하게 발휘할 수 없는 상태를 의미하는 것으로, 이로써 장애를 가진 사람들은 활동에 제한을 받게 되고, 타인으로부터의 어떤 서비스를 필요로 하게 되며, 사회 참여가 억제되는 부자유를 갖게 된다.

이러한 장애는 종류에 따라 출생 후, 비교적 빠른 시간 내에 시각적으로 확인될 수 있는 것이 있는가 하면, 일정한 기간 동안의 발달기간을 거치면서 서서히 확인되는 경우도 있다. 따라서 생물학적 이상으로 말미암은 시각적 확인이 가능한 장애의 경우(예 : 다운증후군, 태아알콜증후군)에는 발견 자체가 그다지 어려운 일이 아닐 수 있으나, 외형상 아무런 이상을 발견할 수 없고 단지 성장과정에서 조금씩 파악될 수 있는 경우(예 : 학습장애, 정신지체, 자폐장애 등)에는 발견 자체가 어려운 과제일 수도 있다.

장애 발견은 그 개인에게도 중요한 문제일 뿐 아니라 그 개인을 포함하고 있는 가정, 넓게는 개인이 포함된 사회, 국가에까지도 영향을 미치는 중요한 문제이다. 더욱이 장애의 정도가 가벼운 경우에는 조기 발견과 중재로써 정상적인 기능을 충분히 회복시켜 줄 수 있고, 무거운 경우라고 하더라도 일찍 발견하고 개입함으로써 중증화 및 중복화를 예방할 수 있으므로 장애 발견은 실로 특수교육의 첫 단추라 할 수 있다. 본 장에서는 장애 발견과 그 중재에 대한 지식을 얻기 위하여 먼저 장애를 발생시킬 수 있는 여러 가지 가능성에 대하여 탐색하여 보고, 발견된 장애는 어떤 절차를 거쳐 교육을 받아야 하는지, 그리고 조기 발견에 따른 조기중재는 어떤 원칙을 가지고 실행되어야 하는지에 대하여 알아보고자 한다.

1) 장애 발생의 주요 요인

장애를 발생시키는 요인은 크게 유전과 환경요인으로 대별될 수 있다. 유전에 의한 장애 발생은 부모로부터 유전인자를 물려받음으로써 장애가 발생하는 것으로 왜소발육증 형태인 연골발육부진증, 신경계가 점진적으로 퇴화하는 헌팅톤병, 염색체 관련 유전장애인 다운증후군, 터너증후군, 클라인펠더증후군, Rh^- 산모가 Rh^+ 아이를 임신했을 때 혈액 속에 있는 항체가 태아를 공격해서 나타나는 심장결함, 정신지체 등 그 종류는 약 2,000여 가지나 된다고 알려져 있다.

환경요인은 수정 이후의 관련 요인을 모두 포함하는 것으로 수정에서 분만까지의 출생 전

요인, 출생 시 요인, 출생 후 요인으로 나누어 볼 수 있다. 출생 전 요인으로는 어머니의 영양상태, 감염여부, 충격여부, 약물 복용, 정서적 상태, 생활습관, 가정환경 등이 있는데, 임신 3개월 이내에 산모가 풍진에 감염되면 태아는 시각 및 청각의 손상, 정신지체, 뇌성마비, 선천성 심장장애 등의 장애를 가질 확률이 높다. 또한 산모가 매독에 감염된 경우, 태아의 33%가 유아 초기에 사망하고 대부분의 아동이 시각장애, 중추신경계장애 등을 가진다. 이 밖에도 산모가 약물중독인 경우에는 태어난 아기가 신경질적 반응, 경기, 구토, 불안정 등의 증상을 나타낼 수 있고, 특히 알콜을 과다 섭취한 경우에는 아기가 정신지체를 동반하는 태아알콜증후군을 나타내게 된다. 산모의 흡연은 아기의 미성숙, 과잉행동, 학습장애 등과 관련이 있는 것으로 보고되고 있다. 아기를 분만하는 순간에도 장애를 일으킬 가능성이 매우 높다. 특히 출산과정에서의 산소결핍은 태아의 뇌를 손상시켜 뇌성마비나 간질, 정신지체, 기타 아동기 발달장애의 원인이 될 수 있고, 출산의 시기가 너무 이르거나(37주 이전) 출산시 태아의 체중이 2.5Kg 미만인 경우에는 저체중아로서 장애를 가질 확률이 높아진다.

출생 후의 환경요인으로는 아동기 감염과 발달상의 환경요인으로 나누어 볼 수 있다. 아동기 감염으로는 뇌막염이나 뇌염 또는 납중독 등이 정신지체, 시각장애, 뇌성마비 혹은 행동장애 등을 야기할 수 있다. 발달상의 환경요인은 물리적 환경요인과 인적 환경요인으로 나누어 볼 수 있다. 물리적으로 구조화되고 정돈된 환경은 아동의 동기를 자극할 수 있고, 스스로 환경탐색을 통하여 발달하는 기회를 제공해 준다. 아동을 둘러싸고 있는 인적구성원의 역할은 아동발달에 실로 지대한 영향을 미친다. 아동의 작은 움직임이나 의도적 행동도 놓치지 않고 적절히 반응해 주는 양육태도야말로 아동을 정서적으로 건강하게 키우는 방법이다. 이러한 반응을 양육자로부터 받지 못한 아동은 애착을 형성하기 힘들고 이러한 문제는 언어 및 기타 발달영역의 학습기회를 박탈하게 되며 이로써 아동은 의사소통상의 문제, 사회성 문제 등을 갖게 된다. 이러한 양육자의 반응양식은 사실은 아동이 가진 기질과 깊은 관계가 있다. 왜냐하면 아동의 기질에 따라 양육자의 반응에 특별한 기술이 요구되거나 수없이 일정한 기간동안 이를 반복하여 되풀이해야 하는 등의 독특한 요구는 양육자를 지치게 하여 결과적으로는 아동과 양육자간 상호작용이 부정적으로 악순환 될 가능성이 높기 때문이다.

2) 장애 발견 체계

외형적으로 특성이 드러나는 장애의 경우에는 발견이 어려운 일은 아니다. 이러한 경우의 대부분은 생물학적 결함이 밝혀져 있고, 의학적 처치와 교육 방법 및 예후가 어느 정도 보고되고 있으므로 대처가 용이하다고 볼 수 있다. 그러나 외형적으로 특성이 나타나지 않는 경우에는 발견 자체가 어려워 조기발견의 시기를 놓치기 쉬운데, 이 때 장애 발견의 기본적인 지표는 정상발달지침이다. 우리나라에서 이러한 발견과정은 관습적으로 같은 또래의 이웃 아이와 비교한다든지, 아이를 양육해 본 경험에 비추어 보는 것으로 이루어져 왔다.

그러나 이러한 방법은 양육자의 특성과 욕구의 차이에 따라 정상 아동을 장애 판별 과정에 의뢰할 수도 있고, 또한 양육자의 객관적이지 못한 믿음이나 태도 때문에 빨리 교육적으로 조치되어야 할 아동이 방치되는 경우도 있을 수 있다. 그러므로 장애를 발견하고 특수교육을 의뢰하는 과정은 일련의 의무적 진단과정으로 제도화 할 필요가 있다고 하겠다. 장애를 가진 아동을 발견하고 교육하는 과정은 다음과 같은 일련의 순서로 진행되어진다.

첫째, 아동발견이다. 아동을 둘러싼 주변의 누구라도 이 과정에 참여할 수가 있다. 특히 유치원 교사는 같은 또래의 아동들을 동시에 견주어 볼 수 있기 때문에 한 아동의 발달상 문제를 객관적으로 쉽게 확인할 수 있다. 아동이 가진 문제가 정서 혹은 행동상의 문제일 경우 이상발달에 대한 기준이 애매하고, 특히 양육자들은 자신의 아이에 대한 객관적인 태도를 갖기가 어렵고 현대사회의 특성상 한 가정에 많은 자녀를 갖지 않으므로 주변 사람들의 의견에 귀 기울일 필요가 있다.

둘째, 선별과정이다. 일단 발달상의 이상이 의심되면 표준화된 검사에 의해서 객관적으로 발달상의 이상이 나타나는지 살펴보는 과정이다. 전문가에게 의뢰될 수도 있고, 선별검사를 사용할 줄 아는 교사이면 유치원교사도 할 수 있다. 가장 흔히 사용되는 선별검사로는 우리나라에서도 표준화된 한국덴버발육검사(K-DDST)가 있고, 보다 어린 유아에게 적용 가능한 검사도구도 개발되어 있으나(예 : 베일리영아발달검사) 우리나라에서 표준화된 것은 아니다.

셋째, 진단과정이다. 이 과정은 아동이 어떤 원인으로 말미암아(예; 염색체 이상 혹은 뇌손상) 어떤 장애를 가진다는 것을 밝히는 과정이다. 이 과정은 반드시 전문가에 의해 이루어져야 하며, 크게 세 부류의 정보를 종합적으로 해석하여 진단하게 된다. 즉, 표준화된 진단검사의 점수, 아동과의 직접적인 상호작용에서 얻은 아동 특성에 관한 정보, 그리고 양육자와의 면담을 통해 얻은 발육사 및 생활환경에 관한 정보들의 종합적인 해석이 이루어져야 한다. 이때 표준화된 검사로 자주 사용되는 것은 각종 지능검사, 사회성숙도 검사, 각종 장애영역별 진단검사, 언어검사, 지각·운동검사 등이다. 학령기 아동의 경우 이 과정에서 정확한 장애 명칭을 부여하기도 하지만 유아의 경우에는 발달지체라는 명칭을 사용함으로써 명칭 부여의 문제점을 최소화하고, 정상화의 기회를 주는 것이 바람직하다.

넷째, 교육적 평가이다. 어떤 장애 혹은 발달지체가 확인되었다고 해서 교육을 즉각 실행할 수 있는 것은 아니다. 같은 IQ 혹은 같은 발달연령을 가진 것으로 평가된 아동이라고 하더라도 현재의 수행능력 수준이 같다고 볼 수 없기 때문이다. 특히 장애를 가진 아동들은 영역별로 발달수준에 심한 편차를 가지고 있으므로 현재 아동이 어느 정도의 수행 능력을 가지고 있는지를 평가하는 것은 성공적인 교육을 위해 반드시 거쳐야 하는 과정이다. 이때 사용될 수 있는 검사로는 기초학습기능검사, 학습준비도 검사, 교육진단검사 등이다.

이상의 과정을 거쳐 수집된 자료를 바탕으로 중재를 위한 교육 프로그램을 작성하게 되고 일정기간 동안의 중재기간을 거쳐 프로그램의 효과를 평가하여 정기적으로 프로그램을 재구성하여야 한다.

3) 장애유아의 조기중재

장애를 가진 유아의 조기중재가 필요한 이유는 기본적으로 발달이론에서 찾아볼 수 있다. 피아제를 비롯한 많은 발달이론가들에 의하면 아동발달이 일련의 순서가 있고, 먼저 발달한 기능은 이후에 발달될 기능의 선수기능으로서 작용하므로 만일 선수기능 발달에 문제가 야기되면 이후의 발달에 전반적인 지체를 가져온다. 따라서 발달에 문제가 시작되지 않도록 예방하는 것이 무엇보다 중요하고 일단 시작된 지체라고 하더라도 조기에 발견하고 중재함으로써 문제를 키우거나 중복화시키지 않는 것이 중요하다. 이러한 조치의 가장 기본적 과제는 장애를 발생시킬 수 있는 요인에 대한 지식과 아동발달에 관한 기초지식을 갖는 것이라고 할 수 있겠다.

조기중재를 통한 장애영유아를 대상으로 한 유아특수교육 목적을 달성하기 위한 최상의 방안으로는 다음의 여섯 가지를 들 수 있다. 첫째는 통합교육이다. 장애아동과 비장애아동을 같은 장소에서 함께 교육시킴으로써 평등한 교육의 기회를 부여하고, 서로 상대방에 대한 인식을 바로 할 수 있는 기회를 주며, 장애아동에게 부족하기 쉬운 모방 및 관찰학습의 기회를 최대화한다. 둘째는 총체적 교육이다. 아동들은 발달기에 있으므로 모든 것이 변화할 수 있는 가능성을 가지고 있고 발달의 본질상 각 영역은 상호보완적 특성을 가진다. 그러므로 장애아동의 중재는 모든 것이 총체적으로 이루어져야 한다. 즉, 평가도 각 영역별로 이루어져야 하며, 중재도 영역별로 계획되고 프로그램화 되어야 한다. 셋째는 정상화이다. 장애 아동의 독립적인 생활을 가능하게 하기 위해서는 모든 환경과 상호작용이 정상화 원리에 의하여 이루어져야 한다. 나이에 적합한 기술 습득, 자기 주도적 행동 형성, 나이에 맞고 자연스러운 강화의 적용, 혐오자극 사용의 제한 등이 그 예이다. 넷째는 융통성이다. 조기중재 프로그램은 아동의 여러 가지 특성(아동특성 및 가족특성)에 맞도록 융통성 있게 적용 가능해야 한다. 다섯째는 가족중심이다. 모든 교육적 프로그램은 가족의 요구를 고려한 것이어야 한다. 부모는 아동의 모든 교육적 결정에 관여하게 되고 전문가와 부모와의 원활한 의사소통은 프로그램의 성공에 중요한 요인이다. 여섯째는 성과중심이다. 조기중재 프로그램의 성과는 측정되어야 한다. 측정된 결과는 다음 교육장면에서의 자료로 사용될 뿐만 아니라 프로그램 자체의 장·단점을 밝히는 자료로도 활용된다.

장애를 가진 아동을 발견하고 교육하는 일은 장애의 문제가 아동의 발달과 더불어 확대되고 중복화되는 관점에서 볼 때 매우 중요한 일이다. 본 장에서는 장애발견에 앞서 장애 발생 요인에 대해 살펴봄으로써 장애발견을 위한 기초 지식 및 인식을 강조하였고, 장애발견과 선별, 그리고 진단 및 교육적 평가 등 발견에서부터 조기중재까지 이어지는 일련의 과정에 대하여 알아보았다. 또한 평가된 아동에 대한 성공적인 조기중재는 어떠한 목적을 가지고 어떤 원칙하에 수행되어야 하는가를 간략하게 살펴보았다. 장애를 최소화하기 위해 무엇보다 중요한 것은 일반인들의 장애에 대한 기초지식 함양과 장애아동들에 대한 인식의 변화, 그리고 조기에 장애발견과 중재를 가능하게 하는 일련의 의무화된 제도적 장치라고 생각할 수 있다.

제 2 장

장애유아란 무엇인가?

1. 장애유아의 개념
2. 장애유형별 정의 및 특성
3. 특수아동의 분류
4. 장애유아의 선별 및 검사

제2장

장애유아란 무엇인가?

1. 장애유아의 개념

임신 중이나 출산 전후의 어떠한 원인 또는 질병에 의해 전체 또는 정신 및 행동 등에 장애를 가지는 유아들이 있다. 이들은 이러한 장애로 인하여 '말을 하지 않는다', '말을 알아듣지 못하는 것 같다', '이상한 버릇이 있다', '혼자서 걸을 수 없다', '병이 많고 걸리면 잘 낫지 않는다' 등의 발달상, 학습상, 생활 적응상 적지 않은 문제를 가질 수 있다.

따라서 이들 장애유아에 대해서는 일반 유아와 다른 특별한 지도 방법과 중재가 필요하게 되지만, 어떠한 특성을 가진 유아를 특수교육의 대상, 즉 어느 정도 장애를 갖는 유아를 장애유아로 볼 것이냐는 문제에 당면하면 그다지 명백한 해결점을 찾기 어렵다. 이처럼 장애유아의 개념을 정리하기 어려운 이유로서 이들 유아에 대한 부모나 교사 또는 사회, 정보, 대학의 관심이 학령기 아동에 비해 늦어져 있는 점, 유아기 특성으로서의 발달 가역성과 평가의 곤란성, 국가나 시대에 따른 개념의 차이점 등을 생각할 수 있다. 경우에 따라서는 장애별 명칭을 발달지체 유아 또는 특별한 요구를 가진 유아로서 여러 장애 유형을 포함하여 통칭하는 예를 볼 수 있다.

이러한 맥락에서 '장애유아'에 대한 개념을 이해하기 이전에 질병 그 자체를 문제의 대상으로 하지 않고 질병의 결과에 주목한 세계보건기구(WHO)에 의한 장애 분류 기준(1980)에 근거하여 '장애'란 무엇인지에 대하여 알아 볼 필요가 있다. 이 장애 분류 기준은 장애를 기능·형태 장애(impairment), 능력저하(disability), 사회적 불이익(handicap) 3개의 개념을 제시하고 있으며, 각 개념은 다음과 같이 정리된다.

① 기능 · 형태 장애(impairment) : 원인에 관계없이 신체의 구조와 외관, 기관 또는 기관계의 이상을 의미하며 장애의 1차적 수준으로서 다음의 능력 저하나 사회적 불이익의 원인이 되거나 그러한 가능성을 가지므로 의료 또는 치료적 중재가 특히 필요한 장애 수준이다.

② 능력 저하(disability) : 인간으로서 정상적인 태도나 범위 내에서 2차적 장애 수준으로 활동하는 데 필요한 능력의 여러가지 제한이나 결여를 의미하는 기능 · 형태 장애의 정도에 관계없이 각 개인이 가지는 능력이 기준이기 때문에 특수교육적 개입이 중요한 장애 수준이다.

③ 사회적 불이익(handicap) : 기능 장애나 능력 저하의 결과로서 각 개인에게 초래되는 불이익을 의미하여 각 개인이 정상적인 역할을 다 할 수 없거나 방해되는 정도가 기준이므로 환경 개선을 비롯한 사회 정책의 문제로서 개입할 필요가 있다.

한편 장애유아에 대한 개념에 대하여 미국의 전 장애아 교육법 개정안(Amendments to the Education for All handicapped Chlidren Act : p.299~457, 1986)에 제시되는 바를 보면 "조기 교육 서비스를 필요로 하는 유아는 적절한 진단 도구와 절차에 의하여 인지 발달, 신체 발달, 언어 발달, 심리 사회적 발달, 신변 처리 기술 영역 중 한 가지 이상에서 발달지체를 보이거나 신체적, 정신적으로 발달지체를 일으킬 높은 가능성을 가지는 것으로 진단 받은 유아를 일컫는다."라고 되어 있다. 이 정의는 장애 명칭 붙이기에 대한 문제나 장애유아 자체의 발달 가역성 등을 배경으로 널리 활용되고 있다. 장신철(1999)은 이러한 발달지체에 근거한 기준에 교육적 의미를 부가하여 "장애유아란 심신의 기능에 어떤 장애가 있거나 그렇지 않더라도 심리적, 환경적인 유아교육 프로그램만으로는 교육받기가 부적당하여 그들의 유아 교육활동과 관련된 프로그램을 작성하기 위해서는 다소의 특별한 대책이 필요한 유아"라고 정의하고 있다.

이상의 '장애'에 대한 개념이나 '장애유아'에 대한 개념을 보면 장애유아를 정의하는 기준에는 현재의 발달 상태가 동 연령에 비교하여 어느 정도 뒤떨어져 있는지 어떤지, 그 정도가 특별한 치료 또는 교육을 필요로 하는 것인지 어떤 것인지에 초점을 두고 있다. 이러한 상태나 특수교육의 필요성 여부에 덧붙여 박화문(1995)은 그러한 장애 상태가 장래에도 계속 되리라는 영속성을 정의의 기준으로 들고 있다. 따라서 장애유아에 대한 정의는 발달이 지체된 상태, 특별한 교육이나 치료의 필요성, 그리고 일시적인 문제가 아닌 영속성의 개념으로 이해 할 필요가 있으며 이러한 관점에서 '장애유아'를 '원인에 관계없이 발달 상태가 정상 발달 수준에 극히 미치지 못하여 장기적(6개월 이상)으로 일반유아 교육에 덧붙여 특수교육이나 치료를 요구하는 유아'로 정의해 볼 수 있다.

그리고 장애유아의 정의나 진단, 분류 등의 목적이 장애유아에게 가장 효율적인 지도 방법을 모색하려는데 있는 만큼 장애유형별 정의 및 특성, 그리고 특수교육진흥법(1994)에 규정되어 있는 장애 분류 기준은 앞으로의 교육적 조치나 장애유아를 보다 잘 이해하기 위한 수단 또는 지식으로서 알아 둘 필요가 있다.

2. 장애유형별 정의 및 특성

1) 시각장애

(1) 정의

두 눈의 교정시력이 각각 0.04 미만이며, 시력의 손상이 심해 시각에 의해 학습과제를 수행할 수 없고, 촉각이나 청각을 학습의 주요 수단으로 사용하는 경우를 시각장애로 정의한다. 또한 두 눈의 교정시력은 각각 0.04 이상이나 특정 학습매체 또는 과제의 수정을 통해서도 시각적 과제 수행이 어려우며 특정 과학기구, 학습매체 또는 설비를 통해서만 과제 수행을 할 수 있는 경우도 있다.

(2) 원인과 증상

시각장애의 분류는 크게 맹, 준맹, 약시로 나누어진다. 맹은 일반적으로 0~0.002(교정시력), 준맹은 일반적으로 0.002~0.004(교정시력), 약시는 일반적으로 0.004~0.3(교정시력)을 말한다. 이러한 시각장애의 원인은 굴절이상, 백내장과 녹내장, 안구진탕증과 사시 등을 들 수 있다.

굴절 이상은 아동들에게 가장 흔히 발생하는 이상으로 근시, 원시, 난시를 말한다. 백내장과 녹내장 백내장은 선천성, 당뇨성, 외상성, 노인성 등이 있으나 그 원인을 알지 못하는 것이 대부분이다. 선천성 녹내장의 경우 조기 치료가 가장 중요하다. 적절한 치료를 받지 못하면 시신경의 손상을 가져오고 영구적인 시력 손상을 초래하는 경우가 많다.

근육 기능 이상 눈의 운동 이상에 의한 대표적인 시작장애로 안구진탕증과 사시 등을 들 수 있다. 안구진탕증은 시각의 근육 기능이 손상 되거나 뇌손상의 원인으로 눈동자가 빠른 불수의 운동을 하는 질환이며, 사시는 약시의 원인이 되는 것으로 조기에 발견하면 예방이 가능하다. 기타 인큐베이터에서 지나친 산소 공급을 받았을 때나 간질 등이 시각장애를 가져온다. 임신부가 임신 초기에 풍진에 감염되는 경우 정신지체를 포함한 시각장애, 청각장애 등의 복합적인 장애를 지닌 아동이 태어날 가능성이 매우 높아 각별한 주의가 요구된다.

시각장애 유아의 특성을 이해함에 있어서 각 학생의 개인차를 고려하는 것은 매우 중요하다. 시각 손상의 유형과 정도에 따라 운동 발달이나 학습 능력은 다르게 나타나기 때문이다. 대체로 앉기나 서기 같은 정적 운동 기능은 비장애 아동과 비슷하게 획득되지만 기기, 걷기와 같은 역동적인 기능은 가끔 지체된다. 언어를 사용하고자 하는 동기가 비장애 아동보다 강하다고 보고되며, 어휘 사용에 있어서 그 수는 풍부하지만 명사나 형용사, 부사, 동사 등에 있어서 추상적인 표현이 많다. 또한 말을 할 때 비장애 아동보다 몸짓이나 얼굴 표정을 덜 사용한다. 학습 능력을 보면 지능은 비장애 아동과 크게 차이가 나지 않지만 경험 부족으로 인해 인지발달에 영향을 미치는 것으로 나타난다.

2) 청각장애

(1) 정의

청각장애는 귀에서부터 뇌에 이르기까지 청각에 관여하는 기관의 어느 부분에 이상이 생겨 소리를 듣지 못하거나 소리의 뜻을 이해하지 못하는 경우를 총칭하여 말하는데, 작은 소리는 알아듣지 못하나 큰소리만 알아들을 수 있는 난청과 전혀 알아듣지 못하는 농으로 구분할 수 있다.

(2) 원인과 증상

청각장애 청력검사로 확진하게 된다. 청력검사상 25db(데시벨)이상을 난청이라고 하고 90db이상 일 때를 농이라고 하는데 실제로는 70db이상의 고도의 난청에서는 일상생활의 언어를 알아들을 수 없기 때문에 사회적인 농이라고 하기도 한다. 최근에는 1세 이전의 유아에게도 청력검사가 가능하므로 조기진단에 의한 조기치료를 실시할 수 있게 되어 퍽 다행한 일이다. 청각장애는 장애부위에 따라 전음성 난청과 감음신경성 난청으로 나눠진다. 전음성 난청이란 외이나 중이의 질환에 의하여 초래된 청각장애로서 일반적으로 그 정도가 심하지 않으며 치료가 가능하다. 감응신경성 난청은 내이나 청신경계의 질환이나 장애가 생긴 것으로서 약물이나 수술적 요법으로 치유될 수 있는 경우가 극히 적다. 대부분의 경우 그 정도가 심하여 청각을 통한 의사소통이 불가능하므로 특수교육을 요하는 경우가 많다.

청각장애를 일으킬 수 있는 원인은 여러 가지가 있는데 흔히 볼 수 있는 것으로는 중이염, 외상성 고막파열, 내이의 질환과 카나마이신과 같은 약제로 인한 청각신경손상 등을 들 수 있다. 또한 소음 속에서 장기간 근무하였을 때에는 소음성 난청이, 노인에게는 노인성 난청이 올 수 있다.

3) 언어장애

(1) 정의

말을 사용하는 의사 교환에 장애가 생긴 것을 의미한다. 말은 귀를 통해 들어오는 언어음을 대뇌의 감각성언어중추로 인지하고 파악하여 기억하고 보존된다. 그 기억된 것 중에서 그 때의 상황에 따라 언어를 골라내어 운동성언어중추에서 여러 가지 발어기관을 지배하는 운동중추를 거쳐 발어기관이 공동적으로 작용하여 언어음을 표출한다. 이와 같은 경로의 어딘가에 장애가 생기면 언어장애가 된다.

(2) 원인과 증상

귀를 통해 들어오는 언어를 감수하기까지의 경로에 장애가 있는 것을 감각성언어장애라고 한다. 귀의 장애에 의한 난청, 뇌의 내출혈에 의한 감각성언어중추의 장애(감각성 실어증) 등이 있다. 언어의 기억 · 보존 · 선택 · 학습 등은 인간의 정신기능이나 구조에 크게 의존하고 있으며 이들 장애에 의한 언어장애에는 정신병이나 정신발달지체 등에 의한 것이 포함된다. 운동성언어중추부터 발어기관에 이르기까지의 경로에 장애가 있는 것을 운동성언어장애라고 한다. 뇌의 내출혈에 의한 운동성실어증, 마비성구음장애(痲痺性構音障礙), 구개열(口蓋裂)이나 구순열(口脣裂) 등에 의한 것들이 포함된다. 치료는 원인이나 증상 등에 따라 하지만 어린이에게는 교육적 치료도 아울러 행하는 경우도 있다.

4) 정신지체

(1) 정의

정신지체를 진단하는 데는 세 가지 요건이 있다. 표준화된 지능검사로 측정된 지능지수가 평균보다 상당히 낮은 지능지수 70이하를 말한다. 그러나, 지능지수 70이하라고 해서 모두가 정신지체라고 할 수 없고 이들 중 일상생활과 사회생활에 있어서 어느 정도의 독자성과 책임을 효과적으로 이행하면서 살아갈 수 있는 능력 즉 적응능력에 문제점이 있을 때 정신지체라고 말한다. 이러한 지능과 적응상의 문제를 겸한 것이 18세 이전의 미성숙 시기 즉, 발달시기에 일어날 때 정신지체라 할 수 있다 뇌성마비 등 뇌중추신경계 이상이 있을 때에도 청각장애를 보이는데 이때에는 언어장애, 정신지체, 신체운동장애 등과 복합장애의 하나로 나타나는 경우가 대부분이다. 또한 청각장애가 있게 되면 주의집중이 어렵고 말을 들을 때 혼동하거나 잘 이해하지 못하며 따라서 표현도 빈약하게 된다. 그리하여 사람을 피하고 혼자 놀거나 신경질이 난 사람처럼 보이기도 한다.

(2) 원인과 증상

정신지체의 원인으로는 임신초기 3개월 이내 산모가 풍진을 앓았거나 약물중독, 방사선 노출, 혈액형의 부조화 등이 있었던 경우를 들 수 있으며, 출생 시 체중이 몹시 작아 인큐베이터에서 키워야 했던 미숙아에게서 정신지체의 발생률이 높다. 출생 시 난산으로 아기에게 산소공급이 부족하였거나 또는 교통사고, 추락, 두부손상 등으로 뇌에 손상을 주었을 때도 그 원인이 될 수 있다. 뿐만 아니라 어린아이가 자라는 과정에서 부모의 따뜻한 보살핌을 받지 못하였거나 정서적으로 불안전한 환경 속에서 지냈을 때에도 지능지수가 낮아짐을 보게 된다.

정신지체는 그 정도가 심한 경우에는 쉽게 발견되지만, 경미한 때에는 진단이 매우 어렵다. 입학하여 학습이 뒤떨어지고 다른 아이들과 잘 어울리지 못하는 것을 보고야 뒤늦게 발견하는 수도 있으며, 또한 뇌성마비와 같은 사지에 마비가 있거나, 시각, 언어 및 청각장애 등 다른 장애가 동반된 경우 이를 다른 장애에만 관심이 집중되어 정신지체의 발견이 늦어지게 되기도 한다.

정신지체아는 일반적으로 말을 늦게 하며, 목을 가누고, 앉고 걷는 등 모든 운동의 발달이나, 또는 대소변을 가리는 일이 늦어지는 것이 보통이다. 정서적으로 불안하고 이상 행동을 보이며 수의 개념이 희박하고 신체동작이 민첩하지 못한 경우도 흔히 보게 된다. 이 밖에도 주의집중이 어려워 공부를 오래 지속하지 못하고 단체놀이가 곤란하며 고집이 세고 솔직하다는 특성이 있다. 정신지체는 그 지능의 정도에 따라 여러 가지로 분류하기도 하지만 여기서는 가장 기본적이고 일반적인 분류를 소개하고자 한다.

- 교육가능급(3급, 경도) : 지능지수가 50~70인 경도의 정신지체인으로 교육이 가능하고 모든 정신지체인의 70~80%를 차지한다. 이들은 정상인과 외모로 구별할 수 없으며 빨리 진단되지도 않아 소아기가 훨씬 지난 뒤 발견되기도 한다. 특수교육과 일반교육을 병행할 수 있고, 직업적으로도 자급자족할 만큼 충분한 재활이 가능하다(정신연령 8~12세 정도).
- 훈련가능급(2급, 중등도) : 훈련가능 정신지체인은 지능지수 35~49까지를 말하며 이들은 정신지체인의 20%를 차지한다. 성인이 되기까지 충분한 자조능력과 기본적인 의사소통 능력, 그리고 어느 정도의 감독과 도움을 받으면, 과히 복잡하지 않고 특수기술을 요하지 않는 직업을 갖거나 가작업장에서 일하는 경우가 많다(정신연령 4~8세 정도).
- 보호급(1급, 중도) : 지능지수 34이하를 말하며 전체 정신지체의 5% 정도를 차지한다. 일생동안 보호와 간호가 필요하고 이것이 없이는 생존할 수 없다. 이들 대부분은 요양시설에 수용, 보호할 필요가 있고 의학적 치료를 요하게 된다.

5) 발달지체장애

(1) 뇌성마비

① 정의

뇌가 발육하는 시기에 뇌손상을 입고 그 기능이 저하되어 마비와 기타 여러 장애가 동반되는 것을 말한다. 비유전성, 비진행성 질환으로 근육의 조절능력이 없어 전반적인 운동기능 마비 현상을 나타내는 것이 특징이며 사람에 따라 감각이나 지능의 장애도 동반하며 언어장애, 청각장애, 간질, 사시, 행동이상 등 여러 종류의 장애가 동반되는 것이 대부분이다.

② 원인과 증상

뇌성마비의 발생 원인은 크게 세 가지로 나누어서 생각할 수 있다. 첫째는 출산 전으로 태내에서 뇌의 발육부족, 조산아, 미숙아 혈액형의 부적응, 산모의 질병, X-ray 과다촬

영, 약물중독 등으로 인하여 발생한다. 둘째는 출산시에 난산으로 인한 출혈과 산소결핍, 기계적인 분만으로 인한 뇌손상 등에 의해 발생할 수 있다. 셋째는 출산 후에 유아기에 심한 황달, 뇌막염이나 뇌염후유증, 머리의 외상 등이 원인이 될 수 있다. 뇌성마비의 주 증상은 근육마비로 상지, 하지, 편마비, 전신마비 등 개인에 따라 마비부위와 정도는 다르며 간질, 감각장애, 언어장애, 청각장애, 이상행동 등 여러 장애를 동반하는 경우가 많다. 진단은 X-ray촬영, 근육 및 신경조직 검사, 혈액 및 소변검사 등에서는 정상인과 다른 점을 발견할 수 없으며 대부분 신경학적 검사로 진단이 이루어진다. 일반적으로 생후 1년 이내에는 진단이 어렵다.

아기가 젖 빠는 힘이 약하거나 팔이나 다리를 잘 움직이지 못할 때, 목을 가누고, 돌아 눕고 기어가는 등의 운동발달이 늦어지는 경우, 또는 말을 늦게 하거나 이유 없이 경기를 자주 할 때에는 병원을 찾아 재활의학과나 소아과 전문의에게 진단을 받을 필요가 있다.

(2) 절단장애

① 정의

절단장애란 사지의 일부를 잃어버린 상태를 말하는데 하지절단의 경우는 주로 보행에 지장이 있으며, 상지절단의 경우에는 일상생활 동작과 작업에 지장을 받는다. 손과 발 등의 사지절단은 태아기부터 발육이 되지 않아 선천적으로 생긴 경우도 있으나 이는 매우 드물며 대부분 외상에 의하여 절단 되었거나 질병으로 인하여 의료적으로 질병 부위를 절단하여 발생하는 경우가 대부분이다. 외상으로 인한 절단은 대체로 교통사고, 산업재해, 기타 총상 등에 의한 것이며, 질병으로 인한 절단은 흔히 동맥경화증, 버어거스씨병, 당뇨병 등 주로 혈액순환장애에 의한 것이다. 이 밖에도 암, 만성골수염, 심한 화상 또는 기형이 있을 경우에도 절단수술이 시행되고 있다.

(3) 척수장애

① 정의

척수란 척수 속에 있는 굵은 신경을 말하는데 질병이나 외상 등으로 척수에 손상을 입게 되면, 그 손상된 부위 밑으로 감각마비와 운동마비가 나타나는데 이를 척수장애라 한다. 척수장애는 종양, 척추결핵, 선천성기형, 혈관질환에 의하여 발생되기도 하지만, 대부분은 교통사고, 산업재해, 또는 운동경기 중 부상 등의 외상에 의하여 나타난다. 따라서 활동을 많이 하는 남자에게 발생하는 경우가 더 많다

(4) 근육디스트로피

① 정의

근육디스트로피란 근육이 진행성으로 위축되고 점차 힘이 없어져서 움직일 수 없게 되는 근육질환의 하나로, 감각은 정상이며 통증이 없는 것이 특징이다. 대개의 경우 유전에 의하여 발생하지만 원인을 찾지 못하는 경우도 있다. 유전일 경우 병인은 여자를 통해서 유전이 되지만 남자에게 주로 나타나기 때문에 여자 환자는 없다. 근육디스트로피는 그 종류에 따라 처음 시작되는 시기와 침범되는 부위가 다른데, 대체로 대칭성으로 양쪽에 나타나며, 어깨 부위나 골반부의 근육이 먼저 침범되는 경우가 대부분이다. 얼굴이나 어깨부위의 근육이 가늘어지고 힘이 없어지며, 점차 팔을 쓰기가 불편해진다. 근육디스트로피 중 가장 흔하며, 가장 경과가 좋지 못한 것으로는 듀체네형이 있는데 이는 12~15세가 되면 걷지 못하여 휠체어를 사용하게 되고 20~25세에 이르러 심장병이나 폐렴 등으로 사망하게 되며 판별은 앉아서 일어설 때 손을 대지 않고는 일어날 수 없는 경우이다. 이밖에 다른 유형은 시작도 늦고 진행속도도 느리며 거의 정상적인 수명을 유지하게 된다.

6) 학습장애

(1) 정의

학습장애에 대한 몇 가지 정의 중 현재 전 세계에서 가장 널리 쓰이고 있으며 가장 권위있는 진단기준인 미국정신의학회(APA)의 최근 정의(DSM-Ⅵ, 1994)는 "읽기, 쓰기, 셈하기 등을 평가하기 위해 개별적으로 표준화 검사를 시행했을 때 나이, 학교, 교육, 그리고 지능 수준을 고려하여 기대하는 수준보다 점수가 현저하게 낮을 때"를 학습 장애라고 정의한다. 학습장애아동은 보통 부모들의 하소연에서 언급되는 학습부진(지능은 보통이나 어떤 다른 요인에 의해서 자신의 지적수준 만큼의 수행을 보이지 못하는 것) 또는 학습지진(지능수준이 낮고 기본적인 학습능력이 낮아 같은 학년 아동과 함께 공부할 수 없는 것)과 구별되는데 그 이유는 불량한 학습 환경이나 낮은 지능, 교육기회의 상실 등의 결과로 생기는 학업수행의 저하가 아니라 어떤 특정 언어장애 즉, 주의집중, 지각, 기억, 사고 등에 장애가 있거

나 대뇌신경학적으로 미소한 기능의 장애로 인해 전반적인 학습수행 또는 특정 영역에서의 뒤떨어짐을 의미하며 특수학습장애 또는 학습장애라고 일컫는다.

(2) 원인과 증상

- 뇌손상에 의한 기질적 장애와 뇌기능 장애이다.
- 임신 중 산모의 약물복용 · 남용 · 니코틴 · 알콜중독 · 산모의 당뇨병으로 인한 고농도 혈당 등이 태아의 뇌 발달에 해로운 영향을 줄 수 있다. 또 출산시 탯줄이 태아의 목에 감기거나 뇌로의 혈액공급 부족으로 인한 산소공급의 일시적 차단, 장시간 지연출산 등 출산시 여러 가지 합병증도 영향을 준다.
- 운동협동근, 청각, 시각, 지각능력의 발달 지연이 학습장애의 주요한 원인이 되기도 한다. 쌍생아나 입양아 연구에서 보면 20~30%의 학습장애 아동들에게서 유전적인 경향이 발견된다는 보고가 있다.
- 몇가지 연구 결과들은 주의력 결핍, 과활동성 장애와 학습장애가 뇌의 어느 특정 부분에서의 신경전달 물질의 결핍 때문일 수도 있다는 것을 뒷받침하고 있다.
- 산모의 부실한 임신 중 영양상태, 심한 정신적 스트레스, 저체중, 조산도 높은 상관관계가 있음을 임상연구들에서 시사하고 있다.
- 경제적 빈곤, 결손 또는 이혼가정, 부모의 불화, 가정 내 폭력 등이 직접적인 학습장애의 원인으로 고려되지는 않지만 유아기 때부터 겪은 정신적 학대나 기타 격심한 심리적 상처들이 신체와 지능발달의 지체나 지연을 초래한다는 보고들이 있다.
- 학습장애나 주의력 결핍, 과활동성 장애가 있는 아동들이 사춘기가 되면 알레르기 유병률이 높다고 알려져 있다. 또한 3세까지 다발성 중이염이 있었거나 생후부터 3세까지 뇌에 음향자극을 충분히 주지 못한 것도 가능한 원인들로 제시되어 왔다.

7) 정서장애

(1) 정의

정서장애는 정서의 표현방법에 문제가 있어서 일상생활의 적응 행동에 장애가 있는 경우라 할 수 있다. 즉 정상적인 환경에서 부적절한 행동이나 느낌을 가지며, 동료 등과 원만한 대인관계를 유지할 수 없는 상태로 우울증이나 불행한 감정을 가지며, 지각, 인지, 운동 등에서 학습장애가 있는 경우를 말한다.

(2) 원인과 증상

정서장애의 원인은 생물학적 요인, 가족적 요인, 정신적 · 심리적 요인, 환경적 요인 등이 있는데 대부분의 경우 어느 한 요인이 아동의 정서장애에 직접적 영향을 주는 것보다 여러 요인이 복합적으로 정서장애를 유발시킨다고 볼 수 있다. 정서장애아동은 이들이 나타내는 주요 형태에 따라 다음과 같이 분류할 수 있다.

- **품행문제아** : 불복종, 파괴적 행동, 질투, 난폭한 행동 등의 특성을 나타낸다. 다른 사람을 신뢰하지 않으며 다른 사람의 생각에 상관하지 않는다.
- **성격장애아** : 열등의식, 위축감, 불만, 좌절, 죄의식, 불행감 등의 특성을 나타낸다.
- **미숙아** : 주위 집중력이 약하고 우둔하며 수동적이고 백일몽을 잘 꾸며 자기보다 나이 어린 친구를 좋아한다.

8) 자폐증

(1) 정의

자폐증을 정확하게 구분하기란 쉽지 않다. 자폐아들은 마치 정신지체아, 중증반응장애아, 청각장애아처럼 행동하기 때문이다. 자폐증의 정의 및 진단기준은 간단하지 않기 때문에 제8장 자폐증 유아의 이해와 지도에서 자세하게 제시하고 여기서는 간단하게 기술하면 다음과 같다.

(2) 원인과 증상

- 눈과 눈의 마주침이 어렵다.
- 사람들에 대한 반응이 전혀 없다.
- 의사소통의 수단으로 언어를 사용하지 못한다.
- 말을 극히 간단한 단어만 사용하고 문장을 만들어 사용하지 못한다.
- 일반적인 지능은 정상이며 특정한 물건에 대하여 기억력이 뛰어난 경우도 있다.
- 변화에 대한 저항이 심하고 특정한 물건이나 생물에 관심과 애착을 보이기도 하며 특정 관습에 대한 집착력이 강하다.
- 생후 30개월 이전에 발생하는 것으로 알려지고 있다.

자폐증은 아동에 따라 증상이 다양하므로 어떤 것에 의한 것이라는 명확한 원인 규명을 하기는 어렵다. 그러나 일반적으로 유아기의 발달에 가장 영향을 미치는 어머니 및 가족의 양육태도의 잘못으로 일어나는 기질적 원인설이 있으며, 이 두 가지를 동시에 고려하는 기질적 환경적요소작용설 등 3가지 학설이 있다. 자폐아에게 기질적 기능상의 이상이 있음이 많이 발견되고 이를 위한 연구가 활발히 진행되고 있다.

3. 특수아동의 분류

특수성에 대한 전통적 구분은 과거 30년간 끊임없이 재개념화 되고, 재고되어 새로운 이름으로 명명되어져 왔다. 여기에는 교육학, 사회사업학, 의학, 유전학, 심리학 분야 등이 특수아동을 연구하고 처치하는데 있어 다양한 방법을 제공 하였으며, 특수아동을 분류하는데 기여하여 왔다. 여기서 중요한 전제는 똑같은 아동이란 없으며 아동은 독특하여 각자 다르다는 것이다. 따라서 특수아동의 경우 먼저 한 개인으로서 간주된 후, 그 다음 어떤 면에서 특수아동과 일반아동이 차이가 있는지 고려되어져야 한다. 아동의 기능 수준과 행동은 처치를 위한 결정요인이 되어야지, 특수아동을 구체적 범주로 배치하기 위한 분류를 목적으로 사용해서는 안 된다.

특수아동은 여러 가지 범주에 걸쳐 장애를 갖고 있기 때문에 어느 특정한 교육 방법이 제일 좋다든지, 가장 타당하다든지 하는 연구에 있어서의 규준이 없다. 그래서 어떤 연구자들은 발달 정도가 규준에서 어느 정도 떨어졌느냐, 혹은 성취능력이 어느 정도이냐에 따라 특수아동을 분류하고 있으나 일반적으로 특수아동은 다음 범주로 분류되어진다.

첫째, 지적 차이에 따른 분류 방법으로 여기에는 지적으로 우수하거나 지체된 아동들이 포함된다.

둘째, 감각능력 차이에 따른 분류 방법으로 여기에는 청각 및 시각에 문제가 있는 아동들이 포함된다.

셋째, 의사소통 장애에 따른 분류 방법으로 여기에는 발음, 언어에 어려움과 문제가 있는 아동과 학습장애아동들이 포함된다, 학습장애아들은 지적 차이에 따른 분류 영역에 포함될 수도 있으나, 많은 수의 학습장애아들이 의사소통 결함을 겪고 있기 때문에 학습장애는 의사소통 장애의 범주에 포함되기도 한다. 또한 문화적 배경이 다른 경우, 언어 문제로 인해 학습문제가 생기기 때문에 문화적 배경이 다른 아동들도 의사소통장애 범주에 속한다.

넷째, 행동장애에는 사회적 부적응, 정서장애, 아동기 정신병 등이 포함된다.

다섯째, 신체부자유 및 건강상의 결함에는 신경학적 손상, 정형외과적 손상, 출생 시 결함, 질병 및 감염으로 인한 장애아동들이 포함된다.

여섯째, 발달장애에는 영아 자폐증과 같은 전반적 장애(pervasive disorders), 뇌성마비, 정신지체, 농·맹과 같은 복합장애 아동들이 포함된다.

이상으로 특수 아동의 일반적 분류를 살펴보았으나 특수아동을 정서장애, 학습장애, 정신지체, 농, 맹 등의 장애별로 분류하는 것은 사실을 지나치게 단순화시키는 셈이 된다. 특수아동을 공통적인 장애 영역별로 나누더라도 가벼운 장애에서 심한 장애에 이르기까지 아동의 행동특성은 매우 다양하기 때문에 공통적인 장애 영역별로 아동을 분류한다고 하여 이 집단이 동질집단이라고 보기는 어렵다. 더욱이 전통적인 장애 영역별로 아동을 분류할 경우, 장애 정도가 가벼운 학습장애, 정신지체, 정서장애아들은 오히려 장애 종류가 같은 공통 장애 영역으로 분류된 아동들보다 더 유사한 행동특성을 나타내고 있다.

특수아동의 대부분은 한 가지 이상의 장애를 가지고 있다. Flathouse에 의하면 농아의 25%가 적어도 한가지 이상의 장애를 가지고 있다. 그러나 중복 장애아의 경우 1차 장애에 따라 아동을 분류하게 되면 실제로 장애아에게 필요한 서비스는 제대로 받을 수가 없게 된다. 예를 들어 정서장애가 있는 농아의 경우, 주로 청각장애로 분류되기 때문에 단지 농아를 위해 계획된 서비스만 받을 뿐, 정서문제는 2차적인 것으로 추정되고 만다. 한편 1차 장애도 때로는 파악하기 어려울 때가 있다. 맹아이면서 정신지체인 경우, 아동이 앞을 보지도 못하고 정신지체까지 가지고 있으나 정신지체 요인은 소홀히 다루어지기가 쉽다. 따라서 특수아동을 하나의 장애 범주로 분류하여 접근하게 되면 농·맹이면서 정신지체인 아동이 농·맹 없는 정신지체 아동보다 더 많은 처치를 필요로 한다는 것을 무시할 우려가 있다.

1) 특수교육진흥법과 미국장애인 교육법(IDEA)상의 장애 분류

한국과 미국의 특수교육 관련 법률에 의한 장애 범주는 〈표 2-1〉과 같다.

〈표 2-1〉 특수교육진흥법과 미국장애인 교육법(IDEA)상의 장애 분류

특수교육진흥법	미국장애인 교육법(IDEA)
시각장애 청각장애 정신지체 지체부자유 정서장애(자폐성 포함) 언어장애 학습장애 심장장애, 신장장애, 간장애 등 만성질환으로 인한 건강장애 기타 교육인적자원부령이 정하는 장애	자폐 농 농-맹 청각장애 정신지체 중복장애 지체장애 기타 건강상의 장애 심각한 정서장애 특정학습장애 말/언어장애 외상성 뇌손상 시각장애

2) 유아특수교육 대상자 적격성 판정을 위한 발달지체 정의

특수교육진흥법은 대상자의 연령에 따라 학령기 아동이나 취학 전 유아들에 대한 세부적인 대상자 판정 기준을 별도로 제시하지 않고 있기 때문에 장애유아들에게 판별기준을 적용하기에 부적절한 경우가 많이 있다. 이로 인해서 최근에는 유아특수교육 대상자 선정에 있어서 발달지체 개념 도입의 필요성이 강조되고 있다.

〈표 2-2〉 유아특수교육 대상자 적격성 판정을 위한 발달지체 정의의 예

발달지체

(1) 다음의 영역 중 하나 이상에서 지체된 발달 : 인지, 운동기능, 언어, 사회-정서, 또는 자조기술, 지체된 정도가 다음과 같은 검사 결과에 의해서 반드시 명시 되어야 함 :
(a) 이미 설정된 점수기준을 가지고 있는 진단 도구의 사용, 또는
(b) 평균에서 표준편차 2이하로 이탈된 경우, 또는
(c) 연령상 25%의 지체를 보이는 경우

(2) 다음과 같은 방법으로 전문가(예 : 심리검사자, 작업치료사, 물리치료사 등)에 의해서 지체되었거나 정상이 아닌 발달을 보인다고 간주됨 :

(a) 진단을 실시하는 과정에서 지체나 비정상적인 발달이 관찰됨
(b) 한 가지 이상의 비정상적인 행동(예 : 수면장애, 먹기장애, 과다행동, 자해행동, 사회성 결핍)이 관찰되거나 진단됨
(c) 비표준화 검사도구의 사용

(3) 이미 형성된 정신적 또는 신체적 장애 조건
- 염색체 이상/유전성 장애
- 신진대사 장애
- 감염성 질병
- 신경학적 장애
- 선천적 기형
- 감각장애
- 지나친 애착 또는 기타 비정상적인 발달
- 유독성 물질에의 노출

장애위험

각주가 장애위험 아동을 대상자로 포함하려고 한다면 적어도 세 가지 이상의 생물학적 또는 환경적 위험요인들을 제시해야 함

3) 미국 장애인 교육법(IDEA)의 장애 영유아를 위한 적격성 판별 기준

〈표 2-3〉 미국장애인 교육법(IDEA)의 장애 영유아를 위한 적격성 판별 기준

장애 영아	장애 유아
"장애 영아"라는 용어는 다음과 같은 이유로 인하여 조기개입(early intervention)서비스를 필요로 하는 0~2세 아동을 의미한다. (a) 적절한 진단도구와 절차에 의해서 다음 중 한 가지 이상의 영역에서 발달지체를 경험하는 자 : 인지발달, 신체적 발달, 말/언어발달(이후부터는 의사소통 발달로 언급), 심리사회적발달(이후부터는 사회적, 정서적 발달로 언급) 자조기술(이후부터는 적응행동 발달로 언급), 또는 (b) 발달지체를 초래할 높은 가능성을 지닌 신체 적 정신적 상태를 지닌 것으로 진단된 자	3~9세 아동의 경우 "장애아동(a child with a disability)"이란 용어는 주와 지역 교육청의 재량에 따라 발달지체(주에 의해서 정의되고 적절한 장애 진단도구와 절차에 의해서 측정됨으로써 다음 중 한 가지 이상의 영역에서 나타남 : 신체발달, 인지발달, 의사소통발달, 사회적 또는 정서적 발달, 또는 적응행동발달)를 경험하고 있는 아동으로 그러한 이유로 인해서 특수교육 및 관련서비스를 필요로 하는 아동일 수 있다.

장애 영아	장애 유아
(c) 이 용어는 주에 따라서 조기개입 서비스를 제공받지 않으면 발달지체를 보일 잠재적인 가능성을 지니는 0~2세 장애위험 아동을 포함 할 수 있다.	

4) 유 · 아동기 및 청소년기 정신장애 분류

〈표 2-4〉 미국 정신의학회 정신장애 진단 및 통계편람(DSM-IV)

A. 정신지체	경도정신지체, 중도(中度)정신지체, 중도(重度)정신지체, 최중도 정신지체, 불특정 정신지체
B. 학습장애	읽기장애, 산술장애, 쓰기장애, 달리 분류되지 않는 학습장애
C. 운동기능 장애	발달성 근육운동 조정장애
D. 의사소통 장애	표현성 언어장애, 혼재 수용–표현성 언어 장애, 음성학적 장애, 말더듬기, 달리 분류되지 않는 의사소통 장애
E. 전반적 발달장애	자폐성 장애, 레트 장애, 소아기 붕괴성 장애, 아스퍼거 장애, 달리분리 되지 않는 전반적 발달장애
F. 주의력 결핍 및 파괴적 행동 장애	주의력 결핍 및 과잉행동 장애, 복합형, 주의력 결핍 우세형, 과잉행동–충동 우세형, 달리 분류 되지 않는 주의력 결핍 및 과잉행동 장애, 품행장애, 반항성 장애, 달리 분류 되지 않는 파괴적 행동 장애
G. 유아기 또는 초기 소아기의 급식 및 섭식장애	이식증, 반추장애, 유아기 또는 초기소아기의 급식장애
F. 틱장애	뚜렛장애, 만성운동 또는 만성 음성 틱장애, 일과성 틱장애, 달리 분류되지 않는 틱장애
I. 배설장애	유분증, 변비와 변지림(실금)이 있는 것, 변비와 변지림(실금)이 없는 것, 유뇨증(일반적인 의학적 상태로 인한 것이 아닌 : 야간형/주간형/주야간형)
J. 유 · 아동기 또는 청소년기의 기타 장애	분리불안장애, 선택적 함구증, 유아기 또는 소아기의 반응성 애착장애(억제형/탈억제형), 상동증적 운동장애, 자해적 행동이 있는 것

4. 장애유아의 선별 및 검사

1) 선별과정

장애유아의 선별과 진단 과정은 발굴(locating), 선별(screening), 진단(diagnosing)의 과정을 거치게 된다(한국정신지체아 교육연구회, 1995).

첫째, 발굴 단계는 대상자에 대한 최초의 접촉단계이며 일반 대중들의 특수교육에 대한 인식을 높이는 단계로 목표 집단을 정의하고 도움이 필요한 유아를 발견해 내는 작업의 시기이다. 따라서 프로그램을 운영하는 사람들이나 자원 봉사자 혹은 지역 사회의 사람들이 문제 유아가 있다는 것을 발굴하게 된다. 필요시는 의뢰하고 일반 대중에게 알리는 작업이 주가 된다. 즉 대중매체, 특수교육 서비스 장점 홍보, 이용 권장 등을 하게 된다.

둘째, 선별단계는 문제의 대상 유아 중 더 많은 연구가 필요한 유아를 선별하는 단계로 치료 작업을 가능한 빨리 실시하기 위하여 선별의 시기를 앞당기는 것으로서, 장애 조건의 진행 상황 중 증상이 분명치 않은 기간 중에 판별하여 치료하는 것이 가장 효과가 있다. 전문가 및 준전문가들이 선별 작업에 참여하게 된다. 선별의 문제를 가진 유아에게 보다 우선적으로 필요한 것이 있다면 이에 따른 신속한 처치를 시작하게 된다. 선별 과정은 가벼운 장애 조건을 발견하는 데는 효과적이지만 심한 장애 조건을 발견하는 데는 중요한 것이 못된다. 그래서 중증장애 조건은 대체로 보다 명백하며, 일반적으로 중증장애를 가진 유아들은 발굴과정에서 판별되고 바로 진단과정으로 가게 된다. 선별은 의학적 선별과 교육적 선별이 결합되어야 한다.

셋째, 진단단계는 의학적 · 교육적 · 발달적 장애 정도가 얼마나 되는가 결정하여 치료 처방과 그 장애에 맞는 특정한 프로그램에 유아의 배치를 결정하는 단계로서 각 영역 전문가들이 하나의 팀으로 유아가 갖는 여러 측면에서의 장애 특성을 찾아내고 처방을 결정한다. 이러한 진단 과정에서 특히 고려해야 할 일은 진단, 치료의 시기가 장애가 발생하여 진행하는 가운데 '치료의 최적기'를 놓치지 말아야 한다는 것이다. 장애 조건의 진행 과정을 보면 치료 최적시기 이전까지는 그 증상이 분명치 않으나 그 이후는 분명한 증상으로 나타나기 마련이다. 따라서 선별의 시기는 앞당겨야 하고 진단 시기도 치료 최적시기에 이루어지는 것이 효과적이다. 또한 현재 세계적인 추세는 장애자에 대한 치료보다는 예방에 치중하고 있어서 장애유아의 조기 진단평가를 중요한 과제의 하나로 생각하게 되었다.

그러나 나이가 어릴수록 모든 검사에서 예측의 타당성이나 신뢰성이 결여되기 때문에 올바른 측정이 더 어렵다. 이러한 측정상의 문제점에도 불구하고 조기 진단의 방향으로 강조되고 있는 조기 발견은 문제를 제거하거나 약화시키고, 좋지않은 습관이 생기는 것을 방지하고, 좌절이나 정서적 반응을 줄일 수 있다고 일반적으로 받아들여지고 있다.

2) 장애유아의 선별 및 검사

(1) 발 굴

일반적으로 유아는 형식적 장면에 배치되지 않았기 때문에 교사들은 특별한 서비스가 요구되는 유아를 찾기 위한 집중적 노력을 해야 할 필요가 있다. 이러한 유아를 발굴하는 데는 체계적 절차가 요구된다. 발굴과정은 전체 사정에서 첫번째 단계이며, 다음과 같은 활동이 포함된다. ① 표적 집단 규정하기 ② 서비스의 공적 인식 증가시키기 ③ 의뢰 촉구하기 ④ 서비스가 필요한 아동을 위해 지역 사회 계몽하기 유아 발견은 현재 서비스를 받지 않거나 낮은 서비스를 받거나, 부적절하게 서비스를 받고 있는 장애유아를 적극적으로 찾도록 권장하는 것이다.

(2) 선 별

선별은 전체 사정체계의 두번째 단계이다. 선별의 일차적 초점은 현재 유아의 기능 및 상태를 사정하는 것이다. 선별 사정은 전통적으로 시각과 청각, 인지, 언어, 대근육 운동 기능과 소근육 운동 기능, 시각적 지각과 청각적 지각, 사회-정서적 상태 등의 영역에서 유아의 기능에 대한 정보를 다양하게 수집하는 것이다.

① 선별 검사의 선택

선별 검사는 특별하지만 제한된 훈련을 받은 검사자와 기법가에 의해 관리되며, 적절한 비용으로 비교적 짧은 시간에 많은 유아를 검사할 수 있어야 하며, 검사를 해석하기 위해 수준 높은 검사자가 짧은 시간에 해석할 수 있어야 한다. 선별 검사는 단독으로 사용되어서는 안 되며, 중재 · 배치 · 처치의 목적으로 사용되어서도 안 된다. 선별 검사의 목적은 충분한 사정(assess-ment)이나 진단 평가가 필요한 아동을 판별하는 것이다.

② 폭넓게 사용되는 유아 선별 검사

폭넓게 사용되는 유아 선별 검사로는 다음과 같은 종류가 있다.

- **신생아 선별 검사** : Apgar 평정 척도(Apgar Rating Scail, Apgar, 1953), 신생아 행동사정척도(Neonatal Behavioral Assessment Scale Brazelton, 1973)
- **종합적 선별 검사** : 의사들이 사용하는 일반적 도구는 '신생아 신경학적 선별 검사'(The Neurological Screening Examination of the New-born unfant, Prechtl & Beintema, 1964) Wheel Guide in Normal Milesoned of Develop-mint, '발달진단(Dvelopmental Dignosis, Knoblocj, steven, & Malone, 1980), '덴버발달 선별검사-개정판'(Denver Developmental Screening Test-Revised, Frankenburg, Fan-dla, Sciarillo, & Burgess, 1981)이 있다.
- **조기 선별 검사** : '포괄적 판별 과정'(CIP ; Comprehensive Identifica-tion Process, Zehřbacj, 1983), '학습 사정을 위한 발달적 지적자-개정판'(DIAL-R ; Develpomental Indicators for the Assesment of Learning-Revised, Mardell-Czdnorske & Goldenberg, 1983)을 포함하는 교육적 모델을 강조한다.

(3) 진 단

세번째 단계인 진단은 선별과정을 통해 발견된 유아의 심도 있는 평가이다. 진단에서 유아는 선별 권고를 점검하고 만약 유아가 특수교육 서비스의 근거가 되는 문제를 가졌는지를 결정하기 위해 주의 깊게 조사되어야 한다. 진단이란 첫째로 한 유아가 발달상의 문제를 보이고 있는지의 여부, 둘째로 문제가 무엇인지, 셋째로 유아의 체질, 성장사 그리고 현재 환경으로 인한 문제의 원인이 무엇인지, 넷째로 잠재적 과정과 발달적 결과가 무엇인지 그리고 예방과 중재에 있어서 가장 좋은 방법이 무엇인지를 알아내려는 것이다.

① 진단의 기능

진단은 문제의 심각성을 결정하고, 가능성 있는 원인(병인)을 결정한다. 또한 치료의 필요성을 결정하고 가장 적합한 서비스를 결정하는 기능을 한다.

② 진단의 과정

의학 분야, 심리학 분야, 교육과 재활 분야 및 기타 분야의 전문가들이 각 영역에서 자료를 놓고 부모와 인터뷰를 하는 검사와 유아 관찰을 거쳐 치료의 필요성 정도나 적절한 서비스를 결정하는 것이 진단 과정이다. 장애유아에 대한 진단은 여러 각도에서 이루어지고 있는 것이 현실인데, 장애유아는 의학적 측면, 사회 심리적 측면, 그리고 교육적 측면에서 진단되어 진다. 유아는 대체로 먼저 소아과의사나 가정의에게 보여진다. 일단 유아에게 문제가 있다는 진단을 한 다음에는 문제의 특성을 결정하려고 할 때 어떤 경우에는 문제를 즉시 명확하게 구별해 낼 수 있으나 많은 다른 경우에는 그렇지 않다. 문제의 특성을 알게 된 다음에는 그 문제의 원인을 알게 된다. 문제의 원인은 곧 그 아동에게 주어질 치료와 중재의 방법을 선택할 수 있도록 한다. 진단은 일반적으로 사례사, 부모면담, 아동관찰, 검사, 필요한 처치와 적절한 서비스의 추진과 같은 단계를 거친다.

③ 진단과 판별에 사용되는 검사

- 공식적/형식적 검사
  표준화 검사는 연구 결과에 기초하기 때문에 신뢰도나 타당도가 높아 선별에 많이 사용된다. 또한 주체적 판별을 위하여 언제든지 사용할 수 있도록 상품화되어 있어 편리한 점도 있다.
- 비공식적 검사/비형식적 검사
  비형식적 검사 기법은 관찰, 면담, 숙제, 간단한 시험, 자습활동, 읽기, 말하기 등을 통하여 각종 자료들을 모으는 것이다. 따라서 어떤 면에서 보면 학습 목표나 문제해결에 직접적으로 영향을 미치는 정보를 제공하며 실용적이면서 비용도 적게 든다. 그러나 그러한 검사도구나 분석 기법은 개발하는 데 시간이 많이 소요되며 전문적인 지식이 필요하다.

제 3 장

장애유아의 진단 및 평가

1. 장애유아의 진단 및 평가과정
2. 진단 및 평가를 위한 자료수집
3. 진단 및 평가

제3장

장애유아의 진단 및 평가

1. 장애유아의 진단 및 평가과정

진단 및 평가의 중요한 기능은 장애유아의 현재 발달 수준과 장애적인 특성을 파악하여서 이를 개선하기 위한 중재 방안을 계획하는 자료를 제시하는데 있다. 그리고 중재를 시행하면서도 진단 평가 및 기능을 통해서 중재 방안의 적절성을 감독해야 한다. 따라서 진단 및 평가는 중재와 지속적인 연계를 가지고 진행되어야 한다. 또한 부모와의 면담을 통한 양육 및 행동 특성에 대한 정보 수집과 다양한 관찰과 발달 평가를 통해서 나온 평가 결과를 바탕으로 교육을 실시하면서 유아의 수행정도에 대한 지속적인 평가를 시행한다. 그 성과를 보통 3~6개월에 한번씩 종합해서 요약하면서 교육프로그램의 적절성 여부를 결정하게 된다. 적절성에 대한 평가에 따라서 교육 계획을 수정하거나 기존대로 진행해 나간다. 즉 교사는 교수를 시행한 후에 1년 혹은 6개월마다 처음에 실시한 평가방법을 사용해서 교사 자신의 교수적 접근과 프로그램의 효율성을 진단해 보아야 한다.

이 결과를 근거로 교사는 교수접근 또는 교수행동을 조정할 수 있다. 교사는 자신의 책무성을 완수하는 측면에서 뿐만 아니라 교육대상인 유아에게 동기를 부여하고 부모와의 의사소통을 촉진하는 재진단과정을 반드시 수행해야 한다. 이러한 초기 진단평가-교수실시-교수진단평가의 순환적인 진단 평가를 시행하는 과정에서 장애유아의 문제에 대한 보다 효율적이고 체계적인 교수적 접근이 가능하고, 더 나아가서는 보다 질적으로 높은 특수교육 프로그램의 실시가 이루어질 수 있다.

장애유아에 대한 진단 및 평가과정은 〈그림 3-1〉과 같은 순환적인 과정을 반복한다.

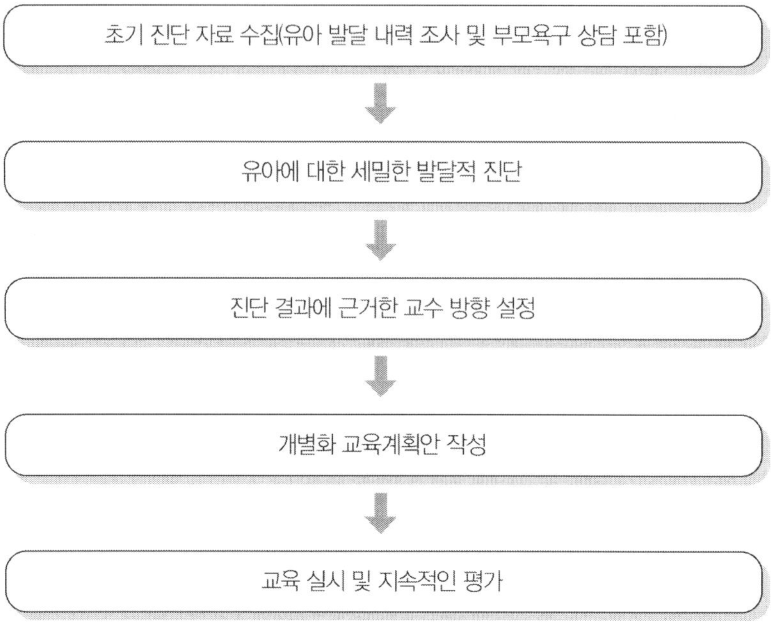

〈그림 3-1〉 진단 · 교육 · 평가의 순환적인 과정

2. 진단 및 평가를 위한 자료수집

최근에 진단 및 평가는 유아를 일상 환경에서 의도된 활동으로 따로 떼어내서 실시하기보다는 학급활동 혹은 가정생활에서 적절한 절차를 사용해서 기술의 자연적인 수행을 평가하는 것이 권고되고 있다. 교수의 시작과 기준이 되는 관찰을 포함한 초기 진단평가를 통해서 유아의 자연적인 수행을 측정해야 한다. 이를 위해서 교사는 유아의 가족, 지역사회의 전문가를 포함하는 협력적인 과정을 수행해야 함이 중요시되고 있다. 또한 유아를 평가할 때 신변처리, 대근육 운동, 소근육 운동, 사회성, 놀이, 인지, 언어(수용/표현) 등의 발달영역과 기본적으로 청력과 시력, 감각에 대한 다양한 영역의 평가도 이루어져야 한다. 이를 위해서는 다양한 영역의 전문가 및 가족의 평가 정보를 나누는 정기적인 시간이 계획되어야 하며, 이 정보는 가족이 쉽게 이해하고 활용할 수 있는 방법으로 교환되어야 한다. 장애 유아의 진단과 평가에 꼭 포함되어야 하는 요소들은 〈표 3-1〉과 같다.

〈표 3-1〉 진단과 평가에 포함되어야 할 최상의 실제 요소

• 모든 주요 발달 영역을 진단 내용에 포함시킨다. • 자연적인 환경에서 진단한다. • 진단과정에 가족을 참여시킨다. • 필요하다고 판단된 다양한 영역의 전문가들이 협력하여 진단한다. • 다양한 근거를 통해서 진단 정보를 수집함으로써 수렴적 진단을 실시한다.

1) 부모 상담을 통한 진단 자료수집

유아에게 효율적인 적합한 프로그램을 계획하고 실시하기 위한 첫번째 단계는 유아가 발달과 학습에서 문제가 있는지에 대한 진단이 이루어져야 한다. 이 때 진단자는 유아 발달내력 조사(예 : 표 3-2)를 활용하여 유아의 문제가 되는 발달 이상의 원인 및 현재의 발달 이상 양상, 여러 가지 건강과 관련된 정보를 부모 상담을 통해서 제공해 줄 수 있다. 장애유아의 발달내력 조사 외에 가능하면 부모와 유아에 대한 의학적·교육적·가정적 정보도 다각적으로 수집하도록 한다. 그리고 자류 수집 과정에서 교수계획을 위한 면담도(예 : 표 3-3) 부모에세 시행하면 대상자의 욕구를 고려한 계획을 작성하는데 도움이 된다. 이는 학급에서 개별적으로 학기 초에 가정방문시 작성할 수 있다.

〈표 3-2〉와 〈표 3-3〉을 통한 유아 교육 초기의 부모 상담은 부모와 유아에 대한 우선순위를 결정하는 자료로 유용하게 사용될 수 있다. 이 때 단순히 부모의 이야기를 듣는 수준에서 끝나는 것이 아니라 면담을 통해 부모와의 신뢰를 형성하고, 유아에 대한 정확하고 다양한 정보를 끌어낼 수 있도록 교사가 사전에 철저히 준비하는 것이 중요하다. 이러한 과정에서 유아의 교육과 관련해서 결정된 사항에 대한 실행 방안 등을 교사와 부모가 같이 계획할 수 있다.

〈표 3-2〉 부모 상담을 통한 유아발달 내력 조사

유아이름 : ________________ 생년월일 : ________________ ※ 해당 사항에 V로 표시 또는 글자로 기록. 1) 임신 • 임신기간 : 정상이었다(   ) 문제가 있었다(   ) • 만약 문제가 있다면 어떤 종류인가?

만성적인 병( ) 바이러스 감염( ) Rh 혈액부조화( )
자궁외 임신( ) 독혈증( ) 극심한 긴장( ) 외상( )
기타( ) :

2) 출생

- 유아의 몸무게 :
- 진통시간 :
- 다음 중 해당되는 사항이 있습니까?
  제왕절개( ) 탯줄이 목에 감김( ) 조산( ) 황달( )
  둔위태향(완전히 거꾸로 된 경우)( ) 수형( )
  태아의 약간 회전( ) 쌍생아(일란성, 이란성)( ) Rh-( )
- 기타( ) :
- 특별한 처치를 요했던 경우들이 있었다면 말해 주세요.
  (예 : 산소호흡, 인큐베이터, 호스를 삽입해서 먹이기, 수술)
- 유아가 병원에 있었던 기간 :

3) 영유아기

- 수면습관 : 잘 잤다( ) 잠을 거의 못 잤다( )
  겨우 잠들었다( ) 한 잠도 자지 않았다( )
- 식사습관 : 잘 먹었다( ) 빠는데 어려움이 있었다( )
  삼키는데 어려움이 있었다( ) 음식 알레르기가 있었다( )
- 기타( ) :
- 당신의 아이가 몇 살에 했습니까?
  목 가누기( ) 옹알이하기( ) 뒤집기( ) 짝짜꿍하기( )
  앉기( ) 첫 단어 말하기( ) 잡고 서기( ) 혼자 걷기( )
- 현재 유아의 발달에서 문제가 된다고 생각하는 부분은? :

4) 의학적 내력

- 당신의 아이가 과거에 다음과 같은 경우가 있었습니까?
  큰 병을 앓은 경우( ) 입원을 한 경우( )
- 발달과 관련된 진단을 공식적으로 받은 적이 있습니까?
  어디서 :
  언제 :
  결과는 :

5) 청각

- 당신 생각에 아이가 청각에 문제가 있습니까? 네( ) 아니오( )
- 당신 아이는 의사 및 전문가로부터 청각에 대한 진단 및 평가를 받은 적이 있습니까?

네( ) 아니오( )
어디서 :
언제 :
결과는 :

- 귀에 염증이 생긴 경우는? 있었다( ) 없었다( )
  만약 있었다면 몇 번? :
- 당신의 아이가 복용하는 약이 있습니까? 네( ) 아니오( )

6) 시각

- 당신 생각에 아이가 시각에 문제가 있습니까? 네( ) 아니오( )
- 당신은 의사나 전문가로부터 시각 진단 및 평가를 받은 적이 있습니까?
  네( ) 아니오( )
  어디서 :
  언제 :
  결과는 :

7) 현재의 습관들

- 수면/낮잠 : 불규칙적이다( ) 잘 잔다( ) 거의 자지 않는다( )
  비고( ) :
- 먹기/마시기 : 간격이 규칙적이다( ) 간격이 불규칙적이다( )
  양이 일정하다( ) 양이 불규칙적이다( )

8) 가족 구성원 내에 문제점이 있습니까? 네( ) 아니오( )
있다면 구체적으로 말해 주십시오.

〈표 3-3〉 교수 계획을 위한 부모면담 내용

유아이름 : ________________ 생년월일 : ________________

I. 유아에 대하여

1. 유아가 집에서 주로 하는 놀이 및 놀이도구(5가지 이상)
2. 유아의 장점(최근의 발전 상황 등을 포함하여 기록해 주세요)
3. 유아를 강화하는 것(예 : 칭찬, 야단, 무시, 특정 장난감 등)
4. 부모가 가장 다루기 힘든 유아의 행동(예 : 물건 던지기, 편식 등)
   4-1. 그 행동의 이유가 무엇이라고 생각하십니까?(예 : 무엇을 원할 때 등)
   4-2. 그 때, 부모님의 주반응과 효과 여부(예 : 무시한다, 요구를 들어준다 등)

Ⅱ. 가족에 대하여

1. 가족 구성원 소개와 유아와의 관계형성도(유아와 접촉이 많은 친척 포함)
(예 : 아빠-운동을 많이 해준다. 형-많이 싸운다. 할머니-매우 귀여워하여 요구를 모두 들어 주신다 등)
2. 부모교육을 실시한다면 꼭 다루었으면 하는 내용
3. 유아에 대한 가족의 계획(예 : ~이 되었으면, 초등학교에 갔으면 등)

Ⅲ. 교육에 대하여

1. 유아의 이전 교육 경력
2. 현재 유아가 받고 있는 교육들(예 : 학습지, 가정교사, 개별교육 등)
3. 본 학급의 수업 방향을 정할 때, 교사들이 어디에 많은 중점을 두기를 원하시는지 한군데에 V로 표시해 주세요.
   - 사회성 위주 수업 ______________________
   - 인지학습 위주 수업 ______________________
   - 기타 ____________________________________
4. 유아가 앞으로 더 배웠으면 하는 내용 2~3가지를 구체적으로 적어 주십시오.
(예 : 스스로 이 닦기, 이름 쓰기, 공 주고 받기 등)

2) 유치원의 하루 일과를 통한 평가 및 자료의 수집

장애유아의 진단 및 평가를 위한 특별한 도구 없이 유치원의 하루 일과를 관찰하거나 장애유아의 성취물 및 산출물을 통해서도 평가의 자료를 수집하고 평가의 준거로 삼을 수 있다. 이와 같은 자연스런 환경에서 장애유아의 적응 정도를 진단하고 평가하는 것은 준거참조 진단과 교육과정 진단의 형태를 혼합한 것이라고 할 수 있다. 이는 장애유아의 성취를 비교 집단의 수준에 비추어 의사결정을 내리는 규준참조 평가에서 탈피하여 의도했던 교육목표, 의도했던 어떤 준거나 표준의 달성 여부에 비추어 평가하는 방법이다.

교육의 성과와 관련된 준거들을 정하고 이에 근거해서 장애유아를 평가할 때, '○'는 장애유아 스스로 도움 없이 할 수 있을 때, '△'는 도움(언어적, 신체적)을 주면 수행할 때, '×'는 현재 할 수 없고 지도가 필요한 경우로 각각 평가 기록한다. 같은 내용을 시간 간격을 두고 평가해 봄으로써 유아교육기관에의 적응발달 정도를 평가해 볼 수 있다.

여기서 나타난 장애유아마다 다르게 나타난 개별적인 적응상태를 보고 장애유아 개별교육목표를 세울 때 참조할 수 있다. 즉 '○'로 표시된 것은 장애유아의 장점이 되며 현재 수행하지 못하는 것은 앞으로의 성취해야 할 목표가 된다. 준거 참조를 통한 평가 방법으로 하루 일과에 근거한 평가방법이 있다. 하루 일과를 통한 평가의 구성방법은 〈표 3-4〉와 같다. 〈표 3-5〉는 하루 일과 중 등원시간에서 관찰된 것이고 〈표 3-6〉은 유치원의 전체 하루 일과에서 추출한 것에 대한 준거 및 평가의 예를 보여주고 있다.

〈표 3-4〉 하루 일과 평가의 구성 과정

- 일과 중 평가할 일과를 선택한다.
- 진행과정을 그리면서 일과에 스스로 참여하기 위해 필요한 행동을 기록한다.
- 관찰 가능한 표현으로 기록한다.
- 아동 중심의 질적인 하루 일과 구성을 표현한다.
  (예 : '흘리지 않고 먹는다' → '흘리는 경우 줍는다' 혹은 '교사에게 알린다')
- 정서적인 적응 항목을 포함시킨다.
  (예 : '즐겁게 식사를 한다' 혹은 '식사 중 자연스러운 대화에 참여한다')
- 평가할 연령을 고려한 행동을 기록한다.

〈표 3-5〉 하루 일과 평가의 예(등원)

평가표시
○ : 혼자 할 수 있다　△ : 도움을 주면 할 수 있다　× : 현재 할 수 없고 지도가 필요함

아동이름 : 이영수			생년월일 : 2000년 5월 8일	
일시	2004년 3/15	년 /	년 /	년 /
평가자	김지희			

일과	평가일시				관찰 및 계획
	3/15				
등원					
스스로 신발을 벗는다	○				
신발장에서 이름을 찾는다	×				한글 해독이 안 되므로 영수 사진을 신발장에 붙여야 할 것 같음
신발을 정리 정돈한다	△				
바로 교실로 향한다	×				처음에는 현관에서 영수를 기다리고 있다가 언어적 촉진과 신

					체적 촉진을 주어서 교실에 들어갈 수 있게 해야겠음
선생님께 인사한다	○				
보호자와 인사한다	○				
옷과 가방을 사물함에 정리한다	△				
즐겁게 일과에 참여한다	○				
친구와 인사한다	×				• 성인과 인사하는 것은 가능하나 또래랑은 어려운 것 같음 • 일과 안에서 계속 지도 필요
출석카드에 도장을 찍는다	△				

〈표 3-6〉 하루 일과 중 장애유아의 적응 기술에 대한 요약정리 기록의 예

이 름 : 이영수　　생년월일 : 2005년 5월 8일
평가자 : 김지희　　평가날짜 : 2009년 6월 27일

1. 등원
   스스로 신발을 벗어 제자리를 찾아 넣는다. 선생님께 스스로 인사하며, 옷과 가방을 정리한다.
2. 자유선택활동
   원하는 놀이영역을 선택하고 이름표를 붙이며 친구들과 어울려 놀기를 좋아하며 쌓기, 역할놀이를 즐긴다. 학기초에는 친구들과 잘 싸우고 울기를 잘 했으나 1학기말에 들어서서는 다른 친구의 장난감을 뺏는 횟수가 많이 줄었다. 필요한 도움을 요청할 줄 알며 정리할 때를 알고 정리한다.
3. 이동
   교사의 요구에 따라 줄서는 장소로 가며, 한 줄 기차시 빈자리를 찾아 줄서는 것은 교사의 지시가 있어야 다시 수행한다. 계단을 도움 없이 오르내리며 줄에서 이탈할 때가 있으나 주의를 주면 다시 줄을 선다.
4. 화장실 사용
   대소변 의사 표시를 하며 스스로 해결 가능하다. 물을 조절하여 틀고 잠근다. 혼자서 화장실을 찾아가며 다녀오는 도중 이탈하지 않고 다녀온다.
5. 접시와 컵에 든 음식 및 음료를 흘리지 않고 자리에 앉으며 흘릴 시에는 휴지를 가져와 닦으며 더 먹고 싶을 때 '더 주세요'라고 말한다. 장난은 치지않고 가만히 앉아서 먹고, 먹은 후 컵과

접시 및 쓰레기를 정리한다.

6. 전체 활동
정리정돈 신호시 활동을 중단하고 정리를 시작하며 정리 후 유아가 속한 팀이 앉아 있는 것을 보고 자신의 빈자리를 찾아 앉는다. 교사의 말에 주의 집중한다.

7. 점심식사
차례차례 숟가락 젓가락을 집으며 식판을 바르게 받으며 식판을 흘리지 않고 제자리까지 이동한다. 바르게 앉아 흘리지 않고 먹으며 숟가락 사용은 잘하나 젓가락 사용은 미숙하다. 편식하지 않고 먹은 후 식판을 정리 정돈한다.

8. 바깥놀이
차례대로 줄을 서서 이동하며 정해진 구역을 이탈하지 않고 위험한 장난은 피하며 도움을 요청할 줄 안다. 신호에 따라 다시 모인다.

9. 귀가
사물함에서 옷과 가방을 스스로 꺼내고 스스로 교사에게 인사한다.

10. 양치질하기
칫솔로 이를 위아래로 닦는다. 치약을 먹지 않고 물로 입을 헹군다. 씻은 칫솔을 입에 넣고 다시 교실로 들어간다.

11. 낮잠
정해진 곳에서 교사의 지시를 기다리며 정해진 곳에 눕는다. 일찍 일어나도 누워서 크게 떠들지 않고 스스로 이불을 개려고 한다.

12. 전체 활동
이야기 나누기식 질문에 대답하며 작업과정을 이해하며 스스로 하려고 노력하고 자발성을 많이 지니고자 한다. 운동과 게임에 도움을 필요로 할 때가 있고 규칙이해는 서투르다. 끝난 후 순서를 기다리는 것은 연습이 더 필요하다.

3. 진단 및 평가

1) 일화기록 및 체계적 관찰에 의한 평가

공식적인 검사를 통해서 발견되지 않는 여러 가지 중요한 기술들 예를 들어 또래 친구와의 상호작용, 부적절한 행동, 의사소통의 정도, 자립성 등을 자연적인 관찰을 통해 평가할 수 있다. 자연적인 관찰을 위한 방법에는 문제행동에 대한 빈도수 측정방법, 일화기록법, 유아관찰

일지 등을 이용할 수 있다.

관찰은 유아의 행동을 체계적으로 계획하여 보는 것으로 유아 평가에서 중요한 역할을 한다. 관찰은 다양한 환경에서 발생하는 유아의 자연스러운 행동을 관찰하고 기록할 수 있으므로 주어진 평가도구를 통해 얻을 수 없는 중요한 정보를 준다. 체계적인 관찰을 위해서는 관찰할 대상을 분명히 정하고 유아의 어떤 행동을 관찰할 것인지 구체적으로 정해야 한다. 관찰대상과 관찰해야 할 행동이 정해지면 어떤 방법으로 관찰하는 것이 가장 효과적인지를 선택해야 한다. 구체적인 관찰방법은 다음의 〈표 3-7〉, 〈표 3-8〉를 참고한다.

〈표 3-7〉 일화기록법

- **유아명** : 이용호
- **생년월일** : 1999. 4. 1
- **관찰시기** : 2004. 3. 5 10 : 30~10 : 40/ 이야기 나누기
- **관찰장소** : 교실
- **관찰내용** : 정리 신호를 듣고 다른 또래들이 놀이감을 정리하고 자기 자리를 찾아 앉는 동안 용호는 놀이를 계속하고 있다. 교사가 자리에 앉을 것을 요구해도 반응이 없고 계속해서 놀려고 한다. 교수를 교사가 정리하자 소리를 질렀다.

- **평가** : 이야기 나누기시, 착석이 어렵고 자동차에 관심이 많다. 자신의 의사를 표현하고자 할 때 먼저 소리를 지른다.

〈표 3-8〉 사건표집법

관찰자는 관찰한 행동을 결정하고 다른 행동들은 무시한다.

시간	소리 지르기(빈도)	이야기 나누기 수업 중 착석시간(지속시간)		
		구분	시작시간	종료시간
자유선택활동	3회	1회	10 : 42	10 : 48 : 10
집단활동 시간	10회	2회	11 : 02	11 : 10

2) 수행평가

장애유아가 실제 수행한 산출물 및 결과물을 통한 수행평가도 장애유아의 교육을 진단하고

평가하는데 유용한 정보를 제공해 준다. 예를 들어 언어장애를 가지고 있는 유아의 언어습득 수준을 평가할 때 검사 도구를 이용하여 분리된 장소에서 낱말카드를 이용하여 수용언어 및 표현 언어의 습득 정도를 측정하는 것은 수행중심의 평가가 아니다. 이는 사실적이지도 않으며 교수활동과 직접적인 관련성도 없고 사회적 타당도도 낮다고 할 수 있다. 사실적인 측정을 위해서는 실제 또래들과 함께 있는 상황에서 사회적 상호작용을 시작하는 음성이나 몸짓 등의 기술이 측정되는 것이 더 효과적이며 친숙한 상호작용자인 부모의 지시를 얼마나 잘 따르는지를 관찰하는 것이 수용언어 습득 정도를 진단하기 위해 필수적인 과정이 된다.

이와 같이 수행 및 사실 평가는 관찰한 기술들의 실제 생활과의 연관성을 확보해 주고, 적절한 수정을 통하여 교육과정의 내용과 쉽게 연계할 수 있게 해준다. 실제 수행 상황에서 유아의 노력에 근거해서 진단하는 방법으로 유아의 작업 샘플이나 사진, 비디오테이프 등이 활용될 수 있다. 포트폴리오 진단방법이 여기에 해당한다. 그림과 같은 미술작품, 적목쌓기와 같은 창의적인 구성물의 사진, 놀이 활동이나 언어, 인지, 자조기술, 사회-정서, 운동기능 영역의 발달을 보여주는 비디오 및 녹음테이프 등을 포함할 수 있다.

교사는 실제 상황에서 유아로 하여금 적극적으로 반응토록 하여야 하며 실제 상황에서의 수행정도를 면밀하게 관찰하여야 한다. 유아가 밖으로 나갈 준비를 할 때 코트의 지퍼를 올리는 기술을 관찰하는 것이 사실 진단의 예가 된다. 이 방법은 유아가 진단 과정에 참여하고 포트폴리오가 유아 스스로의 학습 과정을 반영할 뿐 아니라 의미 있는 학습경험을 강조한다는 장점을 지닌다. 예를 들면 〈그림 3-2〉의 경우 인물 표현의 수준이나 폐쇄선 그리기 수행정도나 선의 안과 밖을 구별하는 능력 그리고 크레파스 색칠하기 수행력 등과 더불어 친구의 이름이나 개념 질문을 통해 보다 구체적으로 평가할 실제 자료가 된다.

〈그림 3-2〉 만 4세 여아의 '나와 친구' 그림

3) 규준 참조 장애유아 발달 진단

유아에 대한 더욱 세밀한 분석과 교수 개발과 연관된 정보들을 수집하기 위해서 발달적 평가를 시행한다. 우리나라에서 많이 사용되고 있는 규준 참조 발달평가에는 '포테이지 유아발달 지침서(서울 장애인 종합복지관)'와 '캐롤라이나 교육과정(대한사회 복지개발원)' 등이 많이 사용되고 있다. 포테이지나 캐롤라이나처럼 연령이라는 규준에 근거하는 규준참조 평가는 유아의 발달 수준을 그가 속해 있거나 혹은 있지 않더라도 비교가 되는 집단의 규준에 비추어 본 상대적 서열에 의해 판단하는 평가체제로 한 유아의 발달이 다른 유아에 비해 얼마나 빠른지 느린지에 의해 평가되고 판단된다. 이 도구들의 행동들을 수록한 체크리스트의 발달척도를 근거로 유아의 현재 수행 수준을 정하고 거기서부터 교육을 시작하면 된다. 교사가 발달평가를 실시할 경우에는 마찬가지로 유아에게 그 행동을 시켜 보거나 부모나 유아와 친숙한 다른 사람에게 유아가 그 행동을 수행하는 것을 관찰했었는지를 물어봄으로써 열거된 기술들의 수행여부를 알 수 있다.

(1) 포테이지 유아발달 지침서

포테이지를 사용하는 경우 유아자극 영역은 아주 어린 유아나 심한 장애아와 학습할 때만 사용되므로 대부분의 영유아의 경우 유아자극을 제외한 신변처리, 운동성(대근육 운동, 소근육 운동), 사회성, 인지, 언어(수용언어, 표현언어)의 5가지 영역에서 장애유아를 평가한다.

먼저 각 발달영역에서 유아에게 어떤 것부터 시켜볼 지 그 시발점을 정해야 한다. 정상적인 유아의 경우는 보통 유아의 생활연령(실제로 유아가 먹은 나이) 보다 1세 아래 연령 수준 항목에서 시작한다. 예를 들어 유아가 3세 4개월이라면 2세 정도부터 시작한다. 그러나 유아가 발달영역중 어느 영역에서든 지체된 것 같으면, 유아의 생활연령 2세 아래 수준에서 시작한다. 이 시발점에서부터 유아는 10~15개 항목을 계속 수행할 수 있어야 한다. 만약 유아가 수행하지 못하면, 열거된 기술을 수행하는 점까지 거슬러 올라가서 시작한다. 이렇게 시발점을 정해서 하는 것은 유아의 현재 하지 못하는 기술을 하나도 놓치지 않는다는 점에서 중요하다.

시발점을 정해서 그 항목의 행동을 유아에게 시켜 보았을 때 유아가 그 행동을 요구할 때마다 3~4회 정확하게 계속적으로 수행한다면 그 행동에 '○'로 표시하거나 색으로 표시한다. 유아가 도움 없이 행동을 수행하지는 못하지만 조금만 도와주면 이 행동을 수행할 수 있을 경우는 '△' 및 특정한 색으로 표시한다. 예를 들어 '원을 그린다'라는 행동을 검사할 때 유아가 도움 없이 원을 그리지는 못하지만 그리는 방법을 보고 따라는 그린다면 '모방해서 그린다'라고 그 행동 옆에 적어 놓고 세모(△)로 표시를 한다. 유아가 그 항목을 어떻게 수행하는지에 대한 이러한 기록은 중요하므로 될 수 있으면 행동 옆에 비고란을 마련해서 적어두는 것이 유아의 진도 감독을 위해 필요하다. 또한 유아가 어떤 때는 그 행동을 하지만 어떤 때는 하지 못하는 경우 즉 계속적인 반응이 아니라 간헐적인 반응을 보일 때도 세모를 한다. 세모로 표시한 행동은 조금만 훈련하면 습득이 가능한 것이므로 이 행동부터 가르치는 것이 좋다. 그 이유는 교사 편에서 유아를 가르치는 과정에서 덜 지치고 유아가 수행할 가능성이 높아서 수행시 보상을 받을 수 있고, 유아 편에서도 자신이 할 수 있다는 동기부여가 쉽고 실제로 수행시 만족감과 성취감을 느낄 확률이 높기 때문이다. 그리고 유아가 전혀 수행하지 못할 경우의 행동에는 가위(×)로 표시하거나 특정한 색으로 그 행동 옆에 표시해 놓는다. 유아에게 행동을 시켜볼 때는 유아가 더 이상 수행하지 못하는 항목까지 행동평가를 계속해야 한다.

유아가 10개 항목 이상을 계속 수행할 수 없다면 그 영역에서 평가를 계속할 필요는 없다. 어떤 항목은 유아가 현재 하는 행동을 보고 미루어 짐작해서 평가할 수 있다. 예를 들어 유아가 현재 자신의 필요를 표현하는데 주로 단어를 사용한다면 이전 단계인 '자신의 필요가 알려지도록 몸짓과 말을 함께 사용한다'는 유아가 그 행동을 현재 하지는 않지만 수행했다고 볼 수 있다.

포테이지의 경우 관찰표의 행동 목록은 옆에 시행일자와 습득일자란을 만들어서 유아가 어느 때 관찰시 습득하지 못한 행동을 시행한 날짜와 그 행동의 습득날짜를 적어 놓으면 유아의 진전도를 알 수 있는 좋은 자료가 된다. 또한 유아의 건강 상태 등을 담은 다른 용지를 관찰표 앞에 첨부해 두면, 유아발달에 관한 정보를 담은 좋은 자료로 부모와 교사에게 도움이 되고, 특히 유아가 다른 프로그램으로 옮기거나 다른 전문가와 상담할 때는 교육과 상담의 기본자료로 중요한 기능을 한다.

'포테이지 유아발달 지침서' 등의 결과를 바탕으로 유아의 발달영역별 수준을 그래프로 그린다(그림 3-3, 그림 3-4 참조). 〈그림 3-4〉의 유아 A의 경우 초기 포테이지 평가 결과, 수용언어와 표현언어가 현저하게 지체되고 신변처리와 소근육 운동이 경미하게 떨어지는 양상을 보이고 있다. 약 6개월간의 통합교육 실시 이후에는 표현언어를 제외한 전 발달영역이 거의 정상발달 수준에 근접해 있음을 알 수 있다.

발달 A와는 달리 유아 B의 경우는 전 영역에서 발달의 지체를 보이고 있다(그림 3-4 참조).

신변처리와 운동성은 수준이 유사하고 이 보다 사회성과 인지가 떨어지고 언어가 약간 더 떨어지는 양상으로 정신지체와 자폐적 성향을 같이 보이는 유아임을 나타내고 있다. 6개월의 교육으로 유아의 발달수준은 전반적으로 향상되었으나 발달적인 양상은 변화가 없음을 알 수 있다.

- 이름 : A 생년월일 : 1998년 9월 8일
- 검사일 : 2004. 3. 20// 8. 30(만 5세 6개월//만 5세 11개월)

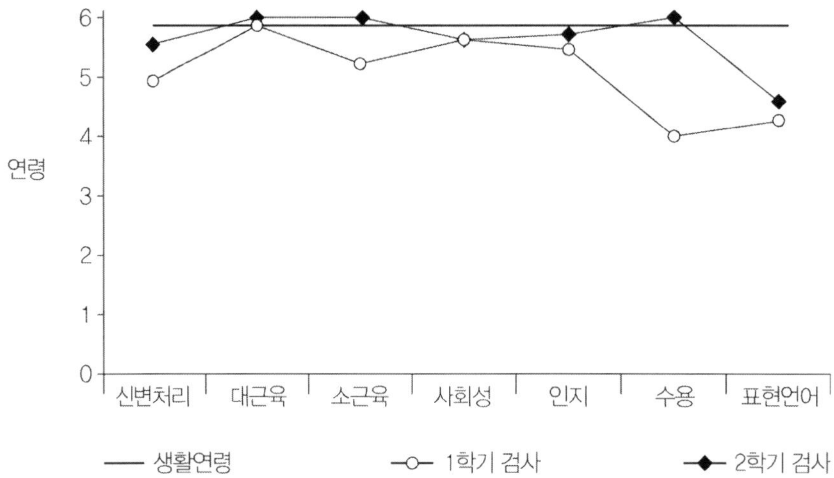

〈그림 3-3〉 유아 A의 포테이지 발달 평가 그래프

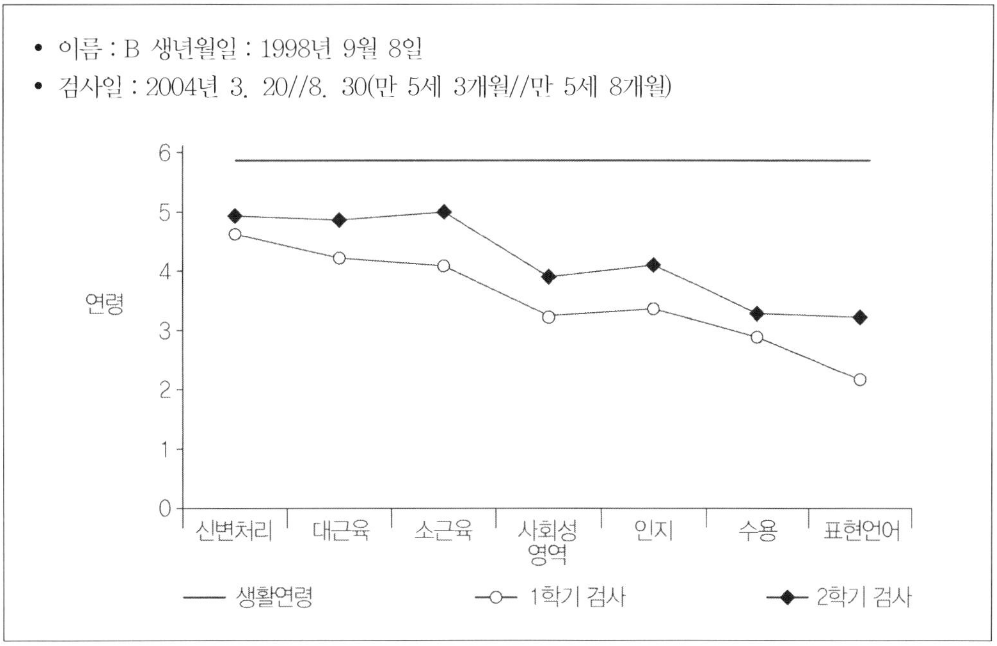

〈그림 3-4〉 유아 B의 포테이지 발달 평가 그래프

(2) 장애유아를 위한 캐롤라이나 교육과정 및 기타 발달진단 도구

'장애유아를 위한 캐롤라이나 교육과정(The Carolina Curriculum for Preschoolers with Special Needs : CCPSN)'은 5개의 발달영역(인지, 의사소통, 사회적응, 소근육 운동, 대근육 운동) 등을 가르치는 여러 개의 단계로 나누어 구성되어 있다. 이 단계는 정상유아가 어떤 기술을 배우는 평균 나이에 의해 나눈 것이 아니라 어떻게 기술을 가르쳐야 하는가에 의해서 나누어져 있다.

〈표 3-9〉 CCPSN의 영역들과 단계별 영역

영역	인지	의사소통	사회적응	소근육 운동	대근육 운동
단계	주의집중과 기억개념/ 상징적 놀이/ 추론/ 시지각	표현어휘/ 소리와 언어기능에 대한 흥미 수용기술들/ 대화기술	자조기술/ 책임감/ 자아개념/ 대인관계 기술/ 자조기술(4)	소근육 운동 기술들(4단계)/ 시각운동 기술(3단계)	움직이기(5) 계단(2)/ 뛰기(3)/ 균형잡기(2) 공(2)/ 실외기구

CCPSN은 하나의 교육과정으로서가 아니라, 교사가 일련의 항목들을 이해하고 특정영역에서 발달에 문제를 보이는 유아에게 적합하게 항목을 수정할 수 있도록 각 단계별로 즉 교수를 위한 하위영역들이 기술되어 있어 교사들이 특정 발달영역에 문제가 있는 유아를 위한 교수계획안을 세우는데 매우 유용하게 사용될 수 있다. 영역별로 그래프를 그리는 포테이지와는 달리 캐롤라이나 관찰표의 경우 평가때마다 색을 달리 칠해 놓으면 평가 사이의 교육의 효과를 눈으로 쉽게 확인할 수 있다.

우리나라에서 '출생에서 5세까지'로 번역된 DARBAS는 뉴질랜드 자료를 번역한 책으로 유아의 행동을 대근육 운동, 소근육 운동, 인지, 언어, 신변처리, 사회성의 발달 영역별로 제시하고 있다. 6개 영역에서 165개의 하위영역과 1,570여개의 행동 항목으로 구성되어 있다. 유아의 발달수준 평가도구로서 포테이지보다 약 3배 정도 행동 항목이 많고 그 결과가 22.7개월처럼 정확한 발달 개월 수치로 나오기 때문에 유아의 조그마한 진전도 정확하고 객관적인 평가를 할 수 있는 장점이 있다. 특히 운동 관련 영역이 잘 정리되어 있는 것으로 평가 받고 있다. 그런데 발달평가는 가능하면 학급 관찰과 부모의 도움을 받아서 가정의 수행력을 바탕으로 이루어져야 한다.

4) 관찰 체크리스트를 통한 장애 특성 판별

의뢰된 장애유아의 발달지체 혹은 이탈 유무와 함께 요즈음 많이 보고되고 있는 문제는 유아의 주의력 결핍 과다행동이 문제가 되는 수준인지의 여부와 자폐성 유무이다. 주의력 결핍 운동과다 증후군은 과다행동, 산만함, 충동성의 세 가지 특성이 함께 나타나는 유아를 일컫는다. 주의력 결핍 운동과다 증후군의 경우, 정상적으로 간주되는 행동과 병적인 상태라고 규정하는 데에는 일정한 기준이 있다. 〈표 3-10〉의 행동 특성 중에 8가지 이상이 최소한 6개월 이상 지속되는 경우에는 일단은 정상적인 상태에서 벗어난 것으로 간주된다. 이 때는 소아정신과에 가서 정확한 진단을 받을 수 있도록 안내할 수 있다.

〈표 3-10〉 주의력 결핍 과다행동장애의 기준

a. 손, 발을 가만히 두지 못하며 움직이거나 몸을 꼰다.
b. 가만히 앉아 있으라고 지시하여도 앉아 있지를 못하고 돌아다닌다.
c. 외부의 자극에 대하여 쉽게 산만해진다.

d. 친구들과 놀 때에 자기의 순서를 기다리지 못한다.
e. 질문을 끝까지 듣지도 않고 대답해 버린다.
f. 책상정리, 이불개기, 세면하는 것, 숙제하는 것 등 기본적으로 하여야 할 일 인데도 하지 않으려고 한다.
g. 공부하거나 놀 때에 집중을 할 수가 없다.
h. 한 가지 행동을 끝맺지 못하고, 이것저것에 신경을 쓴다.
i. 조용히 놀지 못한다.
j. 말을 너무 많이 한다.
k. 다른 사람들의 놀이에 끼어들거나 방해한다.
l. 다른 사람들이 이야기 할 때 듣지 않는 것처럼 보인다.
m. 자기 일이나 물건을 잘 잃어버린다.
n. 위험한 놀이나 행동을 많이 한다.

장애인 등록에서는 발달장애로 별도 장애이나 교육법에서는 정서 및 행동장애에 속하는 자폐증은 사회적 상호작용의 질적 결함, 의사소통의 질적 결함, 위와 같은 제한적이고 반복적인 행동특성을 보이는 행동, 관심, 활동, 사회적 상호작용과 사회적 의사소통을 위한 언어, 상징놀이나 상상놀이중 한 가지 이상의 영역에서의 발달지체나 비정상적인 기능이 3세 이전에 나타나는 것을 말한다.

이 외에도 다양한 진단 도구들이 사용될 수 있지만 장애 영유아를 교육하는 교사의 입장에서 기본적으로 알아 두어야 할 내용들만을 살펴보았다. 참고로 언어검사와 시지각, 감각 통합 등의 각종 지각 검사 등은 '서울장애인 복지관'이나 '도서출판 특수교육' 사이트를 참조하면 된다.

제 4 장

시각장애유아의 이해와 지도

1. 시각장애유아 조기교육
2. 시각장애의 이해
3. 시각장애가 유아발달에 미치는 영향
4. 시각장애유아를 위한 교육평가
5. 시각장애유아의 지도
6. 시각장애인을 위한 시설물

제4장

시각장애유아의 이해와 지도

1. 시각장애유아 조기교육

생의 초기에 이루어지는 유아교육은 학교나 성인으로서의 삶을 살아가는 모든 것의 기초가 된다. 그러므로 유아기의 교육적 기회와 경험은 유아가 적절하게 성장하고 발달하는데 촉진할 수 있도록 설계되고 제공되어야 한다. 시각장애유아의 조기중재는 다음과 같은 이유에서 중요하다고 할 수 있다. 첫째, 시각은 사람이 정보를 수집하는 데 있어 주요한 수단이다. 둘째, 시각손상은 선천적일 경우 후천적일 때 보다 발달에 지연 또는 지체를 가져올 수 있다. 셋째, 출생 후 6년 초기, 정안유아는 자연스럽고 의연하게 사물과 활동과의 관계를 이해하고 습득할 수 있으나 시각장애유아는 관찰하고 모방하는 능력에서 방해를 받는다. 넷째, 시각장애유아의 조기교육은 유아기 이후의 삶에 필요한 기술들을 습득하는데 도움을 줄 수 있다(Koenig & Hobrook, 2000).

2. 시각장애의 이해

1) 시각의 기능

시각의 기능으로는 시력, 시야, 색각을 들 수 있다. 시력(visual acuity)은 물체의 존재와 형태를 인식하는 능력으로 가장 본질적인 기능에 속하며 이 능력을 측정함으로써 보는 기능 상태를 가장 단적으로 파악할 수 있다. 일반적으로 시력은 최소가독시력(특정 거리에서 문자나 형태를 명확하게 알아보는 능력)을 측정한다.

시야(visual field)는 눈으로 한 점을 주시하였을 때 눈을 움직이지 않고 볼 수 있는 범위를 시야라 한다. 물체를 볼 때, 시선방향에 있는 것을 가장 뚜렷하게 보고, 주변에 있는 것이라도 불완전하지만 상의 존재를 알 수가 있다. 정상시야는 좌우로 160~180도이며, 상하로 120도 정도이다. 중심시야가 손상된 경우에 똑바로 보는 것이 어렵고 색각 구분이 어려우며, 주변시야가 손상된 경우에는 이동할 때 어려움이 있으며 어둡고 흐린 지역에서 보는 것이 어렵고, 조명변화에 적응하기 어려워한다.

색각(visual perception)이란 빛의 파장 차이에 의해서 색을 분별하는 감각 즉 가시광선 중 파장의 차이에 따르는 물체의 색을 구별하여 인식하는 능력을 색각이라고 하며, 이것은 추체의 기능에 속한다. 무홍채, 백내장, 무수정체안, 색맹, 백내장, 녹내장, 망막색소변성증 유아들은 빛에 눈이 부셔하는 정도가 심하여 빛에 적응하는데 어려움을 보일 수 있기 때문에 이에 대한 배려가 필요하다.

Barraga는 시력을 많이 사용할수록 눈이 나빠진다는 믿음으로 눈을 사용하지 못하게 하던 것을 눈을 사용함으로써 시기능이 향상된다고 하였다. 시기능(visual Functioning)이란 실제 생활에서 시각을 어느 정도 사용하는가를 보는 것이다(박순희, 2005). 시각장애유아로 분류된 유아들 중 약 90% 정도가 실제 생활에 사용할 수 있는 정도는 다르지만 시력을 보유하고 있다. 그러므로 시력을 활용할 수 있도록 도와주었을 때 개인에 따라서는 정상인처럼 일상생활에 지장을 거의 받지 않을 수도 있다.

3. 시각장애가 유아발달에 미치는 영향

1) 시각 발달

눈은 태내에서 만들어지지만 출생 후에도 점진적으로 발달한다. 생후 2세까지의 영아의 시각은 자연적으로 일어나도록 조장해 주는 데 비해, 2세 이후의 유아를 위해서는 그들이 시각을 최대한 잘 활용할 수 있도록 환경적인 수정을 해 주어야 할 필요가 있다. 교사가 정상적인 시각발달을 이해함으로써 유아의 시각 사용을 돕기 위한 연령에 적합한 활동을 계획하고 실행할 수 있을 것이다.

(1) 출생시

- 명암을 구별할 수 있으나 사물은 흐릿하게 볼 수 있을 뿐이다.
- 시선을 고정시킬 수 있는 능력이 약간 있다.

(2) 1–2개월

- 기본 색을 볼 수 있다.
- 4cm 거리에 눈의 초점을 둘 수 있다.
- 천천히 움직이는 사람을 눈으로 따라가기 시작한다.
- 몸의 중심선을 향해 수평적으로 움직이는 사물을 눈으로 따라갈 수 있다.
- 자기보호를 위해 반사적으로 눈을 깜박일 수 있다.
- 복잡한 사물의 형태보다 사람 얼굴을 선호한다.

(3) 3–4개월

- 보다 능숙하게 눈 운동을 한다.
- 시각적 자극에 대해 미소 짓는다.
- 시력이 향상된다.
- 두 눈을 동시에 사용하는 기술이 향상된다.
- 주요 색들의 차이를 구별할 수 있다.
- 손과 눈의 협응이 향상된다.
- 작고 밝은 사물에 대해 관심을 보인다.
- 시야에 들어온 사물을 향해 움직이려 한다.

(4) 5–6개월

- 새로운 환경을 시각적으로 탐색한다.
- 몸의 중심선에 있는 사물을 따라간다.
- 수평적, 수직적 및 순환적 눈 운동을 한다.
- 친숙한 사람의 얼굴을 알아본다.
- 시신경과 황반의 발달이 촉진된다.

(5) 7-8개월

- 손과 눈의 협응이 발달한다.
- 사물을 손으로 옮겨 쥘 수 있다.
- 눈 가까이에 있는 사물을 의도적으로 바라볼 수 있다.
- 놀기 위해 사물을 만지기만 하는 것이 아니라 눈을 사용해서 사물을 살피기도 한다.
- 약 2m 거리에 있는 사람의 얼굴을 알아본다.
- 장난감이 손이 미치는 거리에 떨어진다면 그것을 다시 주울 수 있다.
- 손에 있는 사물을 돌려서 눈으로 살펴본다.

(6) 9-10개월

- 표현을 모방한다.
- 사방의 구석을 둘러본다.
- 물을 엎지르고 그것을 구경한다.
- 새로운 것에 시각적으로 민감해진다.
- 사물 영속성의 개념을 형성하기 시작한다.

(7) 생후 1년

- 정상에 가까운 근거리 및 원거리 시력을 갖게 된다.
- 두 눈 사용이 발달된다.
- 굴절 조절 능력이 발달된다.

(8) 생후 1년 6개월

- 2~3개의 블록을 쌓는 것과 같은 수직적 방향감을 보인다.
- 동일한 사물을 짝 지을 수 있다.
- 책의 그림을 가리킬 수 있다.
- 수직 및 수평의 글씨를 흉내 낼 수 있다.

(9) 생후 2년

- 눈만 사용해서도 사물을 검사한다.
- 운동을 모방한다.
- 사라진 물건이나 사람을 시각적으로 찾는다.
- 색 지각이 향상된다.
- 시각 기억이 향상된다.

(10) 생후 3년

- 책 속에서 물건을 집어 드는 시늉을 한다.
- 초보 수준이기는 하지만 원을 그릴 수 있다.

(11) 생후 4년

- 물건의 크기를 정확하게 식별할 수 있다.
- 깊이 지각을 갖게 된다.
- 의식적인 노력없이도 손과 눈의 협응을 해 보인다.
- 방향과 관계없이 길이를 식별할 수 있다.

(12) 생후 5년

- 물건을 정밀하게 집어들고 내려놓는 등과 같은 잘 조절된 근육발달을 보인다.
- 색칠하고 잘라내며 오려 붙일 수 있다.
- 사각형을 그릴 수 있다.

〈표 4-1〉 연령에 따른 시력발달

나 이	시 력	시력발달내용
출생 직후	광각	간헐적인 주시능력
생후 3개월	0.008	추체의 발달이 완성
생후3~4		조절능력이 완성

나 이	시 력	시력발달내용
생후 6개월	0.02	황반부의 발달이 완성
생후 9개월	0.08	
생후 1년(만 1세)	0.4	
2세	0.5	
3세	0.7~0.8	
4세	0.8~0.9	
5~6세	1.0	양인시, 입체시의 발달이 완성
10~12세	1.2~1.5	성인의 안축장(안구의 길이)으로 성장

※ 출처 : 박순희(2005). 시각장애아동의 이해와 교육(p. 36).

2) 운동 발달

출생 후 초기 몇 개월간 정안아의 부모가 아기를 운동시키는 것과 마찬가지로 맹아기의 부모도 맹아를 운동시켜야 한다. 환경으로부터 시각적으로 운동해야 할 자극을 받지 못하기 때문에 맹아기는 운동에 대한 동기가 적으므로 부모가 의도적으로 운동시켜 주는 것이 더욱 중요하다. 부모에 의한 맹아기의 운동은 몸의 근육을 강화시켜 줄 뿐만 아니라 부모와 맹아기가 상호작용할 수 있는 기회가 된다.

손에 물건이 쥐어질 때 맹아기는 정안아기와 마찬가지로 어려움 없이 의도적으로 그것을 움켜쥘 수 있다. 손으로 움켜쥐지 못하고 긴장되어 주먹을 쥐고 있는 맹아기를 위해서는 어깨로부터 손을 향한 방향으로 가볍게 만져 줌으로써 맹아기의 손의 긴장을 풀어준다.

정안아기는 시각적으로 옆에 있는 사물을 보고 잡으려고 다가가지만 맹아기들은 그러한 동기를 부여받지 못한다. 맹아기로 하여금 소리를 내어주기 보다는 손으로 직접 만지게 함으로써 다가가서 움켜 쥘 사물이 있다는 것을 알려 주어야 한다.

맹아기도 정안아기와 같이 옆으로 구르기를 할 수 있다. 그러나 맹아기는 머리를 들어 사물을 추적하거나 옆으로 구를 동기가 부족하기 때문에 구르기를 하도록 자극해 주어야 한다. 다수의 맹아기는 정안아기와 비슷한 시기에 혼자 앉을 수 있다. 그러나 앉을 수 없는 소수 맹아기는 혼자 앉도록 여러 가지 방법으로 도와 주어야 한다. 높은 의자나 팔걸이가 있는 긴 의자 구석에 앉힐 수 도 있고 맹아기가 앉기에 적당한 상자를 만들어 그 안에 들어가 있게 할 수도 있다. 이 때 그 상자 안에 맹아기가 좋아하는 장난감들을 넣어 주면 좋다. 맹아기는 정안아기보다 늦게 기거나 배로 밀치기 할 수 있다. 그것은 맹아기에게 시각적으로 자기를 동기유발 시킬 시각적인 유인을 받지 못하기 때문이다. 상당수의 맹아기가 정안아기들보다 늦게 걷기 시작할 것이다. 정안아기는 걷기 시작하면서 엄지와 집게를 이용한 물건 쥐기를 할 수 있는데 작은 못을 제자리에 끼어 놓기, 끈을 풀기, 실에 구슬을 끼우기, 단추를 푸는 것과 같은 활동을 통해 시각장애의 작은 근육 운동발달을 촉진해야 한다.

대부분의 맹유아들은 달리기를 두려워한다. 그들은 다른 유아들이 달리는 것을 보지 못하고 또한 달리기를 안심하고 할 수 있을 만큼 환경과 그 경계를 잘 알지 못하기 때문이다. 일단 맹아가 걷기 시작한 후 부모나 교사가 손을 잡아 맹유아로 하여금 달리는 경험을 하게 해주는 것이 맹유아의 운동발달에 도움이 된다. 맹유아에게 어려서부터 수영장에 가서 물을 가까이 하고 수영을 가르치는 것이 좋다. 물 속에 온 몸을 담그는 것은 몸에 대한 새로운 경험을 하게 할 뿐만 아니라 전체적인 근육발달에도 도움이 된다.

3) 인지 발달

시각장애는 유아 경험의 범위와 정도, 이동 능력과 환경과의 상호작용을 제한시켜 인지발달을 지체시킨다. 학습의 주요수단인 촉감각으로는 태양은 접근할 수 없어서, 산은 너무 커서, 개미는 너무 작아서, 불은 위험하기 때문에 접근하기가 어렵다. 그리고 시각장애유아의 이동능력 제한은 환경을 즉시 살펴보고 이해할 수도 없으며 사람과 사물을 좇아가는 시각 경험을 반복하여 사물 항상성과 인과관계 개념을 배우기 어렵다(김은숙, 1994).

4) 언어 발달

정안아기와 비슷한 시기에 맹아기도 미소를 짓고 웃으며 울고 옹알이를 한다. 또한 맹아기도 정안아기와 비슷한 시기에 말을 사용할 수 있게 된다. 일단 맹아기가 말을 할 수 있게 되더라도 12-22개월 사이에 표현적 및 수용적 언어발달에 있어서 정안아동에 비해 발달속도가 늦어지는 경향이 있다. 그것은 이 시기의 언어발달에 있어서 시각을 통해 구체적으로 사물을 표현하고 이해해야 하는 실제적인 어려움이 있기 때문이다. 그리고 시각장애유아는 옹알이는 초기에 습득하는 반면 언어의 의미 습득과 단어 결합의 사용면에서는 정안유아와 차이를 보인다. 유아는 환경적 상황과 제스처, 얼굴표현, 눈의 응시 등의 비언어적인 단서를 보면서 유아가 무엇을 해야 하고 말해야 하는 상황인지 알 수 있다. 그렇기 때문에 시각장애유아는 시각장애로 인해 말의 의미를 정확히 또는 의미있게 파악하는데 정안유아에 비해 불리할 수 있다.

시각장애 유아가 언어발달에 있어서 보일 수 있는 문제로는 반향어, 질문하기, 대명사 사용의 혼용 등이 나타날 수 있다. 이러한 문제는 의사소통 방법을 모르거나 단어의 의미를 이해하지 못해서 일어날 수 있으며 혹은 교사나 부모의 관심을 끌기 위한 것일 수도 있다. 맹유아의 경우에 정안유아에 비해 대명사 사용에 어려움을 겪는데 나, 너, 그, 그녀 등의 대명사를 사용하는데 1~2년 정도 지체될 수 있다. 그러나 맹유아들의 언어발달은 대체로 정안유아의 그것과 상등한 수준이라고 할 수 있다.

5) 심리사회적 발달

맹아기의 부모는 맹아기를 돌 볼 심리적 준비가 되어 있지 않아 부모와의 결속 형성에 있어서도 불리하다. 부모가 심리적으로 장애아기를 볼 볼 준비가 되었다 하더라도 맹아기를 양육할 적절한 방법에 대한 지식이 부족하기 때문에 출생 초기 맹아기는 적절한 양육을 받기 어렵다.

더욱이 맹아기가 의료상의 이유로 병원에 입원해 있어야 할 경우가 있다면 부모와 떨어져 지냄으로써 부모와 자녀간에 필요한 결속의 시기를 지나칠 수 있다.

부모는 아기로부터 시각적인 반응(예를 들어 눈 마주침, 미소)을 기대하는데 맹아기는 그러한 의사소통을 하지 못함으로써 발달 초기에 부모와 자녀간의 사회적 관계가 단절되기 쉽다. 또한 다른 가족, 친척, 또래 아이들과 상호작용하는데 어려움이 있다. Endress에 의하면 시각장애아 부모는 정안유아의 부모보다 유아를 자주 응시하지 않으며 미소를 적게 지으며 유아에게 다가갈 때 움직임이 적고 조용하다고 하였다. 시각장애유아는 몸을 앞뒤로 흔들기, 빛 응시, 눈 누르기, 머리 수그리기 등의 행동유형이 나타날 수 있다.

6) 감각발달

청각은 맹유아에게 있어서 주위 사람들과 사물에 대한 정모를 얻는 중요한 감각통로이다. 지나치게 높은 음, 큰 소음, 일정하게 유지되는 청각적 자극은 오히려 맹아기의 청력을 둔화시킬 수 있고 오히려 맹유아로 하여금 청각자극을 회피하게 할 수 있다. 맹아기를 위해 적절한 청각 자극을 사용하여 발달을 촉진해야 하지만 라디오, 텔레비전 및 CD 플레이어 등을 지속적으로 틀어주는 것은 좋지 않다.

맹아기는 그가 무엇을 만지고 있는지 이해하지 못할지라도 가능한 언제든 만지고 느낄 수 있는 기회를 가져야 한다. 정안아기가 완전히 이해하지 못하더라도 시각적 경험이 필요한 것과 마찬가지로 맹아기는 촉각을 통해서 환경을 경험하도록 해야 한다. 예를 들어 엄마가 맹아기에게 젖을 먹이면서 아기의 손을 엄마의 얼굴에 대어 주는 것도 맹아기에게 필요한 경험이다. 맹아기의 운동발달을 자극하기 위해서도 손에 물건을 쥐어 준다든지 손으로 앞에 있는 물건을 만지게 함으로써 운동의 동기를 부여할 수 있다(Kastein, Spaulding, & Sharf, 1980).

4. 시각장애유아를 위한 교육평가

1) 오리건 프로젝트(The Oregon Project Skills Inventory for Visually Impaired and Blind Preschool Children)

오리건 프로젝트는 미국에서 시각장애 0~5세 영유아를 대상으로 제작된 것으로서 시각장애유아의 교사에게 평가방법과 교육과정 지침을 제공한다. 발달영역으로 인지, 언어, 사회성, 시각, 보상, 자조, 소근육, 대근육운동 영역 등 8가지 영역으로 구성되어 있고 각 영역에는 습득해야 할 목록과 교육활동을 포함하고 있다. 시각장애를 고려하여 시각과 보상영역이 포함되어 있는 것이 특징이다. 각각의 영역은 출생~1년, 1~2년, 2~3년, 3~4년, 4~5년, 5~6년으로 연속적으로 배열되어 있으며, 발달 영역에 대해 습득기술의 수를 파악하고 백분율로 표시하도록 되어있다.

오리건 프로젝트의 기술영역 중 만 4~5세 유아의 보상성 기술목록을 살펴보면 다음과 같다.

〈표 4-2〉 보상성 기술목록(출생 4~5년의 유아)

31	자기 자신을 기준으로 정면과 후면, 좌측과 우측, 가까운 곳과 먼 곳 등 소리가 나는 위치를 식별한다.
32	어린이 집단 안에서 앉거나 서서 행동이 있는 쪽으로 얼굴을 돌린다.
33	집 밖에서 자기 자신의 위치를 인지하기 위해 청각, 후각, 지형적 단서를 사용한다.
34	발 근처에 떨어지는 물체를 즉시 인지한다.
35	크기와 감촉이 다른 유사한 종류의 물건을 구분한다.

36	옷감 조각을 대응시킨다(4종류의 옷감)
37	여섯 가지 종류의 옷감과 직물을 구분한다.
38	4개로 구성된 물건 중 없어진 물건을 말한다.
39	손으로 만져 읽는 입체그림책에서 튀어나와 있는 선 모양을 인지한다.
40	책 페이지 위의 실이나 파이프 청소 기구의 튀어나온 선을 쫓아가기 위해 두 손을 사용한다.
41	1~2개의 점자 선을 따라 좌측에서 우측으로 쫓아간다.
42	압핀, 스티커, 크레용, 기타등을 사용하여 교사가 지시하는 일을 완성한다.

※ 출처 : 한국맹인복지연합회(2000). 시각장애유아조기교육프로그램(p 72)

2) 교사의 관찰

교사는 유아의 시력에 문제가 있는지 다음 사항을 간단하게 체크해 볼 수 있다.

- 텔레비전이나 책을 지나치게 가까이서 보는 경우
- 물체를 볼 때 눈을 가늘게 뜨면서 찡그리며 보는 경우
- 약간 밝은 빛을 봐도 눈부셔 하거나 이유 없이 눈물을 흘리는 경우
- 한쪽 눈을 가리면 장난감을 찾지 못하는 등의 행동을 보일 경우
- 부모에게 사시 · 약시가 있는 경우
- 미숙아 · 저체중아
- 시선을 잘 맞추지 못하는 경우
- 눈의 정렬이 바르지 못할 경우
- 눈꺼풀이 처지거나 눈동자가 흔들리는 경우

5. 시각장애유아의 지도

1) 감각지도

(1) 청각

- 청각 자극에 대한 주의와 관심을 유도하기 위해서 지나치게 큰 소리, 너무 많은 소

음, 일정하게 제공되는 청각 자극을 피해야 한다. 지나치게 큰 소리는 짜증을 불러 일으킬 수 있고, 너무 많은 소음은 청각 자극에 대한 회피를 일으킬 수 있으며 일정하게 반복되는 청각 자극은 언어발달에 있어서 부정적인 행동의 원인이 될 수 있다.

- 청각변별력을 신장하기 위해서 다양한 소리를 각각 짧은 시간 단위로 들려준다. 이때 제공하는 청각 자극은 분명하고 배경음과 구분되어야 한다.
- 시각장애유아에게 직접 말하는 빈도와 시간을 늘린다. 부모의 음색을 통해 달래기, 꾸중하기, 화내기 등 감정을 인식하게 할 수 있다.
- 시각장애유아가 듣고 만지고 냄새 맡는 것 뿐만 아니라 시각장애유아가 자신의 몸 이동시 움직임 등에 대해 알려준다.
- 소리 위치 파악 능력을 길러주기 위해 시각장애유아가 관심을 가질 만한 장난감을 여러 방향에서 소리나게 한 후 그것을 찾게 한다.
- 실로폰, 장난감 피아노, 작은 드럼 등 악기가 듣기 기술 훈련의 좋은 교재이다. 고음과 저음을 번갈아 사용하는 등 대조가 분명하도록 들려준다.
- 소리나는 것을 향해 이동하는 기술을 기르기 위해 게임 형태로 유아들에게 소리나는 장난감을 따라오는 게임을 실시한다.
- 시각장애유아에게 말할 때 먼저 이름을 불러주고 시각장애유아가 있는 장소에 도착하거나 떠날 때 그것을 알려주며 도착할 경우 누가 도착했는지 알려준다.
- 실외 환경에서 여러 사물의 소리를 지각하고 그 사물의 위치를 파악하는 훈련을 해주어야 한다.

(2) 촉각

- 다양한 종류의 표면과 질감을 조기에 만지게 하는 것이 바람직하다.
- 우유를 먹일 때 어머니의 가슴이나 우유병을 손으로 만지게 한다. 시각장애유아에게 말할 때 어머니의 얼굴이나 입을 만지게 한다. 목욕시킬 때 시각장애유아의 손을 이끌어 자신의 몸, 목욕용품 등을 만져 보게 한다.
- 높은 의자에 혼자 앉을 수 있을 경우엔 여러 모양의 사물을 의자에 두어 만져보게 한다. 양손을 사용해서 만져보게 하고 이름을 알려 주며 탐색할 시간을 주고 시각장애유아가 이마, 얼굴, 입 등에 사물을 접촉하는 것을 허용한다.
- 기어다닐 수 있을 경우 정안아에게 허용하는 만큼 시각장애유아에게 방과 거실 등을

탐색하며 다니도록 격려한다. 귀중품이나 위험할 물건을 미리 옮겨 놓아야 한다. 그러나 이와 같은 조치는 시각장애유아나 정안아의 경우 동일한 수준에서 취한다.

- 시각장애유아는 실외 경험을 필요로 한다. 실외 활동을 통해 바람을 접하지 않은 시각장애유아는 후에 바람에 대해 지나치게 과민 거부를 할 수 있다.
- 사물 만지기를 거부할 경우 점진적으로 만지도록 언어적 기술, 거리조절, 시간조절 등의 전략을 사용한다.
- 사물을 탐색하는 것이 아니라 손을 움직이고 사물을 잡는 것 자체가 목적이 되는지 관찰을 통해 파악하여 교정해 준다.
- 다른 사람의 물건, 다른 사람의 몸 등 만지는 것이 부적절한 경우가 있다는 것을 지도해야 한다.

(3) 후각

- 혼자 앉을 만큼 성장하면 일상 생활에서 접할 수 있는 다양한 냄새를 경험하게 한다. 커피, 땅콩 버터, 케이크, 여러 가지 과일 등의 냄새를 맡게 한다.
- 시각장애유아가 더욱 자라면 냄새마다 이름을 알려준다.
- 꽃가게, 구둣가게, 제과점, 약국 등 지역사회의 다양한 장소를 경험하면서 후각을 발달시키게 한다.

(4) 시각

- 잔존 시각을 최대한 활용하도록 지도하기 위해 대조되는 색깔을 활용한다. 시각장애유아는 밝은 색깔, 특히 노란색을 잘 볼 수 있으며, 짙은 청색을 배경으로 노란색을 보여주면 가장 좋은 대조가 된다.
- 가장 잘 볼 수 있는 각도를 확보하기 위해 머리를 숙이거나 들어올리는데 최소의 시각이 라도 최대로 활용하는 것이 중요하다는 점에서 부모나 교사가 이점을 이해해야 한다.
- 시각을 사용할 수 있는지 알아보기 위해 다음 질문에 대해 관찰을 통해 확인한다.
  - 유아가 사물을 피할 줄 아는가?
  - 유아가 피할 수 있는 사물의 크기와 색깔은 무엇인가?
  - 유아가 바닥에 있는 사물만 피할 수 있는가?

- 유아가 보기 위해 머리를 들어올리는가?
- 유아가 머리 높이의 사물을 볼 수 있는가?
- 유아가 멀리서 사물을 볼 수 있는가?
- 유아가 특정 조명에서도 잘 볼 수 있는가?
- 유아가 밝은 빛에 대해 불편해 하는가?

2) 운동 지도

(1) 0~22개월

- 다양한 자극을 제공해 주는 것이 운동발달을 포함한 시각장애유아의 모든 발달을 촉진시킨다.
- 다양한 위치에 시각장애유아를 둔다.
- 시각장애유아를 눕힌 자세에서 여러가지 운동(무릎 굽히기, 옆으로 구르기 등을 시켜준다.
- 쥐기 능력을 길러주기 위해 시각장애유아의 손에 물건을 놓아준 후, 거리를 달리해 가면서 그것에 도달하도록 유도한다.
- 앉기를 촉진하기 위해 높은 의자, 카우치, 안락의자 등 수건을 빈 공간에 끼운 채 앉혀 주거나 상자에 앉힌 후 여러 장난감을 시각장애유아의 다리 위에 놓아 둔다. 보행기도 앉기를 촉진하는데 도움이 된다.
- 기기를 촉진하기 위해 소리나는 장난감, 타월로 감아서 몸통 들어주기 등 다양한 전략을 사용한다. 계단 등 위험한 장소나 사물에 대해서는 안전 장치를 마련해 주어야 하지만 약간의 상처에 대해서는 지나치게 염려할 필요가 없다.
- 서기를 촉진하기 위해 키높이에 있는 사물을 만질 기회를 줌으로써 서고자 하는 동기를 자극한다.
- 혼자 걷기를 촉진하기 위해 막대를 세워 잡고서 어머니를 따라 함께 걷게 하다가 어머니가 그 막대를 놓아 혼자서도 걸을 수 있게 한다. 바닥이 미끄럽지 않도록 살피고, 두려움으로 인한 뻣뻣한 몸 자세를 유연하게 해 주기 위해 뒤에서 어른이 등과 엉덩이를 가볍게 쓰다듬어 주는 것도 한가지 방법이다.
- 소근육 운동 기술을 촉진하기 위해 시리얼, 건포도, 치즈 조각 등을 식탁 등에 놓아 둔 후 그것을 집도록 시각장애유아를 격려한다.

(2) 23~36개월

- 걸을 수 있는 기회를 충분히 제공한다.
- 시각장애유아가 부딪치는 것에 대해 부모가 지나치게 반응을 보이면 시각장애유아도 지나치게 반응한다. 책상 모서리 등과 같은 것은 피해 주거나 말로 미리 설명해 주는 등 안전 장치를 마련할 필요는 있으나 상처가 크지 않은 이상 사물과 충동하는 것에 대해 염려할 필요는 없다.
- 집안에서 간단한 심부름을 시킨다. 장난감, 옷, 가구 등을 일정한 위치에 둔다.
- 벽 따라가기 방법을 사용해서 이동 능력을 길러준다. 벽 따라가기 방법이란 시각장애유아가 손을 허리높이로 올려 벽에 대고 벽을 따라 이동하는 것이다.
- 달리기 능력을 길러주기 위해 시각장애유아의 손을 잡고 함께 달리기를 함으로써 빠른 움직임을 경험하게 한다.
- 시각장애유아를 가능한 빨리 수영장에 데리고 간다. 수영을 배우는 것이 일차적인 목적이라기보다는 우선 물속에서 즐기는 것을 경험하게 해 주는 것이 필요하다. 수영장에 가기전에 집에서 물놀이를 하게 하거나 간이 수영장을 집 밖에 만들어 주어 미리 경험하게 하는 것은 시각장애유아의 불안감을 감소시키는데 도움이 될 것이다.
- 문 손잡이, 병 뚜껑, 전기 스위치 등에 시각장애유아의 손을 인도하여 각각 작동하게 함으로써 각 사물의 용도에 대한 이해와 손 사용 기술을 증진시켜 준다.

(3) 3~5세

- 팔 굽혀 펴기, 앉았다 일어서기, 앞으로 몸 굽혀 발끝 닿기 등 다양한 운동을 시킨다.
- 놀이 기구, 나무타기 등 다양한 실외활동을 하게 한다. 이 경우 기구, 나무 등에 대해 먼저 말로 설명해 주고 손으로 확인할 시간을 줄 필요가 있다.
- 롤러 스케이트를 가르칠 때, 우선 한발씩 연습하게 한다. 난간 등 손을 잡을 수 있는 부대시설이 필요하다.
- 달리기를 하지 못하는 시각장애유아를 위해 두 지점을 줄로 연결한 후 그 줄을 잡고 달리는 연습을 하게 한다.
- 변형된 안내 보행을 사용하기 시작한다. 즉 시각장애유아로 하여금 부모나 교사의 손목 바로 위 혹은 아래팔을 잡게 한다.

3) 언어지도

- 경험한 것을 구체적으로 말해준다.
- 삽화를 볼 수 없으므로 이해하기 힘든 것들은 말로 잘 묘사하고 설명해 준다.
- 시각장애유아에게 느낀 감정을 표현할 수 있는 기회를 준다.
- 이야기할 때 보는 사람을 향하도록 얼굴을 돌리는 것을 습관화 시켜준다.
- 탐색하고 경청할 수 있는 시간을 충분히 준다.
- 유아의 주변 환경에 대해 설명해 준다. 다른 사람이 무엇을 하고 있는지 말하는 것은 유아가 환경에 흥미를 갖게 할 수 있다.
- 손으로 경험 할 수 있는 기회를 제공한다.
- 나, 너와 같이 대명사의 사용 등 언어발달에 있어서 적절한 용어를 사용할 수 있도록 한다.
- 교사는 시각장애유아의 요구를 앞질러 제시하고 자동적으로 제공하기보다 유아의 요구와 좋아하고 싫어하는 것 등을 말할 수 있도록 격려해야 한다.
- 사람과 사물의 존재를 인식하도록 촉각, 청각, 후각, 미각, 잔존시각, 말, 감정표현 등을 통해 인식하게 한다.
- 문장이 아니라 단어 단위로 시각장애유아가 접하는 사물의 이름을 알려준다.
- 신체 개념을 습득하도록 도와준다.
- 질문을 자주 하더라도 가능한 한 그것의 순기능을 인정하면서 반응해 준다.
- 동화 읽기가 중요하다. 동화 선정은 가능한 짧고 그 소재와 배경이 시각장애유아의 경험 범위에 있는 것부터 한다. 또한 그림 등 시각장애유아가 직접 확인할 수 없는 것은 말로 설명해 준다.
- 어른이 하는 말을 시각장애유아가 그대로 반복한다는 것이 곧 그것을 다 이해한다는 것을 의미하지는 않는다. 따라서 지나치게 많은 동화를 읽어 주는 것 보다는 동화에 대한 이해를 확인해 가면서 읽어 주는 것이 바람직하다.
- 또래 아이들과 상호작용 기회를 확대해 주는 것이 언어발달을 촉진하는 중요한 전략이다.

4) 인지 지도

- 시각장애유아에게 구체적인 실제 경험을 제공한다.

- 촉각수단을 사용하여 통합하는 경험을 갖도록 부분의 경험을 모아 전체를 형성할 수 있는 기회를 준다.

  예 코끼리형태를 알게 할 경우 귀, 꼬리, 발, 머리 등을 먼저 만져보게 한 뒤에 전체를 파악할 수 있도록 한다.

- 모양, 촉감, 무게, 온도, 맛으로 구별하고 분류하는 것을 가르친다.

  예 사포와 부드러운 천의 차이, 후각병 사용 등

- 이동 능력을 키워주기 위해 신체부위별 기능 파악하기, 신체의 앞과 뒤, 좌우, 방향을 익히게 해 주는 것이 필요하다.
- 주위 환경을 파악하는 보행 및 방향감각 능력을 높여주기 위해 위치, 관계개념, 형태, 측정(크기, 넓이, 길이, 두께, 깊이)하기, 시간개념과 동작 익히기(90, 180, 360 도 돌기 등)를 배울 수 있는 기회를 제공한다.
- 유아의 흥미가 높은 사물과 사람, 활동을 이용하여 주변 환경과 상호작용의 동기를 증가시킬 수 있다.
- 계획적인 활동을 수행하기 위해 시각장애 유아가 하고자하는 욕구를 자극한다.
- 유아가 즐거워하는 활동을 시작하다가 갑작스럽게 멈춘다.

  예 유아가 좋아하는 음식을 먹이다가 멈춘다. 그리고 유아가 음성적 신호와 같이 신호를 줄 때까지 기다린다. 유아가 신호를 준다면 그것을 계속해서 활동하기 원하는 것이며 활동은 다시 시작되는 것이다.

- 시각장애유아가 싫어하는 활동에도 참여시킨다.
- 시각장애유아의 무의도적인 단서조차도 의도적인 것처럼(목적을 가지고 있는 것처럼) 설명한다.

  예 시각장애유아가 좋아하는 장난감이나 음식 쪽으로 유아의 팔을 무의도적으로 움직였다가 재빠르게 유아의 장난감을 만지게 하거나 '너는 ㅇㅇ을 먹고 싶구나'하고 말한다.

- 원인과 결과를 유아가 이해하도록 목표를 정한다.

5) 놀이 지도

- 반복적인 일상생활 속에서 되도록 실제로 참여하는 경험을 갖도록 한다.
- 분담하기, 공동으로 참여하기
- 동물 키우기, 식물 재배하기, 목공 일하기, 요리 하기, 적목놀이를 통하여 모양 모방하기
- 시각장애유아의 기억력을 향상시킬 수 있는 놀이를 하도록 한다.

- 시각장애유아가 속해 있는 세계에 대한 지식을 얻을 수 있도록 동물원, 박물관 등 견학할 수 있는 경험을 갖는다.
- 시각장애유아가 사물을 탐색하는데 효과적으로 손을 사용할 수 있도록 지도한다.
- 시각장애유아가 부드러운 것, 젖은 것, 거친 느낌을 거부할 경우 처음에 손으로 만져 보게 하기보다 발바닥, 다리, 팔, 목, 얼굴 순으로 닿게 함으로써 거부감을 점차 줄인다.

6) 독립생활기술 지도

(1) 식사 지도

- 다른 가족과 식사시간을 함께 하도록 한다.
- 식탁에 누가 앉아 있는지, 무슨 음식이 놓여있는지 말해준다.
- 음식을 떠서 먹기가 어려우므로 음식의 종류, 양, 그릇의 깊이 등을 조절하면서 가르친다.
- 접시 위에 음식 배열도 고려해야 한다. 예를 들어 물 컵은 오른쪽 앞에 두는 것이 좋다.
- 그릇이 미끄러지지 않도록 한 손은 그릇을 잡게 하고 음식 뜨는 것을 지도하기 위해 부모나 교사가 뒤에 서서 수저를 함께 잡아주는 과정도 필요하다.
- 먹여주기, 손가락으로 집어먹기, 수저 사용하기, 포크 사용하기, 젓가락 사용하기 등의 순서로 현재 수준을 고려하여 지도한다.

(2) 용변처리 지도

- 부모가 화장실을 사용할 때 시각장애유아를 간혹 데리고 들어간다.
- 변기 손잡이, 변기통 안의 물, 손잡이를 눌렀을 때 물 내려가는 소리 등을 만지고 듣고 경험하게 한다.
- 변기에 앉는 경험을 하게 하고 남아와 여아에 적합한 자세를 구체적으로 가르친다.
- 실수한 후 그것을 알리는지, 한 시간 이상 소변을 참을 수 있는지, 변기 사용에 관심을 보이는지 등을 확인하면서 용변처리 훈련 시점을 결정한다.
- 기저귀를 벗기고 팬티를 입힌 상태에서 실수할 경우 소변이 다리를 따라 흘러 시각장애유아 자신이 불쾌감을 경험하게 한다.

- 대소변 주기를 파악하여 그것을 기준으로 시각장애유아를 화장실로 데리고 가서 변기에 앉힌다.
- 대소변 훈련을 마치기까지 옷은 간편한 것으로 입힌다.
- 잠자기 전에 마시는 음료수의 양을 줄여준다.

(3) 보행 지도

- 유치원에서 혼자 다닐 수 있도록 지도한다. 이를 위해서는 시각장애유아가 쉽게 찾을 수 있는 기준점을 정해 주고 기준점을 중심으로 전체적인 윤곽을 익히도록 하며, 전체적인 윤곽을 익힌 다음 가장 자주 가야 할 장소부터 순서대로 익혀가도록 지도한다.
- 처음에는 도움을 제공하지만 도움을 점차 줄여 감으로써 시각장애유아가 스스로 유치원내 환경을 다닐 수 있도록 기회를 준다. 이 때 시각장애유아가 실수를 하거나 헤매더라도 그것 자체가 환경을 이해하는데 도움이 될 수 있다는 점도 유의한다.
- 현장학습 등 실외 활동의 경우, 시각장애유아를 안내할 때 시각장애유아의 손등을 먼저 가볍게 쳐주고 시각장애유아가 교사의 손을 잡도록 함으로써 시각장애유아보다 반걸음 정도 앞서서 안내한다.
- '이쪽', '저쪽' 등과 같은 방행을 가리킬 때에는 '왼쪽', '오른쪽' 등과 같이 보다 명확한 용어를 사용한다.
- 유치원 내에서 책상 등 가구의 위치를 바꿀 때에는 시각장애유아에게 그 사실을 미리 알려준다.

(4) 사회적 상호작용 촉진

- 시각장애유아가 보는데 있어서 불편하다는 점, 같은 유치원 친구라는 점, 경우에 따라서는 도와주어야 한다는 점 등을 또래 일반 유아들에게 알려준다.
- '봉사'와 같은 호칭을 쓰지 않도록 또래유아들에게 주의시킨다.
- 시각장애유아에게 말할 때, 자신의 이름을 먼저 말해주도록 또래 유아들을 지도한다.
- 놀이활동을 할 때 시각장애유아들을 참여시키도록 또래유아들을 장려한다.
- 새로운 상황이나 놀이규칙에 대해 시각장애유아들에게 미리 알려주도록 또래 유아들에게 시범을 보이며 지도한다.

6. 시각장애인을 위한 시설물

최근에 시각장애인을 위한 시설물이 정부지원 등에 의해 모든 공공시설물에 점차적으로 증가하고 있다. 즉 화장실, 엘리베이터 버튼, 계단, 도로, 버스표지판, 버스, 신호등, 명함, 주차장, 공공건물 내부, TV 화면, 관광안내판 및 책자, 점자가 볼록하게 새겨진 점자유도블럭, 핸드레일 등 계속 확대되는 추세이다. 하지만 일반인들은 이에 대해 잘 인식하고 있지 못할 뿐 아니라 설치한 시설물에 손상을 입히는 등 부적절한 현상도 일어나고 있다. 유아들에게 장애인들을 위한 사회의 공공시설물에 대한 이해와 활용법에 대해 알게 함으로써 장애인을 배려하고 도와주는 자세와 태도를 갖추도록 해야 할 것이다. 시각장애인을 위한 공공시설물에는 주로 핸드레일과 점자유도블럭, 점자 등이 설치된 것을 볼 수 있다.

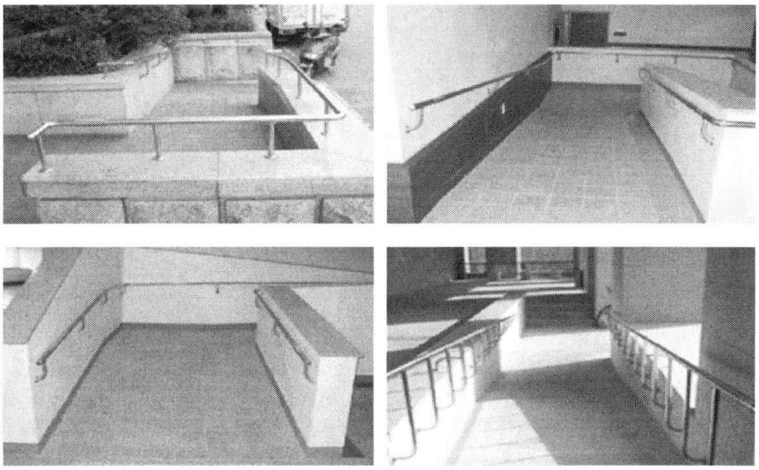

〈그림 4-1〉 현관입구의 핸드레일과 점자유도블럭

〈그림 4-2〉 점자유도블럭

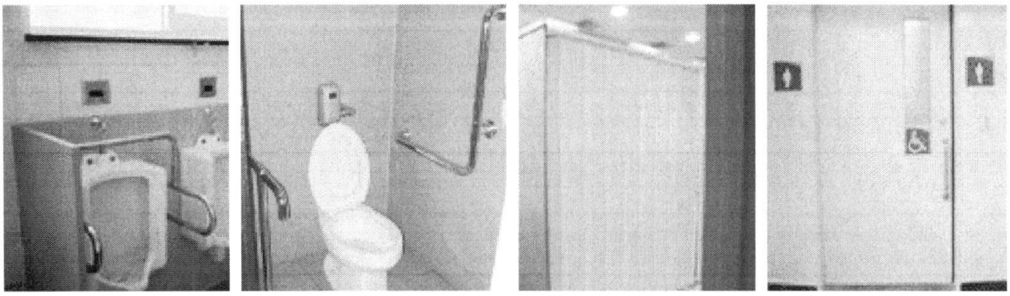

〈그림 4-3〉 화장실의 핸드레일

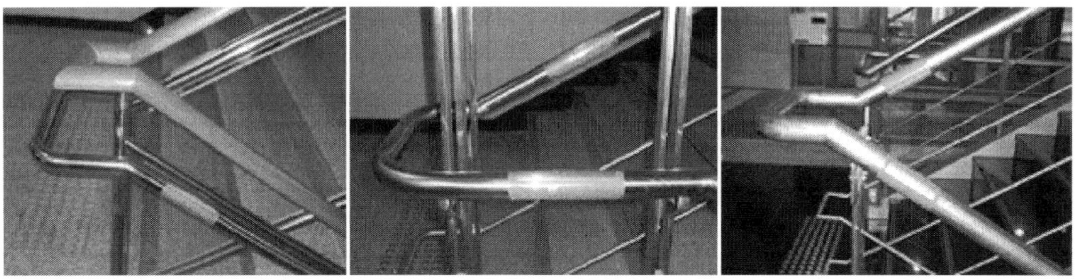

〈그림 4-4〉 계단의 핸드레일

〈그림 4-5〉 장애인 주차시설의 표시〉

〈그림 4-6〉 장애인을 위한 안내촉지도

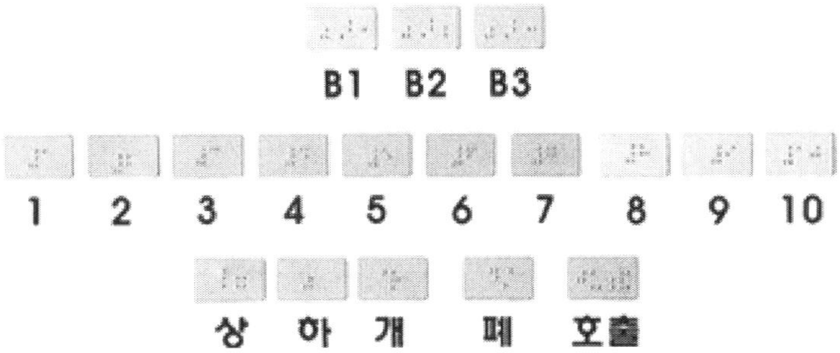

〈그림 4-7〉 엘리베이터 버튼의 점자

〈그림 4-8〉 화장실의 표지판의 점자

제 5 장

청각장애유아의 이해와 지도

1. 청각장애의 정의
2. 청각장애의 분류
3. 청각손상 부위에 따른 분류
4. 손상시기에 따른 분류
5. 청각장애의 발달원리
6. 청각장애아의 정서적 발달
7. 청각장애아의 언어 및 청능훈련
8. 청각장애인과 수화
9. 청각장애인에 대한 에티켓
10. 청각장애인의 생활과 문화의 문제점
11. 수화의 기초

제5장

청각장애유아의 이해와 지도

1. 청각장애의 정의

청각장애란 청각능력의 결손에 의하여 청각을 통한 언어적 정보를 처리하는데 장애가 있는 상태로 다른 사람과의 의사소통에 지장을 초래하고 일상생활에 어느 정도 제한이 있는 상태를 말한다. 현재 우리나라에서 사용되고 있는 법적 정의는 다음에 제시된 바와 같이 장애인 복지법 시행령(2001. 1. 29) 제2조의 '청각장애인'과 특수교육진흥법 제9조 2항과 관련한 특수교육대상자 선정 기준의 '청각장애를 지닌 특수교육대상자'이다.

장애인복지법	청각장애인 가. 두 귀의 청력손실이 각각 60데시벨(dB) 이상인 사람 나. 한 귀의 청력손실이 80데시벨(dB)이상, 다른 귀의 청력손실 이 40데시벨(dB)이상인 사람. 다. 두 귀에 들리는 보통 말소리의 명료도가 50퍼센트 이하인 사람 라. 평형기능에 현저한 장애가 있는 사람(2급, 4급, 5급)
특수교육진흥법	가. 두 귀의 청력손실이 각각 90데시벨 이상인 자 나. 청력손실이 심하여 보청기를 착용하여도 음성언어에 의한 의사소통이 불가능하거나 곤란한 자 다. 일상적인 언어생활과정에서 청각의 기능적 활용이 불가능 하여 일반인과 함께 교육받기가 곤란한 자

2. 청각장애의 분류

1) 청력손상정도에 따른 분류

(1) 농(deaf) : 두 귀의 청력손실이 90dB 이상이거나 두 귀의 청력손실이 90dB 미만인 경우 보청기를 사용해서 보통 말소리가 이해 불가능하거나 아주 곤란한 정도를 말하며, 청각 능력이 거의 없음을 지칭한다.

(2) 난청(hard of hearing) : 보청기를 착용한 상태에서 청각을 통하여 언어정보를 처리할 수 있을 정도로 잔존청력이 남아있는 상태를 말한다.

- 고도 난청(51~80dB) : 보청기를 하지 않으면 회화를 이해하기 곤란한 청력손실
- 중등도 난청(31~50dB) : 회화는 들을 수 있어도 불편을 느끼는 정도의 청력손실
- 경도 난청(20~30dB) : 일상생활에서는 큰 지장이 없으며 발음, 발어에도 이상은 없지만 약한 음이나 속삭이는 소리를 듣기 어려운 상태

2) 청력검사

(1) 목적

- 청능훈련의 단계 결정.
- 보청기 선택(청각장애의 유무, 청각장애의 본질, 순음 및 어음 청력검사 병행).

(2) 청력검사의 종류

- 유소아청력검사 : 행동관찰, 기물음, 음장검사, 유희청력검사.
- 순음청력검사 : 청력손실정도, 청력도, 난청의 유형에 대한 정보 제공.
- 어음청력검사 : 어음 청취 및 이해능력 측정.

3. 청력손상부위에 따른 분류

1) 소리를 듣는 메커니즘

공기파동→ 외이도→ 고막→ 이소골 : 전음계

와우창→ 유모세포→ 신경중추→ 대뇌 : 감음신경계

2) 전음기관 : 외이, 중이

(1) 외이 : 음의 전달이 이루어지는 기관으로 이개, 외이도, 고막까지를 말한다. 이개의 안쪽으로 S자 모양인 약 2.5㎝, 직경 0.7㎝정도의 터널이 있다. 이 터널의 내측이 고막으로 막혀 있어서 외이도라 부른다.

(2) 중이 : 고막의 내측으로 1~2㎤의 불규칙한 형태의 고실이 있는데 고실의 두께는 약 0.1㎜, 직경 9~11㎜이고 매우 얇지만 상당히 큰 음에도 견디며 민감하다. 고막의 내측에는 내이로 연결되어 있는 이소골이 있다. 이소골은 추골, 침골, 등골이라는 3개의 조그만 골이 있는데 각각 관절로 연결되어 있으며 내이인 달팽이관으로 음을 전달하는 역할을 한다.

(3) 전음성 난청

이개, 외이도, 고막, 중이 등 소리를 증폭시키고 전달하는 부분에 대한 장애로서 전달이 되지 않은 만큼의 큰 소리를 들려주면 잘 들을 수 있다. 흔한 예로는 귀지가 가득찬 경우, 중이염으로 중이 내에 물이 차 있는 경우들이 있다. 이런 경우들은 이비인후과적인 치료로 해결될 수 있다. 또한 고막에 구멍이 나거나 중이 이소골들 간의 연결이 끊어진 경우에도 생길 수 있는데 많은 경우에서 수술적인 치료가 필요하다.

3) 감음신경기관 : 내이

(1) 내이 : 내이는 고실내측의 측두골 가운데 묻혀 있으며, 반규관, 전정기관, 와우 3부분으로 이루어져 있다.

4) 감음신경성 난청

달팽이관(와우)이나 내이에서 뇌로 소리를 전달하는 청신경 및 청 중추 등에 장애가 생겨 잘 들을 수 없는 경우로 이 경우는 장애 부위를 직접 확인하기가 어렵고 청력의 회복 가능성이 떨어진다. 전음성 난청과는 달리 크게 말하여도 무슨 말인지 구별을 못하는 경우가 많다. 심한 두부타박상, 뇌막염, 심한 소음, 약물중독, 내이염 등에 의해 감각신경성 난청이 생길 수 있다. 일반적으로 나이를 먹을수록 내이의 장애가 초래되는데 이러한 노인성 난청도 감각신경성 난청에 해당된다.

5) 인공내이수술

청신경 내에 전극을 삽입 그 자극을 직접 청신경에 전달해서 음 지각을 발생시키고자 하는 감각대행장치로서 달팽이관에 삽입하는 수술로서 수술후 재활훈련이 필요하다.

4. 손상시기에 따른 분류

2세를 전후하여 언어습득 전 난청과 언어습득 후 난청으로 구분하여 언어교육 프로그램을 달리한다. 현 청각장애 특수학교 재학아동 대상자중 전 언어성 농이 90%이고 후 언어성 농이 10%를 차지하고 있다.

1) 조기발견과 조기교육

청능훈련, 보청기 착용으로 잔존청력을 활용한 언어훈련을 실시하여야 한다. 청각장애아의 조기교육은 잔존청력을 극대화하여 언어의 습득과 발달을 촉진하고 사회적 상호작용을 도모하여 사회 정서적 발달과 인지발달에 중요하다.

2) 청력손실이유

- 내적원인 : 유전적인 특성, 선천성
- 외적원인 : 질병, 약물중독, 상해
- 출생전 : 유전성, 풍진, 임신합병증, 성병, 약물중독, 혈액형불일치(RH요인)

- 출생시 : 겸자분만으로 인한 뇌손상, 8시간 이상의 산고로 인한 산소 결핍
- 출생후 : 중이염, 수막염, 신생아 황달, 경기, 박테리아 감염

그러나 청각장애아의 약 25~40%는 원인불명으로 남아 있다.

5. 청각장애아의 발달원리

1) 유전과 환경

대부분의 청각장애아는 유전적으로 건청아와 유사한 기제를 가지고 출생하므로 유전적 요인은 발달이라는 차원에서 건청아와 유사하다고 할 수 있으며, 청각장애아의 발달에 영향을 주는 환경적 요인들은 정서 및 인지발달, 아동과 부모 또는 사회와의 상호작용 등이다.

2) 발달의 속도와 연속성

신체적 발달, 인지 발달, 지각 능력의 발달 등은 서로 다른 속도를 가지면서 연속적으로 발달한다. 그러나 발달의 속도와 연속성에 중요한 장애가 생기는 것은 경험적 요인의 결핍으로 나타나는 경우가 많다. 청각장애아에게 제공되는 적절하고 풍요한 환경은 청각장애아의 내적 요인에 바람직한 영향으로 작용하지만 결핍된 환경에서는 발달의 지연으로 작용할 가능성이 매우 높다. 청각장애아의 육아 또는 교육방법의 무지에서 청각장애아는 애정결핍, 문화실조, 언어적 무시 등을 경험하게 된다. 청각장애아의 진단과 판별이 대체로 생후 약 만 2세경에 이루어지는 경우가 많은데 만 2세는 아동에게 있어서 언어적 욕구가 가장 왕성한 시기이다. 그런데 대부분의 건청 부모들은 여러 요인으로 인하여 청각장애 자녀와 의사소통을 단절하는 경우가 많으며 이는 내적 성장에 부정적인 영향을 미친다.

3) 발달의 질서

청각장애아의 비구어적 발달은 만 2세까지 건청아동의 발달과 유사하나 구어적 발달의 순서라는 질서에서 청각장애아는 청력손실로 인하여 언어습득에서 질서의 한계에 직면한다. 그러나 농부모와 청각장애아 간의 수화를 통한 의사소통의 측면에서 보면 발달의 질서는 지속적으로 유지된다. 즉, 청각장애아의 언어적 발달의 질서는 부모의 청력손실과 직결되어 일어난다고

할 수 있다.

4) 발달의 개인차

청각장애아의 내적요인의 개인차는 아동의 청력손실로 인한 결과로 이해되기보다는 부모와 아동의 원만한 상호작용과 관련된다. 즉, 부모의 청력상태나 부모의 의사소통 매체에 따라 청각장애아의 내적요인에 많은 영향을 미치게 되므로, 청각장애아의 개인차는 의사소통의 수월성으로 접근하여 해석할 수 있다.

6. 청각장애유아의 정서적 발달

청각장애유아의 문제행동에 대한 접근에 있어서 과거에는 청각장애라는 원인에 맞추어 해석하였으나 최근에는 개인의 성격과 속성을 사회적 맥락에서 살펴보는 것으로 초점을 달리하고 있다.

에릭슨(Erikson)은 인간의 발달단계를 여덟 개로 나누어 정서적 안정과 불안정이 미치는 영향을 설명하였다. 청각장애아의 정서적 문제가 건청아동에 비해 높게 나타나는 이유를 에릭슨의 발달단계에 기초하여 살펴보면 다음과 같다.

발달단계	시기	특징	청각장애아의 경우
신뢰감 대 불신감	영유아기 출생 ~18개월	• 신뢰감 형성 · 정체감의 기본 • 수유상황, 신뢰감 발달의 핵심 • 애착형성	• 청각장애 인지여부에 따라 양육태도 다르다 • 옹알이와 음성에 대한 반응 보이지 않음
자율성 대 수치심	유아기 18개월 ~3세	• 배설과 걷기와 같은 기능 학습과정에서 자율성 형성됨 • 과보호가 없고 도움이 결핍되지 않는 범위에서 자율성이 형성됨	• 의사소통의 문제로 자율성의 발달과 정착 곤란

발달단계	시기	특징	청각장애아의 경우
주도성 대 죄책감	아동기 3~6세	• 신체적 활동 및 언어구사능력이 발달 • 탐구실험의 자유를 부여함으로써 주도성발달 • 활동을 너무 제한한다거나 아동의 질문에 일관성 없는 태도는 죄책감 형성시킴	• 초자아의 형성이 부정적이면 죄책감을 갖게 되고 지나친 자기억제와 개성 소멸을 야기함
근면성 대 열등감	학령기 6~11세	• 지적 호기심과 지적 성취가 행동의 핵심 • 격려, 허락, 칭찬은 근면성의 바탕이 됨 • 성공의 평가를 받지 못하고 귀찮은 취급, 비웃음은 열등감을 형성	• 학교에 다니게 되고 정신지체나 행동장애로 오인 받음―학업·인성·사회성 발달에 영향 미침. • 교사의 영향이 크다.
정체감 대 역할혼미	12세 이후 사춘기 생식기	• 급격한 신체적 변화 • 새로운 사회적 압력이나 요구에 대응 • 나는 누구인가? 정체감 형성과 이를 통한 자아표현 • 성적, 직업적 정체감에 의혹 가짐	• 자아정체성에 관심 가지 게 되고 청각장애아 사회나 단체의 일원이 되어감
친밀감 대 고립감	청년기 성인기	• 직업과 배우자 선택 • 배우자에게서 공유된 정체감 탐색하며 인간적 관계에서 친밀감 형성 • 지나친 경쟁심은 고립감 유발	• 자기비하적 자존성, 정체감 혼동 또는 사회성이 결여되면 인간관계의 유지나 보람 을 갖는 경험이 빈약하다.
생산성 대 침체감	중년기	• 두 사람간의 친밀감 형성된 사람은 더 넓은 타인에게 관심 갖기 시작 • 직업적·학문적·예술적 업적 통 해 생산성형성 • 자녀 출산, 양육, 교육의 시기 • 생산성은 주로 다음 세대를 양성하는 관심으로 표출되는데 지도과정에 참여할 수 없는 사람은 침체감에 빠짐	• 배우자가 대부분 청각장애인 • 건청 자녀출산시 문화적 이질감 경험

발달단계	시기	특징	청각장애아의 경우
통합성 대 절망감	노년기	• 신체적 노쇠, 직업에서의 은퇴, 친구나 배우자 사망으로 무력감 • 생의 의미와 가치 부여하여 참된 삶의 지혜를 터득하게 되고 높은 차원의 인생철학으로 통합하게 됨	• 노후의 인생문제 해결방식 이 부적응될 때 부작용 일어남 · 개체와 환경과의 부적응, 좌절, 긴장, 불안, 불만족 체념 • 청소년기의 교육이 노년기 자아통정감을 갖게 하는 긍정적인 역할을 함

7. 청각장애유아의 언어 및 청능훈련

청각자극의 결핍은 언어발달의 지체는 물론 지각과 인지의 발달에도 부정적인 영향을 미쳐 결과적으로 후속학습과 사회적응의 곤란을 초래하게 되므로 청각장애가 유아의 발달에 보다 많은 영향을 미치지 않을 수 있도록 가능한 한 조기에 이를 발견하여 적절한 중재를 투입하는 것이 무엇보다 중요하다. 청각장애가 가장 큰 영향을 미치는 발달영역에 해당하는 언어의 경우 생후 3~4년이 그 발달의 결정적 시기이므로 청각장애유아 조기교육은 이들의 언어기능을 보상할 수 있는 청능훈련, 발화, 발어지도 등의 언어훈련이 그 중심활동이 될 수밖에 없다. 그리고 이비인후과학, 청각학 및 보청기의 발달은 청각장애유아의 청각내지 언어교육에 많은 가능성을 시사해 준다.

그러나 조기교육을 어떤 형태로든 투입하기만 하면 된다는 소박한 낙관론적 접근으로는 청각장애 조기교육의 효과를 기대하기 어렵다. 대상아동의 장애원인과 유형, 발달특성 등에 부합하는 적절한 언어지도, 교육활동 및 여타 발달영역의 지도 프로그램을 개발하고 이들 프로그램의 투입효과를 극대화 할 수 있는 적절한 교수-학습 활동을 탐색하는 일은 청각장애유아 특수유아교육 일선에서 가장 시급한 과제중의 하나이다.

1) 기본방향

- 아동의 경험축적과 사회적응을 돕기 위한 현장학습을 매월 1회 실시한다.
- 유아의 장애유형, 장애 및 발달 정도 등에 따른 개별화 교육을 실천하는데 필요한 조음검사표와 청력검사표 및 보청기 적합 검사표를 비치 활용한다.

- 청력검사는 연 1회 이상 실시하고 청력도에 따라 보청기 적합을 실시하여 잔존 청력을 최대한 활용한다.
- 평가는 청각장애유아의 특성을 고려하여 해당 영역에서 성취해야 할 개별적 교육목표 의 달성도 평가에 중점을 두고 다양한 방법으로 실시한다.

2) 내용

(1) 언어발달영역의 내용

<table>
<tr><th>영역</th><th>내용</th><th>영역</th><th>내용</th></tr>
<tr><td>보청기 착용</td><td>• 보청기 바르게 끼기
• 보청기 주용성 인식하기</td><td rowspan="3">의사소통</td><td rowspan="3">• 가족, 친구 목소리 구별하기
• 간단한 형식의 여러 가지 지시어 익히기
• 생활용어 익히기
• 주의해서 듣기
• 질문에 답하기
• 인사하기
• 자기 생각 표현하기
• 주제와 관련된 이야기하기</td></tr>
<tr><td>감각활용</td><td>• 단일감각식별(시, 청, 촉, 후각 변별)
• 이중감각식별</td></tr>
<tr><td>소리</td><td>• 소리의 유무, 대소, 장단, 횟수, 고저 방향
• 음원 찾기
• 악기 소리, 환경음 변별
• 말소리와 자연음 차이 인지</td></tr>
<tr><td>소리와 리듬</td><td>• 악기소리 듣고 변별하기
• 리듬치기
• 음악소리에 맞춰 신체표현
• 리듬변별
• 리듬에 따른 신체, 언어 표현</td><td>읽기</td><td>• 실물이나 그림과 글자 짝지우기
• 같은 문자 찾기
• 호흡 및 구형 훈련
• 소리 내어 읽기(그림 읽기, 낱말 읽기)
• 간단한 문장 읽기</td></tr>
<tr><td>발음</td><td>• 단, 복모음 익히기
• 의성어, 의태어 흉내 내기
• 말소리 모방하기</td><td rowspan="2">쓰기</td><td rowspan="2">• 쓰기도구에 관심 갖기
• 여러 가지 선 긋기
• 필순 익히기
• 낱말쓰기
• 그림일기 쓰기
• 간단한 문장쓰기</td></tr>
<tr><td>간단한 말</td><td>• 의성어, 의태어 익히기
• 물건의 이름 및 용도알기
• 기본적 술어 익히기
• 낱말 관계 지우기
• 초보적인 문형 익히기</td></tr>
</table>

유아들은 가장 가까운 어머니로부터 시작하여 그 주변인들과 상호작용 즉 보고 듣고 말하고 느끼고 접촉하는 자연스런 과정에서 여타 지적인 발달과 더불어 통합적인 언어습득과정을 거치게 된다. 유아의 자연적이고 통합적인 언어습득과정은 청각장애유아의 언어지도가 지나치게 분석적이거나 형식적이기보다는 종합적이고 자연스러운 비형식적 상호작용을 중심으로 이루어져야 함을 시사한다.

(2) 청능훈련 프로그램의 내용

음의 인식 및 변별	말의 변별 및 이해
• 악기 소리 인식하기 – 북, 피리, 탬버린 소리에 반응하기 – 소리의 시작과 중단 알기 • 탈 것 소리 인식하기 – 기차, 자동차, 비행기, 배 소리에 반응하기 • 환경음 인식하기 – 동물 소리에 반응하기 – 가정용품 소리에 반응하기 • 악기 소리 변별하기 – 악기 소리 듣고 해당되는 물체나 그림 찾기 • 환경음 변별하기 – 탈 것의 소리 듣고 해당되는 장난감 찾기 – 탈 것의 소리 듣고 해당되는 장난감처럼 움직이거나 소리내기 • 소리의 방향 변별하기 – 소리 듣고 방향 지적하기 – 소리 듣고 따라 하기 • 소리의 수, 순서 변별하기 – 소리 듣고 그 수만큼 따라 소리내기 – 크고 작은 악기 소리의 교차를 듣고 따라 하기 • 소리의 고저, 강약 변별하기 – 높고 낮은 소리 변별하기 – 소리의 셈여림 변별하기	• 사람의 목소리 변별하기 – 익숙한 사람의 목소리 변별하기 – 울거나 우는 소리 변별하기 • 의성어, 의태어 변별하기 – 동물에 대한 의성·의태어 변별하기 – 탈 것의 의성·의태어 변별하기 • 모음 변별하기 – 단모음 변별, 발성하기 – 복모음 변별 발성하기 • 자음 변별하기 – 어두 자음 변별 및 발성하기 – 어미 자음 변별 및 발성하기 • 생활용어 이해하기 – 인사말 듣고 따라 하기 – 지시어 듣고 수행하기 – 놀이 말 듣고 이해하기 • 간단한 질문에 답하기 – 실제 행한 일에 대한 질문에 답하기 – 날짜, 날씨에 대한 질문에 답하기 – 이름 등에 관한 질문에 답하기 • 동화 내용에 고나한 질문에 답하기 – 이야기 듣고 그림카드 찾기 – 등장인물에 대한 질문에 답하기

3) 지도의 실제

(1) 언어지도의 실제

① 이야기 나누기

- 청각장애유아 및 일반유아 모두의 흥미와 관심을 유도할 수 있도록 생활경험 속에서 이해가 가능한 수준의 제재를 선정해야 한다.
- 청각장애유아로 인해 대화로만 수업을 진행하기 어려우므로 다양한 학습 자료를 구비하여야 한다.
- 동일한 대상에 대하여 여러 유형의 질문을 함으로써 다양한 언어적 경험과 사고의 확장을 기하여야 한다.
- 학습자간의 개인차를 고려한 수업진행이 이루어져야 하며, 수용적인 분위기를 조성하여 자유롭고 적극적인 학습참여를 유도해야 한다.

(2) 그림동화의 지도

동화는 유아들의 흥미를 가장 잘 유도할 수 있는 소재중의 하나이지만 청각장애유아의 경우 언어발달의 지체로 인하여 문자로 표현할 경우 그 내용을 이해하기가 어려우므로 이를 그림으로 나타내 줌으로써 어느 정도는 해결할 수 있다. 그리고 그림동화의 내용을 학습하는 과정에서 일상생활용어를 쉽게 접하고 익힐 수 있으며 줄거리 및 사건의 인과관계 학습 등을 통하여 활발한 사고 작용을 촉진할 수 있고, 내용에 대한 극화활동 등은 적극적인 언어사용 경험을 제공할 수 있으므로 그림동화는 청각장애유아의 언어지도에 효과적인 제재가 될 수 있다.

활동단계	활동내용
동화 듣기	• 교사가 이야기 들려주기 • 그림카드 순서대로 맞추기 • 등장인물 알기
중심 어휘 및 문장 익히기	• 어휘에 해당되는 행동 시연, 사물 찾기 • 중심어휘나 문장이 포함된 장면 시연하기 • 일부 요소를 변화시킨 그림카드 간의 차이점 대조하기

활동단계	활동내용
장면 찾기 및 설명하기	• 교사의 육성, 녹음 소리, 친구의 설명을 듣고 해당 장면 찾기 • 그림카드의 내용 이야기하기
이야기하기	• 동화의 내용을 외워서 이야기하기 극화하기
극화하기	• 역할을 정하여 극화 활동하기

그림동화는 유아들이 비교적 많은 흥미를 갖고 있는 소재이기는 하나 그 효과를 최대화하기 위해서는 다음과 같은 점을 고려해야 한다. 첫째, 제재 선정에 있어서 이야기의 내용과 길이가 유아의 발달수준에 적합해야 하며, 등장인물 역시 친숙한 것이 좋다. 둘째, 교사가 일방적으로 이야기를 들려주는 것 보다 유아가 주체적으로 활동에 참여할 수 있는 기회를 많이 제공한다. 셋째, 각 단계의 활동을 유아의 능력에 맞게 지도한다. 넷째, 극화나 이야기하기 단계에서는 동화의 내용에 치우치기 보다는 유아의 창의적이고 자유로운 활동이 일어나도록 조장한다.

(3) 청능훈련

① 청능훈련 프로그램의 구성

청각장애유아에 대한 조기교육의 일차적인 목적이 청각장애로 인한 언어발달지체의 보상임을 고려할 때, 언어발달과정중 제일 첫 단계인 듣기능력을 향상시키기 위한 청능훈련은 청각장애유아 언어교육의 출발점이 되는 가장 기초적이며 중요한 활동영역이 된다. 뿐만 아니라 이비인후과학의 진보와 보청기의 발달은 청각장애교육에서 청능훈련의 비중을 증대시켜 왔다. 따라서 청각장애유아의 청각기능 발달을 촉진하기 위한 프로그램을 구성함에 있어 다음과 같은 점을 고려하여야 한다. 첫째, 일반적인 청각기능의 발달단계에 맞춰 음의 인식, 변별 및 이해, 말소리의 변별 및 이해의 과정으로 청능훈련지도 프로그램의 내용을 구성하였다. 둘째, 초기단계에서는 청능놀이 중심의 음과 언어수용활동으로 구성하고 후기단계에서는 언어에 대한 수용 및 표현활동으로 구성하였다. 셋째, 훈련의 제재는 유아의 경험 내용 중에서 선정하는 것을 원칙으로 하여 유아의 실생활이나 그 주일의 학습내용 중에서 대상언어 등을 선정하도록 하였다.

② 청능훈련 프로그램의 구성내용

청증과 발음, 발성 등은 학습자 변인 즉 장애의 원인, 유형, 특성, 발달수준 등에 크게 영향을 받는 영역으로서 학습내용, 방법 등이 학습자 변인에 의해 결정된다. 그러므로 청능훈련 프로그램을 연차별로 구성하지 않고 훈련영역별로 구성하여 학습자의 필요에 따라 쉽게 지도내용을 선정할 수 있도록 하며 청능훈련 프로그램의 내용은 〈표 5-1〉과 같다.

③ 지도방법

- 유아의 발달특성에 맞추어 가능한 한 놀이를 통하여 지도함으로써 흥미를 가지고 활동에 임할 수 있도록 유도한다.
- 개개인의 듣기 능력의 발달수준에 맞도록 지도내용을 재구성하여 지도한다.
- 활동의 도입부분 및 청력 손실가치가 높은 유아에게는 시각과 청각 결합 경로를 많이 활용하고 활동에 익숙해지거나 손실치가 낮은 유아에게는 시각보조를 줄인다.
- 생활영역 전반에서 통합적으로 청능훈련이 이루어질 수 있도록 한다.

청각장애유아들의 청력손실에 따른 의사소통기능의 장애와 이로 인한 교육성취 수준 저하를 해결하기 위한 대안의 하나로 조기교육의 강화가 제시되고 있다. 이는 언어발달의 결정적 시기 중에 청각자극의 투입, 발음 발화훈련 등의 경험을 통해 언어적 체제의 구축이 이루어질 수 있으며, 이비인후과학, 청각학 및 보청기의 발달이 청각장애유아의 언어발달에 기여할 수 있을 것으로 보기 때문이다. 따라서 청각장애유아의 언어기능 발달을 촉진할 수 있는 언어 및 교육활동 프로그램의 개발과 투입방법의 탐색은 청각장애유아 조기교육 일선의 주요과제이다. 그러므로 청각장애유아의 언어적 상호작용의 기회를 제공하고 새로운 개념을 습득하고 확장시키며 의사소통과정을 명확하게 해 줄 수 있는 언어영역 교수-학습 활동유형으로 사고기능과 사회적 상호작용을 촉진할 수 있는 '이야기 나누기' 및 '그림동화'를 도입하고 있다.

〈표 5-1〉 청능훈련 프로그램의 구성내용

음의 인식 및 변별	말의 변별 및 이해
• 악기소리 인식하기 – 북, 피리, 탬버린 소리에 반응하기 – 소리의 시작과 중단 알기 • 탈 것 소리 인식하기 – 기차, 자동차, 비행기, 배 소리에 반응하기 • 환경음 인식하기 – 동물 소리에 반응하기 – 가정용품 소리에 반응하기 • 악기소리 변별하기 – 악기 소리 듣고 해당되는 물체나 그림 찾기 • 환경음 변별하기 – 탈 것의 소리 듣고 해당되는 장난감 찾기 – 탈 것의 소리 듣고 해당되는 장난감처럼 움직이거나 소리내기 • 소리의 방향 변별하기 – 소리 듣고 방향 지적하기 – 소리 듣고 따라 하기 • 소리의 수, 순서 변별하기 – 소리 듣고 그 수만큼 따라 소리내기 – 크고 작은 악기 소리의 교차를 듣고 따라 하기 • 소리의 고저, 강약 변별하기 – 높고 낮은 소리 변별하기 – 소리의 셈여림 변별하기	• 사람의 목소리 변별하기 – 익숙한 사람의 목소리 변별하기 – 울거나 웃는 소리 변별하기 • 의성어, 의태어 변별하기 – 동물에 대한 의성·의태어 변별하기 – 탈 것의 의성·의태어 변별하기 • 모음 변별하기 – 단모음 변별, 발성하기 – 복모음 변별, 발성하기 • 자음 변별하기 – 어두 자음 변별 및 발성하기 – 어미 자음 변별 및 발성하기 • 생활용어 이해하기 – 인사말 듣고 따라 하기 – 지시어 듣고 수행하기 – 놀이 말 듣고 이해하기 • 간단한 질문에 답하기 – 실제 행한 일에 대한 질문에 답하기 – 날짜, 날씨에 대한 질문에 답하기 – 이름 등에 관한 질문에 답하기 • 동화 내용에 관한 질문에 답하기 – 이야기 듣고 그림카드 찾기 – 등장인물에 대한 질문에 답하기

그리고 교수-학습의 제재는 유아의 생활경험 중에서 그 주일의 생활주제와 관련된 것을 선정함으로써 유아의 이해를 촉진하고 나아가 흥미를 이끌어낸다. 청능훈련의 경우에는 청각기능의 발달과정에 맞추어 위계적인 훈련 프로그램을 구안하여 유아의 장애유형과 발달특징에 맞게 개별적으로 지도한다. 그러나 유아의 발달은 특정영역과의 긴밀한 관련 하에 이루어지며 언어발달 역시 인지, 사회성 및 정서영역 등의 긴밀한 관련성을 갖고 발달하므로 청각장애유아의 언어발달 역시 다른 영역의 발달을 고려한 통합적 접근이 이루어질 때 효과적인 지도가 이루어질 수 있을 것이다.

(4) 청력 보조기구

① 보청기

소리를 증폭하는 작은 기구로서 난청자의 귀에 작용해서 일상적인 대화를 알아들을 수 있도록 소실된 청력을 보완하여 준다. 난청의 종류와 특성이 다양하듯이 보청기의 종류와 특성도 다양하다.

(a) 보청기의 구조

- 송화기(Microphone) : 소리를 전기에너지로 바꾼다.
- 증폭기(Amplifier) : 전기에너지를 증폭시킨다.
- 음량조절기(Volume control) : 증폭된 소리의 크기를 조절할 수 있도록 한다.
- 수화기(Receiver) : 증폭된 전기에너지를 다시 소리로 바꾼다.
- 전원(Battery) : 보청기가 작동하도록 힘을 공급한다.

(b) 보청기의 종류

- 휴대용 개인보청기
  - 상자형
  - 귀 수준에서 사용하는 보청기(귀걸이형, 안경형, 귀속형)
- 집단용

① 인공와우

- 인공와우는 내이를 포함한 감각신경성 난청과 전농인에게 내이를 대신하거나 소리에너지를 전기에너지로 변환시켜 청신경을 직접 자극하는 전자보조장치를 말한다.
- 체외부에 마이크로폰, 어음처리기, 송신기 그리고 체내부에는 수화기와 전극으로 구성되어 있다.
- 보청기 효과 없는 경우, 양측귀가 고도난청, 내과적 방사선학적 금기사항 없는 경우, 청신경이 기능하고 있는 경우, 수술에 대한 동기와 기대 있을 때 수술이 효과적이다.
- 수술 후 적합한 음 수준을 찾아주는 매핑과 재활훈련이 반드시 필요하다.

8. 청각장애인과 수화

1) 청각장애인의 특징

(1) 주의집중이 힘들고, 부를 때 답하지 않는다는 사실을 염두에 두어야 한다.

(2) 일반인이 아무런 어려움 없이 이해하는 것도 청각장애인에게는 어려운 이해를 요구하는 것이 될지도 모르고 혼동을 초래하게 될지도 모른다. 그래서 질문에 틀린 답을 할 경우가 있다.

(3) 말의 표현이 빈약하고 생략된 발음을 한다.

(4) 건청인과의 관계를 꺼리고 농인과의 관계형성을 좋아하며 삶을 피하고 골이 난 사람처럼 보인다.

(5) 한쪽 귀가 듣는 기능이 없는 청각장애인의 경우 소리가 나는 쪽으로만 머리를 돌리는 행동을 보인다.

2) 수화의 정의

수화는 손으로 표현되는 언어이며 청각장애인의 언어이다. 수어는 음성언어와 다르다. 음성언어가 청각으로 이해되고 음성으로 표현되는 청각-음성체계임에 반하여 수어는 시각적으로 이해되고 손 운동으로 표현되는 시각-운동체계이다. 또 수어는 언어의 양면성, 생산성, 자의성, 상호교환성, 대치성, 특수성, 문화전송 이라고 말할 수 있다. 수화는 언제 어디서부터 청각장애인의 의사소통 수단으로 사용되어 왔는지 정확히 알 수는 없지만 청각장애인이 한 곳에 모여 살게 되면서부터 수화가 청각장애인의 의사소통의 편리한 수단으로 발전되었다고 한다.

(1) 외국 수화의 역사

① 프랑스

C. M. de l'Epee 200년 전 최초의 농아학교를 세웠으며 수화가 청각장애인의 의사소통의 수단으로 발전되는 초석을 만들었고, "수화는 농아인의 모국어다"라고 역설했다.

② 스페인

J. P. Bonet 세계 최초의 지문자 수화 알파벳인 알파벳의 단수화 및 농아와 언어 교수

법(1807년)창안했다.

(2) 우리나라의 수화 역사

① 1909년 : Rossetta Sherwood Hall(미국의 불감리교 선교사)여사가 중국의 농아학교 시찰 후, 농교육에 관심을 갖게 되어 평양맹학교 농아부(한국 최초의 농아교육실시)를 설립했다.

② 1913년 : 재생원(현 서울선희학교)에서 제도화된 학교교육 실시했고, 일본식 수화를 도입했다.

③ 1947년 : 국립맹아학교 초대교장 윤백원 선생에 의해 한국 지문자 창안되었다.

④ 1963년 : 서울농아학교가 국내 최초의 '수화'책을 발간했다.

⑤ 1982년 : 서울농아학교 교직원 중심으로 '표준수화사전(약 5,700단어 수록)' 창간했다.

⑥ 1995년 : 한국청각장애인복지회를 중심으로 수화교본 '사랑의 수화교실'를 발간했다.

(3) 수화의 특성

① 직시적이고 피상적으로만 가능하고, 회화적이기 때문에 감정 변화를 정확히 밝혀야 한다.

② 제한된 수화로 언어 전부를 대신할 수는 없다. 그러나 의역으로 하면 할 수 있다.

③ 추상적인 것이나 논리적인 것에는 미치지 못한다.

④ 수화 습득 여부에 따라 지적·정서적인 면이 달라진다.

⑤ 얼굴표정 몸짓 하나가 대화내용에 아주 중요한 역할을 한다.

(4) 수화의 필요성

① 청각장애인의 의사소통에 가장 적합한 의사표현 방식이다.

② 청각장애인과 건청인 사이에 정확한 의사소통을 위한 수단이다.

③ 구화법만으로는 의미 있는 의사소통 기능의 개발이 불가능한 청각장애 학생이 다수 있다. 이들에게 획일적으로 구화에 의한 의사소통을 강조하는 것은 언어지도 방법상 중대한 오류이며 인권에 대한 침해로 간주한다.

④ 청각 장애인의 마음·생각·욕구·행위를 이해할 수 있는 지름길이란 수화 밖에 없다.

청각장애인의 생활 심층부터 이해하려면 청각장애인의 모국어인 수화를 바르게 이해하여야 한다.

(5) 수화할 때 주의사항

① 수화 동작의 범위는 가슴 높이에서 양어깨를 한계점으로 필요에 따라 큰 동작과 작은 동작으로 절도 있게 해야 한다.

② 지화를 사용할 경우는 반드시 오른손을 사용하여, 천천히 한 음절씩 또박또박 해야 한다.

③ 수화를 처음 시작하게 될 때는 상대편의 손동작을 보게 되지만 차츰 수화가 익숙해짐에 따라 상대편의 표정에 초점을 맞추어 대화하게 된다.

④ 수화는 주로 명사와 동사를 많이 사용하고 형용사가 많지 않기 때문에 모든 표현이 단순한 점을 표정으로 보완시켜야 한다는 것을 명심해야 한다. 또한, 영어와 같이 존대어가 따로 없어, 예를 들면 '당신은 집이 어디입니까?'라고 물을 경우, '당신은 집이 어디?'라고 간단히 줄여서 이야기하는 것이 상례이므로 윗사람과 대화를 할 경우에는 몸의 자세라든가 표정을 공손하게 하여 존대어가 되도록 해야 한다.

⑤ 수화는 조사가 대부분 생략되어 있으며, 명사 · 형용사 · 부사 등의 품사에 관여치 않고 동일하게 사용되고 있다. 과거형인 경우 '끝'이라는 수화를 함께 사용함으로써 과거형 표현이 되며, 또한 어순이 도치되는 경우도 간혹 있다. 예를 들면 다음과 같은 경우이다.

- 생략되는 조사 : 은, 는, 이, 가, 을, 를, 로, 에게, 께서 등
- 건강 = 건강하다 = 건강한, 감사 = 감사하다 = 감사한
- 갔다 = 가다 + 끝
- 안 간다 = 가지 않는다, 안 한다 = 하지 않는다

⑥ 한 가지 수화가 여러 가지 뜻으로 사용되는 경우

- 가을 = 바람 = 불다
- 따뜻하다 = 봄
- 외롭다 = 쓸쓸하다

⑦ 단어와 문장에 알맞은 수화표현이 없을 경우에는 지화를 사용하여 나타내거나, 적절한 수화로 의역하여 나타낸다.

9. 청각장애인에 대한 에티켓

1) 청각장애인을 대할 때

① 대화할 때는 어색한 감정이나 표정보다는 자연스러운 분위기와 웃는 얼굴로 대한다.

② 대화 방법은 발음을 확실하게 하며 천천히 입 모양을 크게 하여 말하거나(구화) 글을 쓰거나(필담), 수화를 하는 방법이 있으며 이 세 가지 방법 중 가장 좋은 방법으로 대화하도록 한다.

③ 청각장애인의 말소리가 이상하더라도 정정하거나 웃지 말고 들어주어야 하며 자신감을 가지고 계속 말할 수 있도록 잘 이해하고 있다는 태도를 보인다.

2) 청각장애인이 전화를 부탁해 올 때

① 원하는 내용을 충분히 파악한 후에 도와준다.

② 청각장애인과 함께 있을 때 소리로 인한 일이 생겼을 경우 건청인이 먼저 행동한 후 반드시 설명해 준다.

3) 청각장애인과 동석할 때

- 건청인끼리 속삭이며 대화하는 것은 삼가는 것이 좋다.

10. 청각장애인의 생활과 문화의 문제점

1) 가족과의 생활

건청인 가족들과 함께 생활하는 청각장애인 중에는 가족 간의 대화를 이해하지 못해 집안분위기에 융합하지 못하거나 소외감을 느낀다.

2) 교육

교사나 아이의 친구들이 청각장애인에 대한 이해가 부족한 경우에는 자녀가 정신적인 부담을 갖게 되며 또 부모인 청각장애인은 다시 그로 인해 괴로움을 겪는 경우도 있다.

3) 직업

의사소통 장애로 인한 상사의 지시를 제대로 이해 못하거나 동료 간의 오해가 생겨 갈등이 생긴다.

4) 문화생활

가장 가까운 대중문화 매체인 텔레비전에는 자막이나 수화통역이 거의 삽입되지 않기 때문에 일반 국민과 같이 텔레비전 문화의 혜택을 누리지 못한다.

5) 기타

(1) 의료생활 (2) 사법생활 (3) 전화, 통신

II. 수화의 기초

1) 지문자

지문자란 손가락을 사용하여 만든 글자를 말한다. 이름과 같은 고유명사의 표현이나 수화어휘로 표현되지 않은 신조어의 표현 그리고 정확하게 강조하고 싶은 표현에 주로 사용한다. 처음 수화를 배우는 사람들은 지문자에 많이 의존하게 된다.

(1) 자음 〈그림 5-1〉

ㄱ, ㄴ, ㄷ, ㄹ, ㅁ, ㅂ, ㅅ, ㅇ, ㅈ, ㅊ, ㅋ, ㅌ, ㅍ, ㅎ,
ㄲ, ㄸ, ㅃ, ㅆ, ㅉ

(2) 모음 〈그림 5-2〉

ㅏ, ㅑ, ㅓ, ㅕ, ㅗ, ㅛ, ㅜ, ㅠ, ㅡ, ㅣ,

ㅐ, ㅒ, ㅔ, ㅢ, ㅚ, ㅟ

2) 지숫자〈그림 5-3〉

숫자를 손가락으로 표현하는 것을 지숫자라고 한다. 손의 정확한 움직임과 방향이 중요하다. 쓰임에 따라 같은 숫자라 하더라도 손이나 손가락의 방향이 달라질 수 있으므로 융통성 있게 받아들이며 쓰임에 따른 변화된 모양을 기억해 두고 유연하게 쓸 수 있도록 항상 연습하여야 한다.

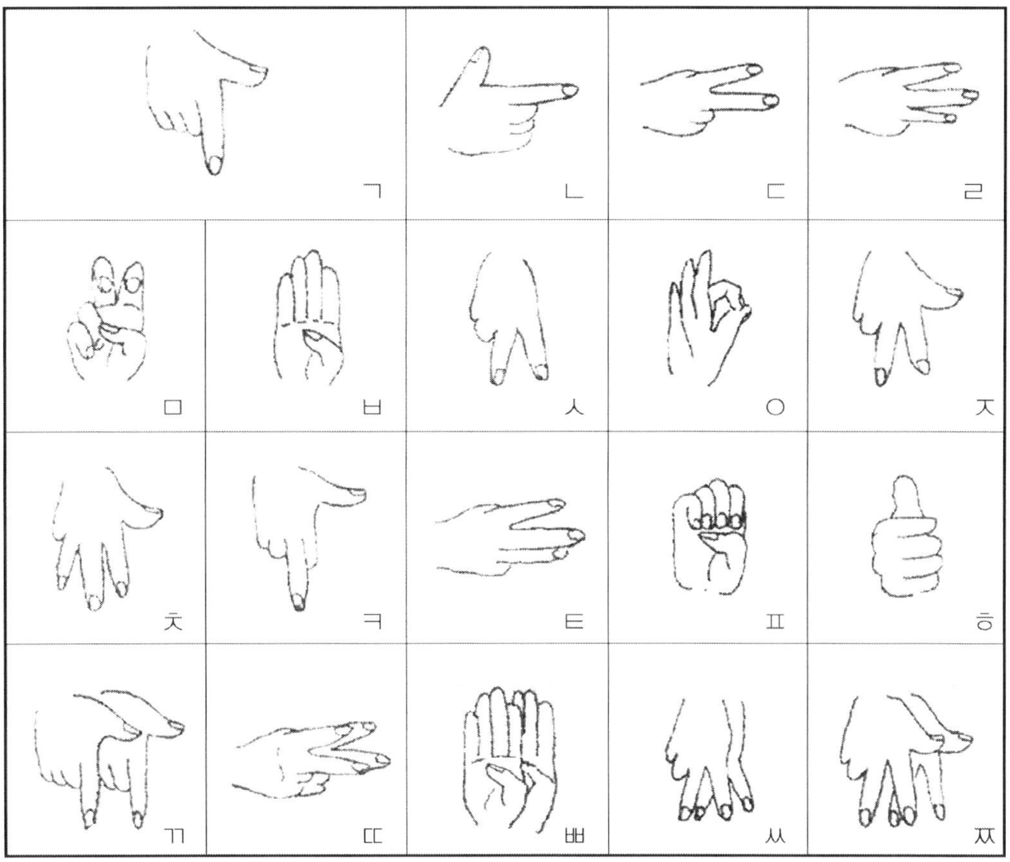

〈그림 5-1〉 지문자 자음

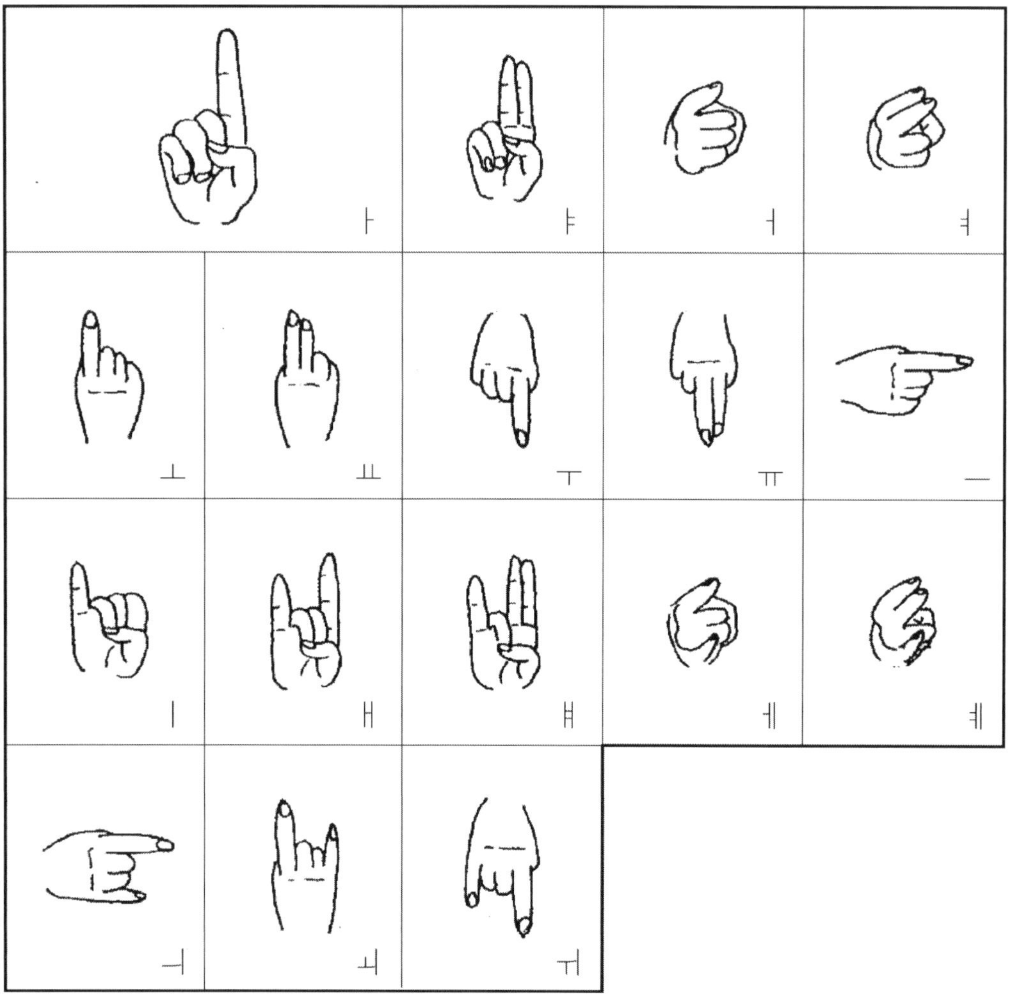

〈그림 5-2〉 지문자 모음

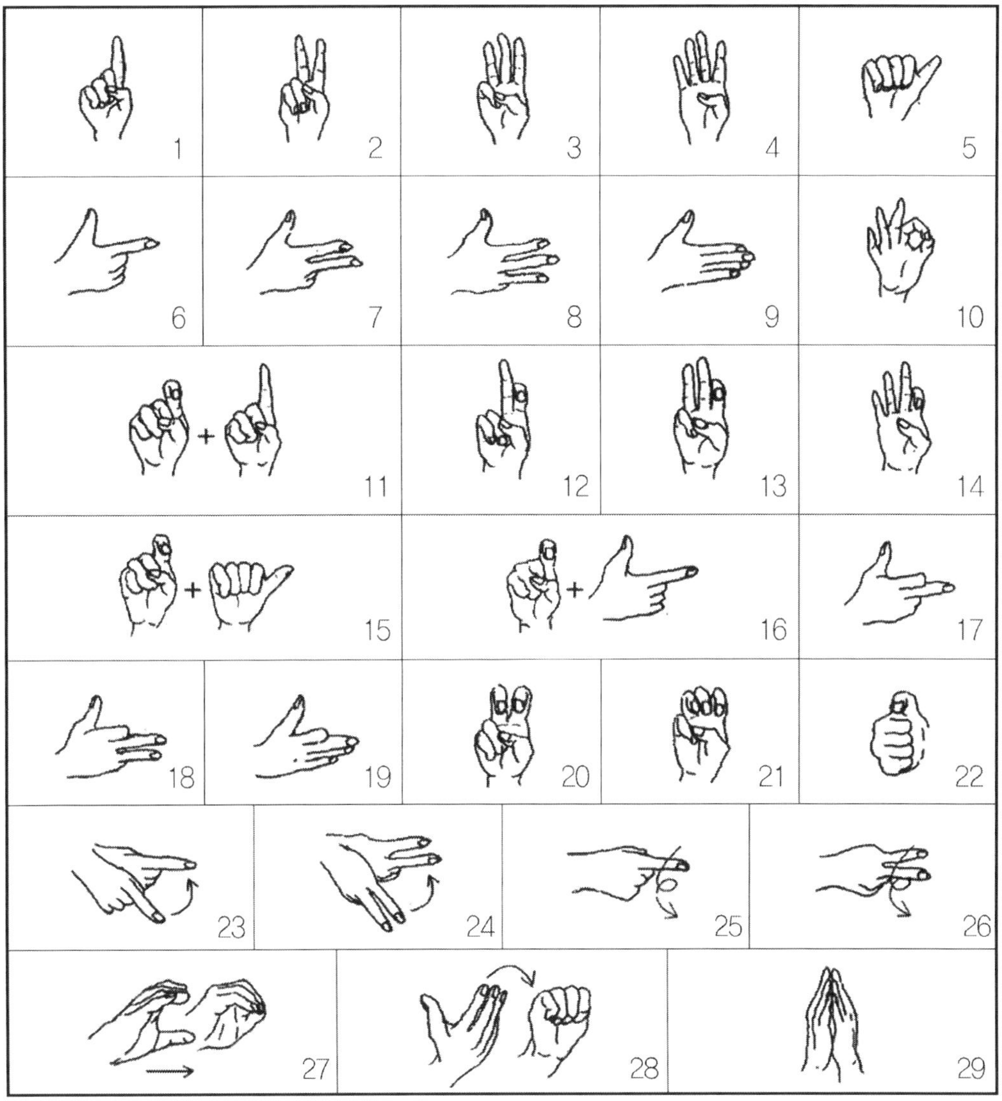

〈그림 5-3〉 지숫자

제 6 장

언어장애유아의 이해와 지도

1. 언어장애의 개념
2. 말-언어장애의 유형
3. 중재

제6장

언어장애유아의 이해와 지도

1. 언어장애의 개념

1) 언어(language), 말소리(Speech), 의사소통(communication)

언어(language)는 의사소통에 쓰이는 표준화된 상징체계로 상징을 조합하여 단어, 문장, 글로 생각과 느낌을 전달하는 방법에 대한 지식이다. 즉, 음운변동규칙, 조사나 활용어미를 올바르게 사용하는 문법, 말소리의 목록, 낱말의 사전적 목록이 인간의 머릿속에 있는 뇌조직 안에 있는데, 언어손상이 중추신경인 뇌의 손상 또는 뇌의 불완전한 발달에 연유할 때 '언어장애'라고 한다. 언어발달지체(language developmental delay & language deviant), 단순언어장애(specific language impairment), 실어증(aphasia) 등이 이에 속한다.

말을 산출하기 위해서는 호흡기관, 발성기관, 조음기관의 협응에 의하여 이루어지며 이중 하나라도 기능을 하지 못한다면 말장애(speech disorder)를 갖게 된다. 호흡기관은 통제된 기류로 발화에 필요한 에너지원을 제공하는데 명료하고 연속적이며 운율이 있는 말소리를 발화하기 위해서는 호흡 형태를 통제해야 한다. 여기에서의 호흡 형태는 일상적인 숨쉬기에 필요한 것보다 더 고도의 신경근육조직의 통합과 협응이 유지되어야한다. 발성기관은 성대(vocal folds)의 진동으로부터 시작해서 목, 코, 구강으로 구성된 성로가 구조적·기능적으로 정상 작동되어질 때, 내고자 하는 말소리가 정확하게 발화될 수 있다. 마지막으로 여러 가지 소리를 발화하기 위해서는 연구개, 혀, 입술과 같은 조음기관 내 소근육의 협응이 이루어져야 한다. 또한 명료한 말소리를 조음하기 위해서는 모델링과 모방, 연습과 피드백을 통해 구강구조의 여러 부분을 사용하는 방법을 터득해야만 한다. 이러한 과정을 거쳐 점차적으로 아동은 발화에 필요한 공기와 음성양의 차이에 따라 소리가 달라짐을 깨닫게 되는 것이다. 즉, 입술, 혀, 입천장, 콧길, 후두, 호흡기관 등의 주변적 기관의 손상 또는 잘못으로 인한 장애를 '말장애'라고 하며 여기에는 조음 및 음운장애(phonological disorder), 유창성장애(fluency disorder), 음성장애(voice disorder) 등이 속한다.

의사소통(communication)은 말과 언어를 모두 포함하며 또한 화자와 청자간 의미를 교환하는 언어학적(구어, 문어, 수화)인 것과 비언어학적(물리적 거리, 소리, 표정)인 것이 모두 포함된다. 장애의 원인에 따라 다른 접근방법과 중재가 요구되므로 말장애와 언어장애를 구분하는 것은 중요하다. 물론 장애증상에 따라 말장애와 언어장애가 동반되어 나타날 수 있다.

2) 수용언어와 표현언어

언어는 수용적 측면과 표현적 측면으로 크게 양분되는데 아동은 대체로 수용언어를 먼저 습득한다. 즉, 의사소통상황에서 상대방의 말을 듣고 되받아 말할 정도로 많이 능숙해지기 전에 다른 사람들이 자신에게 말하는 것이 무슨 의미인지를 먼저 배운다. 표현언어는 상대가 이해할 수 있도록 의미를 전달하는 능력이다. 표현언어를 습득하기 위해서 아동은 단어, 사물의 명칭, 사건, 환경 등에 대한 수용능력이 어느 정도 습득되어 있어야 한다. 그리고 점차적으로 개념과 감정을 언어로 표현하면서 상징이나 단어의 순서와 결합을 습득해 나간다. 언어발달에 있어 수용언어는 정상이나 표현언어만 지체되어 있는 경우가 있고, 수용언어와 표현언어가 함께 지체를 보이는 경우가 있으나 드물게 표현언어에 비해 수용언어가 지체를 보이는 경우도 나타난다. 또한 조음장애 등으로 인한 말장애의 경우는 대체로 수용언어는 정상이나 말의 산출에 있어서 어려움을 보인다.

3) 언어의 구성요소

이 세상의 모든 유기체는 나름대로의 수단을 사용하여 서로 의사소통을 한다. 의사소통이란 전달되는 모든 수단을 의미하므로 동물에 있어서는 소리, 자세, 표정, 냄새 등으로 의사소통을 한다고 볼 수 있으나 인간은 언어(language)라고 부르는 의사소통체계를 발전시켜 말(speech), 문자(graphic), 몸짓(gestured) 등의 상징적인 기호체계를 사용하여 표현하는 것이다. 언어학적 단위들을 정의하면 다음과 같다.

- **음운론** : 언어에서 음소들이 결합하는 체계 또는 규칙으로 음소(phoneme)를 그 기본 단

위로 한다. 음소는 말의 가장 최소단위이다.

- 형태론 : 한 언어에서 형태소들이 결합하여 낱말을 형성하는 체계 또는 규칙으로 형태소(morpheme) 및 낱말을 그 기본단위로 한다. 형태소는 의미를 지닌 최소 단위이다.
- 구문론 : 낱말의 배열에 의하여 구, 절, 문장을 형성하는 체계 또는 규칙이다.
- 의미론 : 말의 의미(내용)나 이해와 관련되는 언어의 영역으로 말하는 이의 대상이나 행위에 관한 생각이나 소유와 인과관계와 같은 관계성에 대한 생각을 표현 한다.
- 화용론 : 대화의 규칙이나 문맥에 맞는 표현에 관한 요소로 실제 상황적 맥락에서 무엇을 누구에게 말할 것인지, 어떻게 말하고 언제 말할 것인지를 판단하는데 도움이 되는 사회언어적 관습이다. 이와 같은 언어의 요소는 언어장애를 언어의 형태(음운론적, 형태론적, 구문론적 체계), 언어의 내용(의미론적 체계), 의사소통에서의 언어의 기능(화용론적 체계) 측면에서의 결함으로 살펴볼 수 있게 한다.

4) 아동의 말 · 언어발달

장애유아의 언어지도는 정상언어의 발달을 참조하여야 한다. 정상언어발달 상태를 확실하고 분명하게 파악한 후에 그에 따라 아동의 현재 상태가 어느 정도 지체 되었는지 또는 이탈 되었는지를 결정할 수 있게 되는 것이며 또한 정상언어발달 이정표가 언어지도의 단계적 목표가 될 수 있는 것이다. 일반적인 말 및 언어발달을 살펴보면 다음과 같다.

(1) 말소리 발달

① 1세 이전 : 갓 태어난 아기의 말소리 산출기관은 성인과 다르다. 4~6개월경부터 성도 모양이 변하기 시작하고 이때부터 아동이 내는 소리가 사람 말소리다워지기 시작한다. 반사적인 발성, 쿠잉(cooing) 단계에서 시작하여 4~6개월경부터 모음발성([으], [아], [이], [에]), 자음소리([ㅃ], [ㄸ])로 말놀이(vocal play)를 한다. 그러다가 6~10개월경에는 음절특성을 가진([따빠], [뻐쁘])와 같은 배블링(babbling)을 한다. 10개월 이후부터는 성인과 비슷한 운율패턴으로 낱말이나 문장을 말하며(jargon stage), 소리를 이용하여 의사소통하고 몸짓이나 운율을 이용하여 의미를 전달한다. 또한 이 시기에는 원시낱말(protowords, invented words)이 나타난다.

② 만 1세~2세 : 이 시기는 지각은 많이 하나 산출은 어려운 시기로 이 시기의 말소리 산출 특징은 '가변적'이고 '제한적'이다. 음소의 경우, 모음은 단모음을 주로 산출하고

자음은 초성 긴장파열음(ㅃ, ㄸ, ㄲ)과 초성비음(ㅁ, ㄴ, ㅇ)을 주로 산출하나 이 시기의 말소리 산출은 개인차가 매우 심하다. 산출방법에 있어서는 주로 생략('할아버지'→/하찌/, '아이스크림'→/아낌/, '꽃'→/꼬/), 반복('짝짝꿍'→/꼬꼬꼬/), 대치('사자'→/따다/, '나비'→/마비/)를 많이 보인다.

③ 만 2세~6세 : 이 시기는 대부분의 낱말을 정확히 지각하나 상황에 따라서는 지각 오류가 관찰된다. 산출에 있어서도 이 시기를 거치면서 대부분의 모음과 자음을 정확하게 산출하는데 아동이 음운을 습득함에 있어서 보편적인 순서가 있다. 즉 2세 아동은 성문음(ㅎ)을 습득하며 3세 아동은 파찰음(ㅈ, ㅉ, ㅊ)을 중심으로 활발한 탐색('했어'를 '해쪄'로 '갔어'를 '가쪄'로 대치)이 이루어지고 4, 5세가 되면 유음(ㄹ)과 마찰음(ㅅ, ㅆ)의 습득과정을 거쳐 간다. 물론 음운발달은 개인차가 심하다. 그러나 이러한 개인차 역시 5세가 넘어가면서는 점차 줄어든다.

(2) 구문구조의 발달

① 1세 아동 : 한 낱말수준(엄마, 물, 우유)으로 말한다.

② 2세 아동 : 두 낱말조합을 시작하면서 우리말 구문구조의 발달이 시작한다.

예 명사와 명사의 나열(우유 컵), 명사 동사의 결합(우유 줘), 부사와 동사의 결합(더 줘, 또 해) 의문문, 부정문, 평서문, 감탄문 등의 사용이 관찰되며 "무엇, 누구, 어디"를 사용한 간단한 질문이나 "예/아니오" 질문이 많이 나타난다.

③ 3세 아동 : 세낱말 조합(주+목+서, 주+서+서, 주+부+서, 주+주+서)을 보이며 의존명사와 하다 동사의 결합인 "~하는 거"를 사용한다.

④ 4세 아동 : 구의 활발한 탐색이 이루어지며 3세보다 훨씬 발전된 모습이 보임.

⑤ 5세 아동 : 서술어가 두 개이상 갖추어진 겹문을 종종 사용하고, 길이면에서도 제한을 많이 보이지 않는다. 하지만 명사절을 관찰하기는 힘이 든다('ㅁ, 기'의 늦은 획득).

(3) 문법형태소의 발달

① 2세 : 과거시제 '~었'의 사용이 자유로워진다.

② 3세 : '~고'의 사용 등 다양한 종결어미를 사용한다.

③ 4세 : 의존명사 '~수', 목적격조사 '~를'의 사용이 빈번하게 나타나며 피동, 사동의 경우 '~지다'가 4세경에 보인다.

④ 5세 : 사동, 피동의 경우 '~게 하다'가 보인다.

(4) 의미발달

첫 의미 있는 낱말을 발성하기까지는 약 8개월에서 1년의 세월이 걸리며 18개월을 전후해서 폭발적인 언어의 신장을 볼 수 있다. 약 2세경이 될 무렵 100~200개의 단어를 사용한다. 3세경에 "크다. 작다. 왜. 어떻게", 4세경에 "길다. 짧다. 언제", 5세경에 "넓다-좁다. 접속부사 그래서, 그런데. 그러니까"가 나타나며 대용어의 사용도 나이에 따라서 1~2세 아동들의 경우 '이거', 3~4세 이후에는 '이렇게'를 사용한다.

(5) 화용발달

첫돌이 되면서 사회적 기능과 명사의 사용이 시작되면서 이름 붙이기, 대답하기, 부르기, 요구하기, 모방하기, 질문하기 등의 기능들을 사용한다.

2세 정도에는 남의 말에 적절히 반응하기보다는 자신의 생각을 무조건 펼치는 경향을 볼 수 있고 3세경에는 자신의 관심사에만 몰두하는 경향을 보이는 경우도 있어서 부석설한 대화 개시나 유지를 볼 수 있기도 하나, 이 때는 대화가 가능하여 어떤 다른 주제를 두고 차례를 지켜 나가면서 대화가 가능하다. 높임을 나타내는 '~요'의 사용은 대체로 2세 아동이 쓸 수 있으나 국한되며 3세경은 일관성 없이 사용하면서 4세경에 일관되게 사용할 수 있게 된다.

(6) 이야기 발달

① 1세경 : 엄마의 소리에 대체로 무관심하나 때때로 큰소리로 반응하거나 과장된 소리에 반응을 보이기도 하며 1세가 지나면서 없어진 물건을 찾기도 한다. 2세가 가까워지면서 '뭐지?, 누구야?'의 질문에 답을 하며, 명사류에 이름을 붙이기가 많고 잘못된 이름을 붙이는 경향도 많이 보인다. 엄마의 발화 일부를 모방하여 창의적으로 모방하기도 한다. 또한 친숙한 그림책의 내용일 경우 부분적으로 외워서 꽤 오래 이야기 할 수 도 있다.

② 3세경 : 새로운 내용에 대해서도 혼자 이야기하려는 시도를 보인다. '몰라'의 사용으로 이야기하기를 거부하는 아동이 있기도 한데 이때는 새로운 주제를 제시하면 내용을 알

려고 오히려 질문을 하기도 한다. 필요한 낱말들을 산출할 수 있었으나, 낱말들을 자연스럽게 이야기로 연결하는 능력은 부족하며, 이야기를 이어 나가기 위해 접속어를 과다 사용하거나 이야기의 필수요소인 주어를 생략하였고 '~고'의 사용이 빈번하다.

④ 4세경 : 이야기 구조나 사용된 언어 면에서는 3세보다 급진전을 보인다. 그러나 단순 나열 형이 아닌 사건 포함형의 이야기일 경우 이야기 구조의 기본조차 갖추지 못하고 부분적인 기술만 할 뿐 전체적인 사건의 이야기를 만드는데 어려움이 있다. 탈자기중심화 현상이 나타난다.

⑤ 5세경 : 아동은 사건 포함형의 이야기일 경우 어느 정도의 기본 구조를 갖출 수 있었으나 어떠한 사건을 이야기 구조와 상관없이 그 내용을 상대방에게 정확하게 전달하려면 7세경 정도가 되어야 가능하다.

2. 말-언어장애의 유형

1) 조음음운장애(Articulation and/or Phonological Disorders)

호흡기관, 발성기관 또는 조음기관의 손상 등으로 인하여 말소리의 산출이 잘못된 말장애를 조음장애라 하며 또한 주변기관은 정상적이나 음운의 지식이 부족하여 정확한 말소리를 만들지 못하는 장애를 음운장애라고 한다. 대체로 발음이 부정확한 경우 조음장애와 음운장애로 명확히 구분하기는 어려우나 잘못된 발음에 대해 운동조절(motor control)문제와 음운지식(phonological knowledge)부족이라는 두 가지의 경우를 잘 살펴보아야 한다. 기질적인 원인으로 조음음운장애가 생긴 아동의 경우에는 우선 기질적인 원인부터 다루어줘야 한다. 그 예로 구개파열(cleft-palate)로 인하여 비인강폐쇄부전(velopharyngeal incompetence)을 나타내는 아동은 이비인후과 혹은 성형외과에서 수술을 받은 후 언어치료를 받아야 하며 난청으로 인하여 생긴 조음음운장애의 경우에는 청력검사 후 보청기 또는 인공와우에 대한 조치를 취한 후 언어치료를 받아야한다.

2) 음성장애(Phonation/Voice Disorders)

후두(larynx)안의 성대(vocal cords)에 이상이 생겨서 말소리의 산출이 어렵거나 성대를 과용 또는 남용함으로써 말소리가 비정상적으로 나오는 경우를 음성장애라고 한다. 아동들 중에 부적절하게 낮은 음조의 음성 또는 비성이 지나친 발성을 하는 경우가 있는데 이는 음성에서 나타나는 음질, 음도, 공명의 결함은 후두질환의 증세일 수 있다. 학령기 이전에 목소리가 계속해서 변한다면 후두에 대한 철저한 검진이 요구되는데 이는 심각한 후두질병의 초기 증세일 수도 있기 때문이다. 즉, 어린나이에 발생하는 음성문제는 음성치료보다는 의료적 처치가 우선되어야 한다고 본다. 발성곤란(무성증, dysphonia)을 보여 검사한 결과, 기질적 병변이 발견되지 않는다면 낮은 음성 남용으로 인한 기능적 발성곤란으로 본다. 이는 아동이 음성을 부적절하게 사용함으로써 쉰 목소리, 음도, 기식음성 등의 소리를 내는 데 예를 들면 만성적인 위액의 역류로 성대가 자극을 받은 상태에서 아동이 동물 등의 목소리를 흉내 냄으로 해서 후두의 상황을 더욱 악화시킬 수 있다.

〈표 6-1〉 한국어 발달 이정표(Korean language Development Index)

영역 / 나이	말소리	의미	구문구조	문법형태소	화 용	이야기
0~1	옹알이 [m, n, p′, t′, k′, b, d, g]				몸짓과 소리로 의도표현	큰소리, 과장된 소리에 가끔 반응
1~2		명사 이거 뭐 동사(줘, 가, 먹어, 앉아)				물어뜯거나 찢는다. 찾기도 한다.
2~3	ㅁㄴㅃㄸㄲㅂ ㄷㄱ	동사(끼워, 빼, 떼, 까) 부사(더, 많이, 또) 의문사(누구, 어디)	두낱말조합(행위자, 행위, 수식, 실체, 지시, 장소, 도구, 의문어, 부정개념중심)	종결어미(~야, ~자) 의존명사(~거) 주격조사(~가) 주제보조사(~는) 보조용언(~줘) 과거시제(~었~)	자기중심적	간단한 내용 질문에 대답 친숙한 이야기 가능
3~4	ㅍㅌㅋㅎ	관계어(크다 ~작다) 의문사(왜, 어떻게) 이렇게	세낱말조합 한국어기본구조 (주어+서술어+서술어) (주어+부사어+서술어) (주어+주어+서술어) (주어+목적어+서술어)	연결어미(~고) 종결어미(다양) 전성어미(는, ㄴ, ㄹ)	자기주장과 반응이 대체로 적절	처음 본 이야기 산출시도 명사나 서술어 나열

나이 \ 영역	말소리	의미	구문구조	문법형태소	화 용	이야기
4~5	ㅉㅈㅊ 음절의 끝소리들 ㅁㄴㅇㅂㄷㄱㄹ	관계어(길다 ~짧다) 의문사(언제)	구 확대 활발 (동사/형용사포함, 명사구, 다른 두동사 사이 다른 낱말 삽입)	높임(~요) 의존명사(~수) 목적격조사(~를) 관형사+과거(~은 /ㄴ)	탈자기 중심적	단순나열 이야기 기본구조 갖춤 언어구조 다양화
5~6	ㄹㅅ* ㅆ*	접속부사(그래서, 그런데, 그러니까, 그러면) 관계어(넓다 ~좁다)	피동(~지다) 사동(~게 하다) 복문 다양한 절 삽입(명사절 제외)	생산적사용 다양한 연결어미		사건포함 이야기 기본구조 갖춤

3) 유창성장애(Fluency Disorders)

유창성장애의 대표적인 것으로 말더듬이 있다. 말더듬은 대부분 3~5세에 발생한다고 보는데 이는 이 시기가 언어발달에서 가장 활발한 시기로 아동이 사용하는 낱말의 수가 200개 이상이며 문장구조도 세 낱말 이상으로 넘어가는 시기이다. 이 시기에 아동은 복잡한 문장을 습득하고 다른 사람의 긴 문장의 이해가 요구되고 아동 주변의 사람들의 대답에 대한 재촉으로 인해 아직 근육·신경체계가 완성되지 않은 상태에서 이러한 환경적 압력을 극복하기 위한 어려움이 크다. 따라서 이 시기의 아동들에게서 보이는 말더듬의 모습은 정상적인 발달단계로 볼 수 있다. 그러나 이 시기에 아이의 더듬는 모습에 대해 자연스럽게 받아들이지 못하고 아이의 말에 대해 '천천히 말해 봐' '다시 말해 봐'라고 교정하거나 야단치는 경우에는 문제가 심각하게 변할 수 있다.

정상적인 비유창함과 말더듬을 구별함에 있어 예를 들면, 정상적인 비유창성은 "우유, 우유, 우유 먹을 거예요"와 같이 전체단어와 구를 반복하는 반면 말더듬의 경우는 "우-유 머머머먹을꺼야!"와 같이 음절을 반복한다. 빈도에 있어서도 정상적인 비유창함에 있어서는 전체 발화의 3% 이하를 반복하지만 말더듬의 경우는 전체 발화의 7~14% 내에서 음절을 반복한다고 한다. 그리고 눈을 깜빡이거나 얼굴을 찡그리는 행동 및 더듬는 단어를 피하는 모습을 보이기도 한다.

4) 신경언어장애(Neurogenic Language Disorder) : 아동 실어증

뇌손상으로 인해 생기는 언어장애로 대표적인 것이 실어증이다. 중풍 등으로 인해 발생한 성인의 실어증과는 달리 아동의 실어증은 뇌손상으로 인해 적절한 언어발달에 실패하거나 또는 이미 습득한 언어에 손실을 입은 아동을 말하는데 이들은 비구어적인 지적능력(지능, 인지 등)과는 대조적으로 언어발달면에서 일반적으로 지체된다. 이들은 조산, 선천적인 기형, 출산 시 외상, 뇌염, 간질, 뇌막염, 혈액관련문제, 종양과 기타 외상 등으로 인한 뇌손상이 원인이 된다. 때때로 신경학적 검사, EEG를 동해 기질적인 병변이 나타나지 않을 수도 있으나 실어증 증후군의 행동적인 특징들과 더불어 지각적, 개념적, 언어적, 심리적 진단평가에서는 이러한 아동들을 실어증 환자로 분류한다. 아동기 실어증은 청각, 시각적 손상, 정신지체와 같은 복합적인 신체장애로 인하여 수반되는 것이 아닐 경우 쉽게 구별되며 학습장애 및 행동장애를 가지게 되는 경우가 많다.

5) 청각장애로 인한 언어장애

인간이 청각을 통해 듣게 되는 환경음과 음성은 정상적인 인지, 사회성, 언어발달을 위한 필수조건이다. 영・유아의 경우 경도의 청력손실만으로도 언어발달과 학업성취에 심각한 문제를 유발시킬 수 있다. 특히 학령기 이전은 언어발달에 있어서 중요한 기간이다. 어린 유아일수록 보청기나 인공와우를 통한 구어의 접근이 선행되어 어릴 때부터 언어에 대한 재활훈련을 통해 말(oral speech)을 가르칠 수 있어야 한다. 또한 미국에서는 "조기 청각검사와 중재(Early Hearing Detection and Intervention)"를 위한 노력으로 이 프로그램에 따르면 신생아는 생후 3개월내에 청각검사를 받아야 하며 이 청각검사에서 이상이 발견되면 생후 6개월 이내에 치료를 시작하는 것을 의무화하고 있어 청각장애로 인한 언어장애를 예방하는데 큰 역할을 하고 있다.

6) 단순언어장애(Specific Language Impairment)

이해 및 표현언어가 정상보다 지체(−1.25SD 이하)되어 있으되, 비언어성(동작성)지능이 정상범주(85이상)에 속하며, 청력손상, 신경 및 뇌손상이 없으며, 구강구조상의 결함, 운동결함 그리고 정서 및 사회심리적 손상을 가지지 않는 발달적 언어장애이다. 이처럼 언어를 제외한 영역에서는 두드러진 문제를 보이지 않으면서 단지 언어영역에서만 일반아동에 비해 발달에 지체 또는 일탈된 특성을 나타낸다. 그러므로 정신지체나 자폐증, 뇌성마비, 청각장애 등과 같이 아동기에 관찰되는 발달장애로 인해 언어 이해나 표현에 문제를 보이는 아동들은 단순언어장애라고 할 수 없다.

7) 기타 특수장애로 인한 말-언어장애

순수한 신체적 장애를 가지고 있는 지체장애(physical disability)만을 가진 사람은 말 및 언어장애를 중복장애로 가지고 있지 않지만 기타의 특수장애자들은 우선 말-언어장애가 있다고 보아야 한다. 말 및 언어장애와 밀접한 관련이 있는 특수장애는 정신지체(mental retardation), 정서장애(emotional disturbance), 자폐증(autism), 뇌성마비(cerebral palsy), 학습장애(learning disability), 청각장애(hearing disability), 주의력결핍과잉행동장애(ADHD) 등이 있다.

3. 중재

1) 진단 및 평가

언어 장애아동을 지도하기 위해서는 먼저 의사소통에서 나타나는 문제를 진단해야 하는데 이때 의사소통 발달과 밀접히 연관된 인지, 운동, 사회성 발달을 종합적으로 살펴보는 것이 중요하다. 제일 먼저 아동을 가장 잘 이해하고 있을 부모나 양육자와의 면담을 통해 아동의 전반 영역에 대한 정보를 수집하여야 한다. 이러한 정보수집에 있어 아동이 놀이 활동에 있어 상호작용, 눈 맞춤, 지시 따르기, 옹알이 정도 등에 대해 파악하며 또한 의사소통 방법에 있어 손으로 지적하기, 울기, 무관심 등에 있어 어떠한 방법으로 요구를 표하는지를 살펴본다. 만일 이러한 부분에 있어 결함을 보인다면 비구어의사소통 형태에 어려움이 있음을 의미할 수 있게 되는 것이다.

또한 빨기, 삼키기, 호흡, 씹기 등과 같은 비구어소리 형태에 있어 결함이 나타나는 경우에는 말장애에 대한 가능성을 암시하게 되는데 이때는 구강기관 선별검사(OSMSE-R)를 사용하여 구강기관의 기능적인 문제를 살펴볼 수 있다. 이와 같이 구강기관 등의 기질적인 문제나 또는 신경학적 문제가 의심될 경우에는 소아정신과, 이비인후과, 소아과 등에 의뢰하여 아동의 기질적 · 신경학적 문제를 파악하는 것이 필요하다. 그 다음으로는 아동의 수용언어와 표현언어를 진단할 수 있는 검사 도구를 사용하여 아동의 현재 언어능력을 평가한다. 그러나 공식적인 검사만으로는 정확한 언어정보를 파악하기 어려운 경우가 있는데 이럴 때에는 놀이 활동 등을 통하여 아동의 자발화를 표집하여 발화를 분석하는 방법을 사용하기도 한다. 또한 놀이상황을 비디오로 녹화하여 분석하기도 하는데 비디오 분석은 언어에 대한 것 뿐 아니라 비구어행동을 분석할 수 있어서 영유아의 의사소통과 무발화자의 의사소통능력에 대한 평가가 가능하다. 현재 시행하고 있는 공식적인 언어검사의 종류는 〈표 6-2〉와 같다.

아동의 의사소통에 대한 진단과 평가는 정상발달 아동의 발달수준에 의거하므로 정상발달에 대한 순서와 과정에 대한 정확한 지식은 교사나 치료사 등의 전문가 뿐만 아니라 양육자들에게 있어서도 의사소통 발달을 촉진할 수 있는 방법을 제시해주기도 한다. 이러한 진단 및 평가는 치료시작 시기 뿐 만이 아니라 치료가 진행되는 중간에도 정기적으로 실시하는 것이 아동의 언어발달 진행에 도움이 된다.

〈표 6-2〉 언어장애 진단-평가 도구

검 사 명	대 상 연 령	검 사 목 적
영유아 언어검사	0~36개월	영유아의 수용언어, 표현언어검사
PRES	2 : 0~6 : 6세	취학전아동의 수용언어 및 표현언어능력을 측정하여 언어지체 여부를 판별
그림어휘력검사	2 : 0~8 : 11세	수용어휘능력을 측정함
언어이해인지력검사	3 : 0~5 : 11세	언어이해력 및 인지능력 측정
구문의미이해력검사	4세~초등 3학년	언어이해력의 하위범주인 구문의미를 이해하는 능력을 판별
문제해결력검사	5세~12세	논리적인 사고과정을 언어화하는 상위언어 기술을 측정하기 위함
조음-음운평가	2세~12세	발음의 어려움이 있는 경우 조음발달의 결 함 등에 어려움이 있는 경우 조음문제의 여부와 정도, 어느 음소에 결함을 보이는지 결정
P-FA	취학전 아동 ~중학생 이상	말을 더듬는 행동을 보이는 유창성장애의 여부와 정 도를 파악함

검 사 명	대 상 연 령	검 사 목 적
K-WAB	뇌손상으로 인한 언어장애인	실어증의 유무파악과 실어증의 정도 및 유형을 파악 함.
K-BNT		실어증검사의 일종으로 이름대기 능력을 파악함
한국어발화분석 KCL-A		자발화를 통한 언어자료에 대한 종합적인 분석

2) 중재 전략

발달접근법은 아동의 의사소통장애에 대한 중재전략 중 가장 널리 보편적으로 사용되는 전략이다. 조음훈련에 있어서도 유아가 오조음되는 음 중에서 제일 먼저 발달하는 음을 선택하여 그에 기초하여 목표음을 설정하게 된다. 언어학적 훈련 목표에 있어서도 만일 아동이 대명사를 혼돈한다면 발달적 단계에 따라 훈련은 '나'와 '너'로 시작하여야 한다. 물론 모든 의사소통장애에 대해 발달적 중재방법을 사용하는 것은 아니다. 예를 들어 음성장애는 의료적 처치나 음성의 올바른 사용법 등에 초점을 두게 되며 실어증의 경우에는 특히 일상생활의 의사소통에 필요한 언어를 중심으로 한 언어회복에 초점을 둔다.

발달접근법은 언어발달지체의 경우에 가장 효과적으로 심한 지체나 낮은 기능을 보이는 경우에는 아동의 사회성, 인지 감각, 운동성 등을 종합적으로 살펴 의사소통의 기초를 확립하는 것이 매우 중요하다. 또한 반드시 아동이 고정된 동일 단계의 발달순서를 따르는 것은 아니므로 언어중재시 아동 개개인의 의사소통 욕구와 내용을 함께 고려함이 필요하다. 즉 정상발달은 진단·평가와 중재의 지침이라 할 수 있다. 이러한 표준척도는 부모와 전문가들에게 아동의 행동과 행동이 나타날 수 있는 근사점을 예상할 수 있게 한다.

취학 전 아동의 의사소통장애의 경우는 사회성, 인지, 운동성의 발달 등과 밀접히 연관되어 있으므로 언어영역만의 중재로는 적절한 효과를 보기가 어렵다. 중재는 모든 영역이 통합된 자연스런 일상생활 활동을 통하여 이루어질 때 가장 큰 효과를 볼 수 있다. 즉 유치원 등의 정규 활동 프로그램, 가정에서의 교육, 다른 분야의 치료프로그램 등이 함께 통합되어 아동에게 제시 되어질 때 최고의 효과를 얻을 수 있게 되는 것이다. 그러므로 교사는 정규교육 활동 프로그램 속에서 아동을 구어로 격려하고, 확장시켜 주며 정확한 사용을 제시해 주는 모델링의 역할로 아동의 언어발달을 촉진시켜 주는 역할을 담당해야 한다.

3) 언어치료 프로그램

아동의 발달과정에서 장애가 생겨 언어가 정상적인 단계에서 벗어 나거나 지연될 경우에 언어발달에 이상이 있다고 한다. 아동들의 언어발달은 순서적인 발달단계에 따라 이루어진다. 이 단계들은 각각 독립되어 발달하는 것이 아니라 단계마다 서로 관련되어 언어 환경 자극을 인지, 판별, 조직하고 전체를 통합, 이해하며 언어가 발달되어 간다. 그러므로 정상 언어발달을 통하여 아동의 현재 수준을 알 수 있으며, 이에 따라서 언어지도 프로그램을 계획하는 것이 보다 효율적이라 하겠다. 언어교육은 크게 수용언어와 표현언어로 나눌 수 있으며, 이 두 가지 영역은 서로 분리된 개념이 아니라 서로 보완적인 개념이다.

(1) 수용언어 프로그램

사람들이 언어를 표출할 때는 표출언어보다 더 많은 언어가 뇌속에 수용되어 있다. 수용된 언어는 사고 과정을 거쳐 구강 안에서 조음되어 밖으로 나오는 것이다. 수용언어가 빈약하면 할수록 말이 풍부하지 못하며 의사표현을 할 수 없게 된다. 그러므로 언어발달이 지체된 아동에게는 수용언어를 풍부하게 습득시 주어 말을 하고 싶어 하는 충동을 불러 일으키도록 하는 것이 좋다.

(2) 표현언어 프로그램

말을 들어서 이해할 수 있다고 해서 곧 말을 할 수 있게 되는 것은 아니다. 자신이 남에게 의사표현을 할 수 있게 되기까지에는 오랜 시간의 훈련이 필요하다. 표현언어 프로그램은 아동이 그 목표언어를 이해할 수 있다는 것을 전제로 하여 세운다. 아동이 표현하는 것으로부터 그가 알고 있는 것을 구별해 내는 것은 어려운 일이므로 수용 및 표현언어 기능을 계속해서 강화해 주는 것이 중요하다. 다음에 소개하는 조기언어교육 프로그램은 언어발달 연령 0~3세 사이의 아동에게 적용되는 것으로서 언어발달 연령에 맞추어 수용언어와 표현언어를 지도할 수 있도록 구성되어 있다.

아래와 같은 언어교육 프로그램의 목표는 뚜렷해야 하며 그 목표는 아동의 상태에 따라 조절되어져야 하지만 그 언어교육의 과정을 항상 정상 아동의 언어발달에 그 기초를 두어야 한다. 언어발달은 생활연령과 상관없이 아동의 정신연령에 맞추어 진행되어져야 한다. 프로그램의 내용은 강렬해야 하며 매일의 언어교육이 계획적으로 진행되어야 한다. 언어가 생활화되듯이 언어교육도 생활화시켜 교육현장마다 언어교육의 연속이라고 볼 수 있도록 꾸며지는 것이 좋으나 그렇게 하기가 어려우면 매일 일정한 시각에 일정 시간동안 아동의 집중시간 능력에 따라 언어 교육프로그램을 따로 마련하여서라도 진행시켜야 한다.

장애아동의 언어지도에 있어서 한 가지 기억해야 할 것은 언어지도 방법이 자신들의 경험에 의해서 얼마든지 좋은 방법을 모색할 수 있다는 것이다. 특히 언어교육은 한 방법이 모든 아동에게 적중한다고 볼 수 없기 때문에 아동의 수준과 상태에 맞는 개인 프로그램을 개발하여 사용하는 것이 보다 바람직하다.

〈표 6-3〉 수용언어프로그램

단원	목 표	발 달 연 령
1	반사적으로 말소리나 환경음에 반응하기	0~1 개월
2	큰소리 참아내기	
3	소리로 접근했을 때 활동을 멈추고 소리에 집중하기	
4	친숙하고 다정한 목소리에 조용히 하기	
5	새로운 소리의 인지를 포함해서 아동반응의 레퍼토리를 증가시키기	
6	익숙하지 않은 소리에 집중하기 위하여 하던 행동을 멈추기	
7	진동음에 반응하기	1~2 개월
8	신체부분을 이용하여 소리내기	
9	말하는 사람의 얼굴을 똑바로 보기	2~3 개월
10	특정한 활동과 소리를 연관 짓기	
11	소리가 나는 쪽을 향하여 바로 머리 돌리기	3~4 개월
12	자신의 이름을 인지하기	4~5 개월
13	운동활동을 통해서 적극적으로 소리내기	
14	여러 가지 목소리 유형을 인식하기	5~6 개월
15	양측에 있는 소리발원지를 찾아내기	5~7 개월
16	몇 가지 단어를 이해하기	
17	음악소리를 주의해서 듣기	6~7 개월

단원	목 표	발 달 연 령
18	아동의 이름을 불렀을 때 일관성 있게 반응하기	7~8 개월
19	일상용품의 이름을 인지하기	
20	간단한 지시를 이해하고 수행하기	8~10 개월
21	"안돼요"라고 할 때 활동 그만두기	
22	계속해서 새로운 단어 인식하기	9~11 개월
23	소리의 발원지를 찾아내어 좌 ·우 또는 아래 응시하기	
24	배경 소음 속에서도 말소리에 주의집중 하기	
25	간단한 지시를 독자적으로 정확하게 수행하기	10~12 개월
26	간단한 질문을 이해하기	
27	음악리듬을 따라 하기	
28	신체동작으로 음악리듬에 반응하기	
29	증가된 언어적 요구를 이해하기	11~12개월
30	간단한 범주 이해하기	12~14개월 이상
31	계속해서 새로운 범주 배우기	13~15 개월
32	계속해서 수용언어 능력을 증가시키며, 언어적 요구를 기억하여 수행하기	14~16개월 이상
33	기본적인 신체부분 분별하기	
34	점차 길고 어려운 지시 따르기	16~18 개월
35	요구에 따라 그림에 있는 구체적인 신체부분과 옷 종류 찾아내기	18~20 개월
36	인칭 대명사 "나와 너"를 구별하기	
37	일련의 지시 따르기	20~22 개월
38	일상용품 그 자체뿐만 아니라 해당되는 그림도 인지하기	
39	5개 혹은 그 이상의 물건 가운데서 한 물건을 식별해내기	22~24 개월
40	행동 단어(동사) 이해하기	
41	세부적인 신체부분을 인지하기	24~27 개월
42	범주를 이해하기	

단원	목 표	발 달 연 령
43	일반적인 범주 속에서 물건의 기능을 이해하기	27~30 개월
44	크기차이를 이해하기	
45	서술적인 단어를 이해하기	30~33 개월
46	전치사 이해하기	33~36 개월
47	더욱 길고 복잡한 지시에 따르기	

〈표 6-4〉 표현언어프로그램

단원	목 표	발 달 연 령
1	어른이 촉발한 자극에 반사적으로 반응하기	0~1 개월
2	울음이외의 다른 소리 내기	
3	/i/나 /a/와 유사한 모음소리 내기	
4	다양한 울음패턴 사용하기	1~2 개월
5	소리내기를 유희활동으로 하기	
6	웃음과 소리내기를 즐거움의 표현방법으로 사용하기	2~3 개월
7	물체를 갖고 놀며 웃음소리 내기	
8	여러 가지 다른 소리를 시도하기	3~4 개월
9	노래나 자장가에 소리로서 반응하기	
10	남어와 같은 음절을 반복하기	
11	새로운 옹알이 소리를 습득하기	
12	"오"나 "유"와 유사한 모음소리 내기	4~5 개월
13	다양한 소리패턴 사용하기	
14	익숙하지 않는 소리자극에도 일률적으로 반응하기	
15	다른 사람에게 자발적으로 소리내기	5~6개월
16	2 ·3개의 상이한 음절로 소리내기	
17	양순음(ㅂ, ㅍ, ㅃ, ㅁ) 모방하기	

단원	목 표	발 달 연 령
18	2음절 옹알이 소리 모방하기	6~7 개월
19	4개 이상의 음절을 사용하여 소리내기	
20	자신의 이름이 불릴 때 소리로서 반응하기	
21	노래 따라 부르기	7~8 개월
22	제스처 게임 하기	
23	의사를 전달하기 위하여 제스처 사용하기	8~9 개월
24	자신의 의도를 전달하기 위해 감탄사를 사용하기	
25	환경음 모방하기	9~10 개월
26	적절한 호흡으로 모음과 자음을 명료하게 발음하기	
27	제스처 게임을 스스로 시도하기	10~11 개월
28	다른 사람의 소리 모방하기	
29	자음 레퍼토리를 증가시키기(ㅁ, ㅂ, ㄷ계열)	
30	단어와 유사한 발어하기	11~12 개월
31	초기단어 반복하기	
32	의사소통을 하기위해서 손가락으로 가리키거나 제스처 및 소리를 사용하기	12~14 개월
33	적어도 3개의 단어를 일관성 있게 사용하기	
34	새로운 단어 모방하기	
35	의사소통을 위해서 제스처와 단어를 사용하기	14~16개월
36	의사소통을 위하여 제스처 보다는 단어를 더 자주 사용하기	
37	적어도 7개 단어를 일관성 있게 사용하기	
38	자음의 레퍼토리를 확대시키기(ㄴ, 받침 ㅇ, ㄱ 계열, ㅎ)	16~18 개월
39	아동의 표현어휘를 20개 이상 증가시키기	18~20 개월
40	2개의 단어로 된 문장을 완성하기	
41	자신의 최근 경험에 대하여 2단어 문장으로 이야기하기	20~22 개월
42	이름을 사용하여 자신을 지칭하기	22~24 개월

단원	목 표	발 달 연 령
43	소유대명사(내, 네)를 사용하기	
44	[행위자 + 행위]의 문장을 사용하기	24~27 개월
45	아동의 표현어휘를 50개 정도로 증가시키고 2~3 단어를 된 구나 문장을 사용하기	
46	자신의 개인적인 필요를 2~3 단어 문장으로 요구하기	
47	의문사(뭐, 어디, 누구)를 사용하여 질문하기	
48	일관성 있게 자기자신을 "나"로 지칭하여 바른문장 만들기	27~30 개월
49	적어도 1가지 색깔을 바르게 말할 수 있기	
50	적어도 2개의 숫자를 연결하여 반복하기	
51	일관성 있게 2~3 단어 문장을 사용하기	
52	자신의 성별을 말할 수 있기	30~33 개월
53	3단어 문장을 자발적으로 사용하기	
54	자신이 그린 그림에 대하여 말하기	
55	전치사의 레퍼토리를 확대시키기 : 옆, 뒤, 앞	
56	아동이 자신의 경험을 과거의 일과 연결시키기	33~36 개월
57	현재와 과거형 동사를 바르게 사용하기	
58	자신의 레퍼토리를 확대시키기(ㅅ계열, ㅈ계열, ㄹ)	

제 7 장

정신지체유아의 이해와 지도

1. 정신지체아 정의
2. 정신지체 발생원인
3. 정신지체의 예방
4. 정신지체아 특성
5. 정신지체아 교육

제7장
정신지체유아의 이해와 지도

교육의 이상은 학생의 잠재가능성을 최대한으로 개발・신장시키고 그 능력을 적절히 발휘할 수 있게 하여 개인을 보다 더 인간답고 행복하게 하여 사회를 발전시키는데 있다. 인간은 그가 가지고 있는 능력의 우열에 따라 차별할 수 없는 절대적인 존재로서, 각자는 자기의 능력만큼 최선아(最善兒)를 실현하도록 노력해야 하며, 그 노력 자체가 가치 있고 훌륭한 삶의 과정이요 보람일 것이다. 심신에 무거운 장애를 지니고 있는 아동이라 할지라도 그들 나름대로 스스로 성장하고 발전할 수 있는 가능성이 내재되어 있다. 그러나 우리 교육현장에는 아직도 심신 장애학생에 대한 편견과 차별의식이 팽배해 있어 이들의 교육과 삶에 어려움이 많은 실정이다.

장애아들의 잠재된 발달가능성을 찾아서 키워 주고 우리 사회의 일원으로서 인간다운 삶을 영위하며 행복하게 살아갈 수 있도록 교육을 통해 그들의 능력을 최대한 계발해 주는 역할을 바로 우리들 교사가 해야 할 일이다.

1. 정신지체아 정의

1) 미국 정신지체협회(AAMR, 1992)의 정의

- 정신지체(mental retardation)는 현재 기능에 실질적인 제한성이 있는 것을 지칭한다. 정신지체는 유의하게 평균 이하인 지적기능과 동시에 그와 연관된 적응적 제한성이 두 가지 혹은 그 이상의 실제 적응 기술 영역들 즉 의사소통, 자기관리, 가정생활, 사회성 기술, 지역사회 활용, 자기지시, 건강과 안전, 기능적 학업교과, 여가, 직업기술의 영역에서 존재하는 것으로 특징지어진다. 정신지체는 18세 이전에 나타난다(박승희, 1994).

2. 정신지체 용어와 분류

'정신지체(mental retardation)'에 대한 일반적인 용어와 분류는 기관과 시대에 따라 다양하게 변화되어 왔다.

1) 교육적 분류

〈Kirk(1973)의 분류〉

① 교육가능급 정신지체(Educable Mentally Retarded)

② 훈련가능급 정신지체(Trainable Mentally Retarded)

③ 보호수용급 정신지체(Custodial Mentally Retarded)

〈Grossman1883)의 분류〉

① 경도 정신지체(Mild Mentally Retarded, 徑度)
IQ 55~70, 기초적 학업기술과 직업적 기술 습득이 가능함

② 중등도 정신지체(Moderate Mentally Retarded, 中等度)
IQ 40~55, 자조기술과 기능적 학업기술 습득이 가능함

③ 중도 정신지체(Severe Mentally Retarded, 重度)
IQ 25~40, 개인적 필요를 스스로 돌볼 수 있음

④ 최중도 정신지체(Profound Mentally Retarded, 崔重度)
IQ 25미만, 기초적 자조기술을 배울 수 있음

2) 지원의 강도에 따른 분류

① 간헐적(intermittent) 지원이 요구되는 정신지체아

필요한 경우에만 하는 지원을 의미한다. 삶의 주기 가운데 중요한 전환의 시기를 맞이할 경우에만 단기간의 지원을 제공하는 경우를 말한다(예 : 실직의 시기 또는 심각한 의료적 지원을 필요로 하는 시기).

② 제한적(limited) 지원이 요구되는 정신지체아

시간의 흐름에 따라 일관되게 지원을 필요로 하는 경우로서 간헐적 지원보다는 그 강도

가 강한 지원을 의미한다(예 : 시간 제한적 고용훈련 혹은 학교에서 사회로 의 전환기에 도움을 필요로 하는 경우).

③ 확장적(extensive) 지원이 요구되는 정신지체아

적어도 몇몇 환경(직장 또는 가정)에서 정규적으로 요구되는 지원으로서 시간 제한적 지원은 아니다(예 : 보다 장기적인 직장생활 지원 및 가정생활 지원 등).

④ 전반적(pervasive) 지원이 요구되는 정신지체아

지원 시간이 비교적 항구성이며 지원의 강도도 고 강도를 요하는 경우로서 전반적인 지원을 필요로 하는 경우를 말한다. 더 많은 수의 요원과 개인의 삶에 더 깊이 개입하여 지원을 해 주어야 하는 경우를 말한다.

3. 정신지체 발생원인

1) 원인의 중요성

정신지체의 원인을 밝히는 것은 정신지체를 최소화하거나 예방하기 위한 적절한 중재를 하며 개인을 위해 자기 인식과 생애 계획을 촉진시켜주기 위함이다.

2) 원인의 다요인적 특성

정신지체는 한 가지 이상의 위험요인들이 누적되거나 상호작용하는 결과를 나타낸다.

3) 정신지체 발생시기별 원인

(1) 출생 전 원인 : 배종 손상, 유전, 염색체 이상, 태아기의 뇌장애

(2) 출산시의 원인 : 출산시의 기계적 뇌손상, 미숙아 출산, 출산시의 산소결핍

(3) 출생 후의 원인 : 뇌 및 뇌막의 감염증, 뇌좌상, 뇌중독, 면역 접종 후 뇌염, 성장호르몬 결핍으로 인한 유유아기의 뇌장애와, 심리 및 사회·문화적 환경에 의한 발달장애

4. 정신지체의 예방

1) 유전적인 원인의 예방

- 생리적 요인의 경우에는 저 지능간의 결혼이나 혈족결혼을 피하고 자녀 출산을 적게 한다.
- 병적 유전자에 의한 정신지체를 예방하도록 하고 자녀에게 바른 유전상담을 한다.

2) 염색체 이상의 예방

- 어머니의 출산 연령을 낮추도록 한다.

3) 태아기 뇌장애의 예방

- 임신부의 사고 방지, 혈액형 부적합 사전 조사, 임신 조기 발견, 과로 및 음주·흡연 삼가, 정기적 건강 진단으로 임신중독 조기발견, 영양의 확보, 순산을 위한 성생활 및 의료적 지도를 한다.

4) 출산시 장애의 예방

- 분만시 충분한 구급체제의 정비 확립, 출산장애를 피하기 위한 제왕절개 신중한 고려, 혈액형 부적합의 경우 완전 교환수혈 조치, 선천성 대사 이상의 조기 발견 등을 통해 예방할 수 있다.

5) 출산 후의 장애의 예방

- 감염증, 중독, 외상 등에 대처 및 조기발견, 조기치료와 예방접종에 의한 인위적인 뇌 또는 기타의 장애 예방, 각종 사고에 의한 인위적인 뇌 또는 기타의 장애 예방을 통해 막을 수 있다.

6) 사회·심리적인 요인의 예방

- 부모에 대한 보건지도, 보건교육, 정신 위생적 대책, 상담등도 정신지체를 예방하는데 도

움이 된다.

5. 정신지체아 특성

정신지체아동의 일반적 특성은 다음과 같다.

① 우호적 · 적대적 환경에 대해서는 비상한 감수성을 갖는다.
② 지적활동이나 수지훈련 등에 반응이 늦다
③ 주의집중 시간이 짧다
④ 언어에 제약성이 있다
⑤ 계획성이 부족하다
⑥ 상상력의 범위가 좁다
⑦ 흥미의 범위가 협소하다
⑧ 경계의식이 없다
⑨ 선악의 구별이 안된다
⑩ 정서적 · 안정이 안된다
⑪ 윗사람에게 순종적이다
⑫ 고집이 강하다.

1) 개체 동기유발적 특성

(1) 실패의 예상

많은 정신지체아들이 초기 학교시절에 자주 실패에 부딪혀 실패를 미리 예상하고 실패의 쓰라린 경험에서 도피하기 위해 그들은 실패를 야기하는 상황을 피하는 경향이 있고 결과적으로 자기성취 예언과 목표를 낮게 설정한다. 학업을 성취하지 못하거나 성공감과 만족감을 갖지 못하는 사람은 어떤 상황이나 대상을 피하고 싶어 한다. 그것이 결국 동기유발에 부정적인 영향을 미치게 된다.

(2) 의존성

정신지체아동들은 문제 상황을 해결하기 위해 일반적으로 다른 사람에게 의존하는 것으로 알려져 왔는데, 이는 곧 그들 자신의 능력을 불신한 결과이다. 많은 교사들은 정신지체아동들이 "나는 이것을 못해요" 하거나 "이것은 너무 어려워요"라고 말하는 것을 자주 듣는다. 이런 유형의 말들은 교사나 조력자, 동료아동의 도움을 요구하는 의존적 경향을 나타내는 것이다.

(3) 부정적 자아개념

대부분의 연구들은 정신지체아들이 열등한 자아개념을 가진다는 견해를 지지한다. 그들은 자신의 능력과 잠재성에 대해 강하고 긍정적인 느낌을 갖지 않는다. 이런 부정적 자아개념은 생활에의 부적응과 중요한 상관관계를 가진다.

2) 사회 · 행동적 특성

정신지체아들이 대인관계가 원만하지 못하고 여러 상황에 적응하지 못하는 것은 적응능력이 부족하기 때문이다. 특히 자기지향성, 책임감, 사회적 기술들이 부족하여 부적절한 행동을 하게 되고 이로 인해 주위 사람들로부터 거부 당하는 것을 볼 수 있는데 이러한 거부는 일반아동들이 교과학습의 무능보다 행동의 부적절성을 더 의식하는데서 비롯된다고 지적하고 있다.

3) 학습특성

(1) 주의집중

정신지체아동들은 주의집중의 3가지 구성요소, 즉 주의집중 지속시간, 주의집중의 범위 초점, 그리고 선택적 주의(중요한 자극특성의 변별)에 심한 어려움을 가진다. 따라서 정신지체아동들이 교사나 학습과제에 대해 주의집중을 할 수 있도록 한다면 학습지도에 성공할 수 있다.

(2) 중재전략

정신지체아동들은 주어진 투입정보를 나중에 재생하기 위해 조직하고 구성하는 효과적인 기술이 부족하다(Spitz, 1966). 성숙한 학습자는 언어시연과 반복, 명칭붙이기, 분류, 연합 그리고 표상의 기술을 사용한다. 연구조사에 의하면 정신지체 아동들은 이러한 기술의 부족으로 학습을 회피하려는 경향이 강하기 때문에 이 같은 전략을 사용하는데 어려움이 있다.

(3) 기억

일반적으로 정신지체아들은 장기적으로 정보를 보유하지만, 단기기억 분야에 어려움이 있다는 연구가 있다. 정신지체아동들은 흐트러진 숫자의 기억과 같은 비연속적인 단기기억에 열악성을 보이고 중재전략의 자발적인 사용이 어렵다. 그리고 주어진 투입정보를 나중에 재생하기 위해 조직하고 구성하는 효과적인 기술이 부족하여 의도적인 지도와 기술이 필요하다.

(4) 학습의 전이, 일반화, 추상화

정신지체아들은 새로운 일이나 문제 자극 상황에 지식이나 기술을 적용하는 능력에 결함을 보인다. 그들은 선행경험을 미래의 비슷한 상황이나 문제해결에 도움이 되도록 사용하지 못한다. 추상적으로 사고하는 능력이나 추상적 자료를 가지고 일하는 능력이 제한되어 있다.

(5) 우발학습

정신지체아들은 상당히 비능률적인 학습자라는 지적이 있다. 그것은 우발정보에 더 주의를 기울이는 경향이 강하기 때문이다. 일반아동들은 나이가 들어감에 따라 관계없는 정보나 무관자극을 무시하게 되고 일의 본질적인 면에 선택적으로 참여할 수 있으나 정신지체아는 그렇지 못하다.

4) 말과 언어특성

말과 언어의 발달은 지적발달과 밀접하게 연관되어 있기 때문에 정신지체아동들이 일반아동들보다 말과 언어에 더 많은 문제를 보인다. 특히 음의 대치와 생략 같은 조음장애가 자주 발생하고 그들은 구어발달의 지연, 제한된 어휘, 그리고 정확하지 않는 문법사용 등을 포함한 언어장애를 갖는 것이 보통이다. 언어기능과 기술은 정신지체아동들이 사회에 완전히 통합되기 위해 극복되어야 할 가장 큰 장애중의 하나이다.

5) 신체 및 건강상 특성

신체, 건강상 특징은 일반아에 비해 경도 정신지체아는 크게 다르지 않다. 사회 심리적으로 혜택을 받지 못하는 경도 정신지체아들 사이에서 뚜렷한 신체적, 건강상의 특징은 보이지 않는다. 일반적으로 그들의 성취수준은 특히 운동기능에서 신경학적인 장애인 중복장애인 보다 훨씬 높다. 그러나 그들의 장애조건 자체 때문에 일반아와 신체적으로 다르게 된다. 전반적으로 신체적 능력과 건강에 있어 경도 정신지체아와 일반아와의 차이점에 대해 다음의 몇 가지 일반적인 것을 지적할 수 있다.

① **신체발달** : 경도 정신지체아들은 일반아에 비해 키, 몸무게, 골격의 성숙이 비교적 평균 이하이다.

② **운동발달** : 경도 정신지체아에 대한 연구에서 보면 모든 운동분야에서 또래의 일반아보다 상당히 저조하게 성취한다.

③ **신체적 손상** : 어떤 정신지체아들은 대개 중도장애나 신경학적 손상-뇌성마비, 발작적인 이상, 감각손상, 그리고 어린이 학대에서 오는 상해와 같은 신체적 문제를 동시에 보인다.

④ **건강 문제들** : 부적절하고 불균형적인 식사, 병에 감염되기 쉬움, 부적당한 건강관리, 그리고 치아의 이상 등이 정신지체아들의 일반적 특징으로 알려져 왔다.

6) 학업성취

경도정신지체아들은 학교에서 그들의 잠재적인 지적능력과 같은 수준으로 학업을 성취하지 못한다. 그들은 일반적으로 학업부진아로 취급받으며 읽기의 모든 면, 특히 독해와 단어 발성법은 경도 정신지체아들에게 대단히 어렵다. 그리고 산수 기초에서 덧셈, 뺄셈, 곱하기, 나누기 등은 일반적으로 평균 정도로 할 수 있으나 산수 추리에는 특히 열등하다. 훈련가능 정신지체아의 경우 지적학습은 극히 제한적이며 최고 학력수준은 초등학교 3·4학년 정도에 머문다.

6. 정신지체아 교육

1) 무엇을 가르칠 것인가?

(1) 발달론적 과제

① 아동이 학습할 준비도가 갖추어졌을 때 발달 단계에서의 대표적인 과제들을 가르친다.

② 발달론적 교육과정은 신변자립 및 사회생활, 인지발달, 의사소통, 신체발달, 정서발달 등의 발달영역을 중심으로 아동의 발달단계에 적합한 내용을 지도한다.

③ 학생들에게 제공되는 과제는 학생들의 정신연령으로 결정되는 발달단계에 상응하는 과제가 되어야 한다.

(2) 기능적인 생활기술

① 생활에 적합하고 유용한 기능적인 생활 기술

② 일상생활에서 누군가의 도움이 없으면 아주 곤란해지는 기술들로서 가정과 지역사회 및 직업 환경에서 자주 필요로 하는 다양한 기술들을 의미한다.

③ 학생들의 미래 성인생활과 현재 환경, 그리고 다음 환경의 기능화에 우선권을 두고 선정한다.

④ 교수 시간을 현재나 미래에 사용하지 않을 기술을 배우는데 낭비하지 않으며 정신지체아의 학습 특징인 일반화의 어려움을 줄일 수 있다.

2) 정신지체아 교육의 기본방향

(1) 교육 목적

오늘날 특수교육의 대상이 권리의 실체로서 인식될 뿐만 아니라 실제 교육에 있어서 공적 책무성과 인간의 존엄성에 대한 깊은 자각이 더욱 강한 신념으로 부각되고 있다. 인간 존엄성과 공적 책무성의 자각에 기초한 특수교육은 개인이 가지는 능력의 정도나 장애의 종류를 문제삼지 않고 모든 장애아동의 삶의 질을 향상시키고 삶의 기회를 확대해 주는데 기본이념을 두고 있다. 결국, 정신지체아 교육의 목적도 자아실현, 인간관계 개선, 경제능력 배양, 공민성 함양 등 일반 교육 분야에서 공통적으로 제시되고 있는 교육목적과 같은 것이다.

(2) 정신지체아 교육의 원리

교육철학에 기초한 정신지체아 교육원리 역시 일반아동과 동일하다고 보지만 구체적인 방법적인 측면에서는 다른 부분이 있으므로 개인에 적합한 방법을 모색해야 한다.

(3) 정신지체아 교육의 방법

장애의 특성이나 그 정도, 아동의 연령 등의 요인이 충분히 고려되어야 한다. 구체물이나 실물을 이용하고, 설명과 함께 시범을 보여주면서 실제적인 경험을 중요시한다.

(4) 정신지체아 교육의 방향

분리교육에서 일반아동과 통합교육으로 인식을 전환하고 있다.

제 8 장

자폐증유아의 이해와 지도

1. 자폐증의 정의와 진단준거
2. 자폐유아의 특징
3. 자폐증유아를 위한 효과적인 교육적 접근
4. 효과적인 중재계획 실행하기

일반유아교사를 위한 특수유아의 이해와 지도

제8장

자폐증유아의 이해와 지도

1. 자폐증의 정의와 진단준거

1) 자폐증의 기원 및 용어변화

(1) 자폐증 어원의 의미

자폐증은 희랍어로 "아우타(auto)"에 해당되는 것으로 영어로는 "self"와 같은 뜻으로 해석하고 있다. 즉 "자기 자신 안의 세계" 속에 스스로 고립되어 있다는 의미다.

(2) "자폐"라는 용어 처음 사용

1943년 미국 Leo Kanner 박사에 의해 사용됨. Kanner 박사는 자신이 진료하던 아동들 중 매우 특이한 특성 즉 대상에 대한 완전한 무관심, 똑 같은 것(동일성)에 대한 고집, 대인관계의 어려움을 가진 아동들을 분류하여 "유아 자폐(infantile autism)"라고 명명하였다.

(3) 미국정신의학회의 정신장애진단편람(DSM)의 용어의 변화

- DSM-I(1952)과 DSM-II(1968) : "정신병적 반응, 일차적으로 자폐증 양상을 나타내는" 것으로 파악하였다.
- DSM-III(1980) : 전반적 발달장애(Pervasive Developmental Disorder(PDD)라는 용어를 도입하여, 환각이나 망상과 같은 정신병적인 증상이 없는 순수한 발달장애라는 개념이 처음으로 사용되었다.

- DSM-1V(1994) : 가장 최근의 진단분류체계로 전반적 발달장애라는 커다란 진단 분류 아래 5가지의 소분류(자폐성 장애, 레트장애, 소아기 붕괴성 장애, 아스퍼거 장애, 달리 분류되지 않는 전반적 발달장애)를 하였다.
- 현재 임상현장에서 자폐아동과 전반적 발달장애아동을 동일하게 사용

(4) DSM-1V에서 제시한 자폐 장애의 진단 기준

A. 최소한 ①에서 두개, ②와 ③에서 각각 한개씩을 포함한 여섯개(또는 그 이상)의 행동 특성을 보임 :

① 다음 중 최소한 두개 이상에 의해서 나타나는 사회적 상호작용의 질적 결함 :

(a) 사회적 상호작용을 위한 눈 맞춤, 얼굴 표정, 자세, 몸짓, 등과 같은 다양한 비구어적 행동의 사용에 있어서 명백한 손상을 보임

(b) 발달 수준에 적절한 또래 관계를 발달시키지 못함

(c) 즐거움, 관심 또는 성취를 자발적으로 다른 사람들과 나누려고 하지 않음(예 : 보여 주기, 가져오기, 관심 있는 물건을 가리키기 행동의 부족함)

(d) 사회적 또는 정서적 상호성이 결여됨

② 다음 중 최소한 한개 이상에 의해서 나타나는 의사소통의 질적 결함 :

(a) 말의 발달이 지체되거나 결여됨(몸짓과 같은 대체적인 수단의 의사소통 기술을 통해서 보상하고자 하는 시도가 나타나지 않음)

(b) 적절한 말을 할 수 있는 경우에도 다른 사람과의 대화를 시작하고 유지하는 능력에 있어서 명백한 결함을 보임

(c) 언어나 특이한 언어를 상동행동적이고 반복적인 형태로 사용함

(d) 발달 수준에 적절한 다양하고 자발적인 가상놀이나 사회적 모방놀이가 결여됨

③ 다음 중 최소한 한개 이상에 의해서 나타나는 반복적이고 상동행동적인 유형의 제한된 행동

(a) 강도나 내용에 있어서 비정상적인 한 가지 이상의 상동행동적이고 제한된 형태의 관심영역에 몰두함

(b) 특정적이고 비기능적인 일과나 의례적 행동에 융통성 없이 집착함

(c) 상동행동적이고 반복적인 운동성 습관을 보임(예 : 손이나 손가락 흔들기나 비틀기, 또는 몸 전체를 이용한 복잡한 움직임)

(d) 특정 사물에 대해서 지속적인 집착을 보임

B. 다음 영역 중 최소한 한가지 이상의 발달지체나 비정상적인 기능이 3세 이전에 나타남 : ① 사회적 상호작용, ②사회적 의사소통을 위해서 사용되는 언어, ③상징놀이나 상상놀이

C. 렛증후군(Rett's disorder)이나 소아기 붕괴성 장애에 의해서 더 잘 설명되지 않는 장애이다.

2. 자폐유아의 특징

DSM-Ⅳ(1994)의 자폐성장애 진단 기준에서는 크게 자폐성유아의 사회적 상호작용의 문제, 의사소통의 문제, 반복적이고 상동증적인 행동문제로 분류하고 있다. 자폐유아의 주요 특징은 다음과 같다.

1) 자폐유아의 사회 · 정서적 특징

자폐성유아의 특성 가운데 사회성 결함은 자폐성을 드러내는 가장 뚜렷한 양상 가운데 하나이다. 자폐성유아의 사회적 상호작용 질적 결함의 하나는 사회적 상호작용에 사용되는 비구어적 행동(예 : 얼굴 표정, 몸짓, 자세, 눈 맞춤)의 사용에 있다. 대인관계에 있어서도 또래와의 관계를 잘 형성하지 못하며 다른 사람과 즐거움, 기쁨 및 관심을 나누려는 행동(예 : 보여주기, 가리키기)에 있어 결함이 나타난다.

자폐성유아의 사회성 결함은 생의 초기에 흔히 주시행동, 애착행동의 결여, 놀이 및 의사소통 기능문제와 결부된다. 또한 이러한 사회성 결함은 이 장애의 주된 증상으로 일생동안 지속될 가능성이 있다. 최근 자폐성유아의 이러한 사회성 결함을 사회인지적 측면에서 고찰한 연구들이 증가하고 있다. 자폐성유아에게 나타나는 심한 인지 결함은 곧 사회적 결함을 증폭시킬 뿐만 아니라 다른 사람과의 적절한 의사소통 결함 및 상징놀이의 결여, 그리고 감정 표출과 상관 될 수도 있을 것이다.

애착 결여 측면에서 볼 때 자폐성유아들은 일반 영아들과 달리 생후 1개월 내에 사회적 미소를 나타내는 데 실패하는 예가 흔하다. 또한 사회적 상호활동을 조절하는 기초적인 행동이며, 비언어적인 중개자인 상호주시행동을 발달시키는데 실패한다고 한다(Volkmar, 1987). 정서

표현의 결함 측면에서 볼 때 대부분 자폐성유아들은 흔히 단조로운 정서를 나타내거나 좀처럼 정서적인 행동을 보이지 않는다. 또한 연령에 맞지 않는 표현이나 사회적 상황에 부적절한 표현은 물론 감정표현의 극단적인 변화를 보이는 경우도 있고, 다른 사람들이 이해하기 어려운 독특한 양상으로 정서를 표현하기도 한다(변찬석, 1994).

자폐성유아들은 발달지체유아에 비하여 긍정적인 정서를 거의 표현하지 않는다는 것을 지적하였다(Snow, 1987). 또한 발달지체유아들은 상대방과 상호작용을 할 때 긍정적인 정서를 표현하는데 비하여 자폐성유아들이 긍정적인 정서를 표현할 때는 대부분이 상황에 무관한 태도로 표현하거나 혼자서 놀이할 때였다고 보고하였다. 이는 자폐성유아들은 다른 사람의 정서상태를 인지하는데 손상을 입고 있다는 Hobson(1989)의 연구와 일치한다.

자폐성유아들이 감정이입의 결여나 다른 사람의 반응을 인지하지 못하는 것도 이런 어려움에서 기인한다고 볼 수 있다. 다른 사람의 능력을 예측하는 능력에 대한 심한 결함은 자폐증의 또 다른 특성으로 이해 될 뿐만 아니라, 사회성 결함과 관련이 있다는 가정이 성립된다. 그러므로 이러한 가정에 대한 해결 노력은 자폐증의 진단적 요인에 대한 재고찰 및 자폐성유아에 대한 이해와 교육에 필요한 과제라고 볼 수 있다.

2) 자폐유아의 언어적 특징

자폐성유아의 의사소통의 질적 문제를 살펴보면 먼저 구어적 언어 발달이 지연된다. 또한 말을 하는 경우도 다른 사람과 대화를 시작하거나 지속하는 능력의 현저한 장애, 반복적인 언어나 괴상한 언어의 사용, 발달 수준에 적합한 자발적이고 다양한 가상적 놀이나 사회적 모방놀이의 결여 등을 보인다(DSM-Ⅵ, 1994).

심한 정신지체를 겸한 자폐성유아에게는 언어의 획득이 어려우며, 몇 마디의 말을 하더라도 의사 전달할 만큼의 수준은 되지 못한다. 그러나 자폐성유아들 역시 개인차에 따라 소수이기는 하나 언어를 잘 구사 할 수 있는 유아도 있다. 자폐성유아의 언어 발달은 단순히 지체되었다고 볼 수 없을 만큼 특이한 형태로 나타난다. 언어를 처음 시작 할 무렵에는 혼자 중얼거리기 등의 전달기능을 갖지 못하는 일이 흔히 나타난다. 그러나 서서히 전달적인 언어가 늘어나기 시작하는데, 이런 과정에서는 준전달적인 언어가 점점 나타나게 된다. 그러나 자폐성유아는 우선 언어 발달의 기초능력에 특히 장애를 지니고 있다. 또 다른 특징은 말을 사용하려는 의욕이 결여되어 있으며, 비언어적 전달 수단을 적절하게 활용하지 못한다. 당연히 이러한 자폐성유아의 의사전달 능력의 결함은 놀이다움에 영향을 미친다.

3) 자폐유아의 행동적 특징

자폐성유아의 행동 문제는 제한적이고 반복적인 행동이나 관심, 변화에 대한 저항, 자극 과잉 선택성 등을 들 수 있다. 변화에 대한 저항은 자폐성유아에게 자주 나타나는 특성 중의 하나이다. 자폐성유아는 가구 배치 및 식탁에서의 접시 위치에 민감할 뿐 아니라 어떤 일을 일정한 순서대로 반드시 행하도록 하는 등의 고집을 지닌 것으로 알려져 있다. 또한 자폐성유아는 의례적인 행동과 동일성의 고집으로 극히 제한적이거나 고정적인 놀이로서 블록이나 가사 도구를 한 줄로 세우거나 특별한 옷감이나 모양을 고집하여 자신만의 놀이도구로 사용하는 경향을 나타낸다. 또한 특정한 사물에 대한 심한 애착을 나타내기도 하여 색채나 숫자, 문자, 도형에 사로잡혀 다른 주변의 것에 관심을 두지 않는다.

3. 자폐증유아를 위한 효과적인 교육적 접근

지난 수 십년간 자폐관련장애의 치료 및 효과적인 교육방법에 대한 연구는 활발하고도 다양한 방법들로 접근되어 실제 교육 및 임상에 많은 도움이 되었다. 효과적인 교육프로그램을 제안하는 많은 학자들은 발달주의적 접근이나 응용행동주의적 접근, 그리고 생태학적인 접근 등의 특정한 접근방법에 근거한다고 주장하기는 하지만, 그러한 모든 교육프로그램들은 모두 다음과 같은 공통적인 교육원칙을 제안하고 있다.

〈그림 8-1〉과 같이, 그 공통점의 첫째는 대부분의 교육프로그램들이 정상발달 과정을 기준으로 하여 각 영유아의 발달수준에 알맞은 교육을 제공해야 한다는 점이다. 둘째, 각 영유아의 특수한 요구사항을 지원하기 위해 각 개인에 맞는 고유한 학습특성 및 기질을 고려하며, 특히 자폐성의 경우에는 영유아의 특성을 고려하여 체계적으로 구조화시킨 교수방법을 제안하고 있다는 점이다. 셋째의 공통점은 사회성 기술, 의사소통 기술, 문제해결 기술, 의사결정 기술 등 영유아의 일생을 통해 반드시 필요한 기능적 기술들에 대한 개별화 교육 프로그램을 강조하면서, 가르치고자하는 작은 정보단위들이 체계적으로 연결되어야 한다는 점이다. 넷째는 영유아의 특성상 적극적인 가족참여를 바탕으로 가족중심과 지역사회 중심의 중재접근을 강조하고 있다는 점이다. 이와 더불어, 부적응 문제들을 해결하고 긍정적인 행동지원을 하는 데는 무엇보다도 노력에 대한 체계적인 보상이 제공되어야 하며, 학교생활 환경 등의 여러 관련자들이 이러한 교육의 일관성을 유지하기 위하여 서로 협력해야 한다는 점이다.

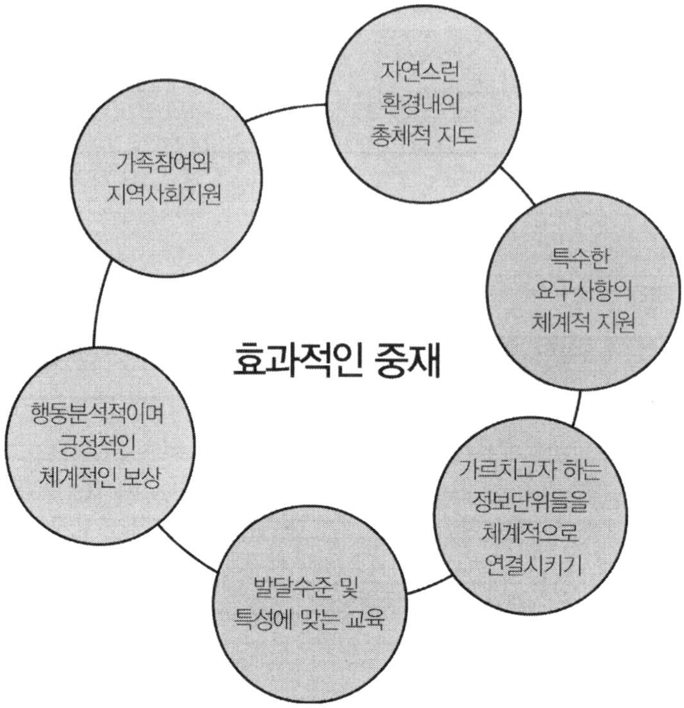

〈그림 8-1〉 자폐성 위험 영유아동의 효과적 교육접근

그와 더불어 교육프로그램의 평가도 단기적인 기술습득이나 문제행동의 감소보다는 장기적으로 자폐성 영유아의 삶의 질을 향상시키기 위해 어떠한 변화를 초래하였는지에 근거하는 평가를 중요시하게 되었다. 자폐성 영유아의 교육프로그램은 자폐라는 '진단범주'의 특성과, 각 영유아의 개별적 특성, 그리고 영유아의 발달수준에 중점을 둔 중재과정을 계획해야 한다는 것과 함께 자폐성 영유아의 교육프로그램을 계획하고 실행하여 평가하는 모든 과정은 관련영역의 모든 참가 전문가들이 한 팀이 되어 서로 협력하는 팀 접근이 중요하다는 것이다.

1) 효과적인 중재방법

(1) 효과적인 중재의 기본요소들

① 매우 구조화된 환경과 점차적 일반화 전략

자폐성 영유아의 인지적 특성인 주의집중의 어려움과 과다 선택적 성향 등으로 인해 여러 가지 자극이 한꺼번에 제공되는 경우 상황을 적절하게 관리하고 대처하지 못한다.

또한, 한 활동에서 다른 활동으로의 전이에 어려움을 나타내며, 예측할 수 없는 사건들에 적절하게 대응하지 못하여 울거나 짜증을 내는 등의 부적응 행동을 나타낸다. 또한, 자폐성 영유아들은 서로 다른 사건을 식별하고 별개의 활동을 연관시키는데 어려움을 겪는다. 따라서 자폐성 영유아의 교육에서는 영유아의 특성에 맞는 환경조성과 함께 점차적으로 실제 생활의 다양한 경험을 하도록 지원하는 것이 중요하다.

② 체계적인 개별화 전략

자폐성 영유아들이 지닌 인지적 특성은 그들에게 제공되는 정보들을 순차적으로 처리하여 정보를 적절하게 응용하는데 어려움을 나타낸다. 또한, 모방능력이나 이해능력이 지연됨으로 인해 매우 체계화된 개별화 전략이 제공되지 않으면 학습에 상당한 어려움을 나타낸다. 개별화 전략은 영유아들을 또래 그룹으로부터 분리하여 개별적으로 교육하는 것과는 다른 의미로서, 그 영유아가 다른 또래들과 마찬가지로 나이에 맞고 현재와 미래의 생활에 필수적인 기술들을 각 영유아의 발달수준 및 특성에 근거하여 가장 이해하기 쉬운 방법으로 제공되어야 한다는 것을 시사한다.

③ 행동의 원인에 대한 분석과 그에 따른 긍정적 행동지원

효과적인 중재를 위한 기본 요소들 중의 또 하나는 부적절한 행동이 나타났을 때에도 그 행동을 나타낸 원인 즉, 행동의 기능을 철저하게 분석한 후 그에 따른 긍정적인 행동지원을 전제로 한다는 점이다. 긍정적 행동지원은 영유아가 부적절한 형태로 나타나는 행동의 기능을 줄이고 바람직한 대체행동을 함으로써 똑 같은 기능을 얻을 수 있다는 것을 가르치고 영유아로 하여금 그러한 행동 기능을 얻기 위해 바람직한 행동을 나타내도록 지원하는 것이다.

④ 다음 단계로의 이전 계획 세우기

자폐성 영유아를 위한 조기중재의 궁극적 목표는 영유아 자신이 실제로 살아가는 자연스런 환경 내의 적응과 독립성이다. 따라서 조기중재 프로그램은 영유아가 향후 유치원이나 초등학교로의 이동을 감안하여 필요한 적응능력을 교육해야 한다, 이러한 관점에서 조기중재는 영유아의 연령적합성을 고려한 프로그램과 함께 이미 획득한 기술 등을 실제 생활 내에서 일반화 되도록 가르치며, 실질적으로 또래들이 경험하는 다양한 외부 세계들을 경험하도록 지원해야 한다. 무엇보다도 또래들과의 사회적 상호작용과 의사소통을 위한 체계적인 지원이 제공되어야 할 것이다.

⑤ 적극적 가족 참여와 지역사회의 지원

자폐 영유아의 조기교육에 있어서 부모는 가장 중요한 구성요소이다. 부모는 영유아에 대해 누구보다도 가장 가까이 지내고 많은 시간동안 지켜본 사람이므로 영유아의 중재계획을 고안하는데 훌륭한 아이디어를 제공할 수 있다. 또한 부모는 영유아가 조기중재프로그램에서 집으로 귀가했을 때 가정에서 프로그램을 지속적으로 일상생활 내에서 제공시켜 줄 수 있다. 그로 인해, 조기중재 프로그램의 긍정적 효과를 오랫동안 유지시킬 수 있을 뿐만 아니라 학습한 기술을 일상생활 속에서 일반화시켜 줄 수 있다. 일반화가 보다 실질적이고 다양한 환경에서 이루어질 수 있기 위해서는 가족뿐만 아니라 모든 지역사회의 구성원들로부터 적극적인 지원이 요구된다.

2) 중재방법의 실질적 전략들

조기중재가 효과적으로 진행되는데 필요한 기본요소들이 충족되는 데는 영유아를 가르치는 부모나 교사들의 실질적 중재전략이 어떻게 진행되느냐에 달려 있을 것이다. 중재전략은 중재목표를 성취하기 위해 영유아에게 직접적으로 제공되는 중재기법전략과, 기본적 근거를 생태학적 접근에 두거나 응용행동분석에 두는 것과 관련된 접근전략으로 나누어 논의해 볼 수 있을 것이다.

(1) 중재기법전략

각 영유아의 발달수준 및 특성에 따라 교육의 내용과 실질적 교육방법도 어느 정도 차이가 있을 것이지만, 지금까지 자폐성 영유아의 교육에 대한 효과적 방법을 연구해 온 연구결과들이 제시하는 실질적 전략들을 정리하면 〈그림 8-2〉와 같다. 자폐성 영유아의 교육은 반드시 긍정적 효과에 대한 학문적 연구가 기본이 되어야 하며, 특정한 전략이 아동의 교육에 효과적인지에 대한 평가는 항상 객관적인 자료를 토대로 진행되어야 한다.

① 유아가 필요로 하는 환경조정

자폐성 영유아의 특징 중의 하나는 자발적인 요구나 학습의지가 결여되어 있다는 점이다. 이러한 특성은 영유아로 하여금 특별히 원하는 것을 나타내는 경우가 아니면 사회적 상호작용의 기회나 학습의 기회를 제한한다. 이러한 점에서 자폐성 영유아가 생활하는 자연환경에 중재목표와 내용에 맞추어 환경을 적절하게 구성하고, 그로 인하여 영유아가 보다 적극적인 학습을 하도록 유도하는 방법이다.

환경구성은 일반적인 학습 환경에서 영유아가 학습에 제한을 받거나 방해요소라고 생각되는 것을 통제하여 학습을 지원하는 방법과 함께, 영유아가 흥미를 느끼고 그에 대한 관심이나 탐색의지를 가질 수 있는 기회를 제공하기 위하여 의도적으로 환경을 조정하는 방법도 해당한다. 강화를 제공할 때, 또는 학습내용이나 자료를 제공해야 할 때 영유아 스스로 선택할 수 있는 기회를 제공할 수 있는 몇 가지의 상황을 제시할 수도 있을 것이다. 〈그림 8-3〉과 같이 유아가 좋아하는 과자를 유아의 눈으로는 볼 수 있지만 손에는 닿지 않는 곳에 놓아두고, 환경조정을 한 뒤 이전에 획득한 적절한 '과자를 달라'는 의사소통을 기능적으로 활용하도록 구성할 수 있다. 이 방법은 뒤에서 설명하는 아동요구 모델과도 관련이 있으며, 이러한 방법은 특히 아동이 좋아하는 대상이나 사물을 활용하면 효과가 있다.

교육전략	내용
특성요구에 맞는 환경조정	아동의 관심, 흥미, 특성을 고려한 환경조정, 반응적 환경
놀이 통한 반복적 모델링	구조화된 모형놀이, 또래개입놀이, 자유놀이
우발적 교수 & 아동요구접근	우발상황 활용, 아동요구모델, 시간지연모델
시각적 촉구 및 단서	실제사진, 만화, 그림, 글자, 문자 등의 촉구 및 단서 제공
변별훈련+긍정적 강화	행동형성+촉구+점진적 촉구제거, 긍정적 강화, 또래지도
학습촉진장비	컴퓨터, 전자용품 등 (학습촉진 컴퓨터 만화장면)
보완대체수단	의사소통카드(PECS), 말하는 전자사전)
스크립트, 사회상황이야기	일상생활 그림스크립트, 문자스크립트, 사회상황카드

〈그림 8-2〉 실제 조기중재에서 사용될 수 있는 자폐성 아동의 교육전략

〈그림 8-3〉 유아관심 중심의 환경조정

② 놀이를 통한 반복적 모델링

자폐성 아동은 모방, 관심 공유, 상상놀이 등이 결여된 반면 반복적인 암기나 일상적인 것에 대한 기억에는 강점을 지니고 있다. 이러한 강점을 살려 적절한 놀이행동지도와 함께 언어, 사회정서, 인지 등의 발달영역을 촉진하는 방법으로 사용할 수 있는 것이 놀이를 통한 반복적 모델링이다. 이러한 모델링은 놀이행동지도를 위한 구조화된 개별적 놀이지도 시간이나 또래들이 개입하는 놀이, 그리고 일상적인 자유놀이시간을 활용하는 방법 등이 있다. 〈그림 8-4〉는 어린이집에서 또래들과 적절한 상호작용과 의사소통을 가르치는 데 어린이집 모형놀이감을 사용하는 경우이고, 〈그림 8-5〉는 유아의 일상적 자립에 도움이 되는 물건사기 모형놀이감을 사용하는 경우이다.

〈그림 8-4〉

〈그림 8-5〉

구조화된 환경에서 교사가 반복적으로 '안녕하세요?'와 같이 간단한 단어를 반복해 줌으로서 유아로 하여금 그 단어를 반복해서 들을 수 있도록 하고, 그 단어를 어떠한 상황에서 어떻게 사용해야 하는지에 대한 단서를 주는데 도움이 된다. 이와 같은 방법은 주로 유아와 교사가 최소장면을 활용하여 특정한 상황을 반복적으로 익히게 하는 것으로서, 점차적으로 다중장면으로 확장하면서 궁극에는 실제 환경에서 일반화 시키도록 가르치게 된다. 이러한 예로, 만 34개월 유아에게 명사를 가르치기 위해 식탁과 과일모형을 이용한 발달놀이를 활용하였다. 약 9㎡정도 되는 개별교육실에 식탁과 음식 모형 이 외에 다른 시각적 자극이 없도록 구성하고, 교사는 유아와의 놀이유도와 함께 유아가 좋아하는 음식 모형들의 단어를 간단하고 명료하게 되풀이 하였다. 이러한 교육의 효과로 유아는 교사가 반복하여 말한 명사를 소리로 나타내고 놀이행동을 나타내게 되었다.

③ 우발적 교수와 영유아 요구접근

우발적 교수는 영유아의 자연적인 언어를 우발적으로 유도하기 위한 지도방법으로, 영유아가 관심을 나타내는 자연스런 상황을 이용하여 언어학습을 촉진하는 방법이다. 일상생활 중 어느 순간이라도 부모나 교사가 판단하기에 영유아에게 학습의 기회를 제공하는 순간이라고 생각되면 그 상황을 활용하여 유아의 반응을 유도하기 위해 촉구를 사용한다. 길을 가다가 강아지를 만났을 때 유아가 강아지에 대해 흥미를 나타내는 것을 발견하면 유아의 반응을 이끌어 내도록 촉구를 제공하는 것이다. 예를 들면, 교사나 부모는 '이게 뭐지?'라는 언어적 촉구를 사용하여 유아로 하여금 강아지를 인식하고 발음하게 하는 교육기회를 얻을 수 있다. 이 방법은 자연스런 실제 생활 내에서 발생하기 때문에 일반화를 촉진시킨다는 측면에서 유익한 방법이다.

우발적 교수의 확장된 방법으로 영유아 요구접근을 사용할 수 있다. 이 방법은 자폐성 영유아에게 의사소통 훈련을 가르칠 때 많이 적용하는 방법으로 개별교육실에서 교사와 영유아가 일대일로 훈련한 언어를 영유아 스스로 사용할 수 있도록 유도하기 위해 사용된다. 반복적인 훈련을 통해 습득한 특정 단어를 영유아가 의사소통 기술로 사용할 수 있도록 하기 위해 영유아가 그 단어를 사용해야 하는 필요상황을 제시하여 영유아로 하여금 그 단어를 자발적으로 사용하도록 유도하는 방법이다.

우발적 교수와 아동 요구접근의 차이점을 살펴보면, 우발적 교수는 영유아가 먼저 어떤 것에 관심을 나타내는 자연 상황에 교사나 부모가 개입한다는 점이고, 영유아 요구접근은 교사나 부모가 먼저 영유아가 어떤 요구를 하도록 유도하는 기회를 조정한다는 점이다.

따라서 우발적 교수보다는 영유아 요구접근이 언어행동이나 상호작용 행동을 낮게 나타내는 영유아에게 적합하다고 할 수 있다.

우발적 교수의 또 다른 확장 형태로서 시간 지연법이 있다. 이 기법은 영유아가 어떤 사물이나 대상의 도움을 필요로 하는 상황을 확인하면 영유아 자신의 요구를 적절한 행동 형태로 이끌어 낼 때까지 기다리는 방법이다. 만약 영유아가 적절하게 응답하지 못하면 다시 한 번 더 시간지연을 사용하고, 그래도 적절한 행동 형태를 나타내지 않으면 영유아 요구접근을 사용하여 적절한 응답을 이끌어 내도록 유도한다. 태엽을 감으면 소리가 저절로 가는 자동차를 즐기는 영유아의 경우, 자동차가 멈추면 그 자동차를 손에 들고 자신이 태엽을 감으려 애쓸 것이다. 이 때 영유아는 자동차의 태엽 감는 일이 혼자는 잘 안되어 교사의 도움이 필요하다는 것을 알고 어른에게 도와 달라는 의도로 교사의 손에 자동차를 건네준다. 이때 교사는 약 30초 정도의 시간지연을 하며 가만히 기다린다. 그러면 영유아는 감아달라는 몸짓을 하거나 짜증을 낼 것이며, 이 순간에 교사가 '감아~'라고 말하며 언어적 모델링을 제공한다. 영유아가 교사의 말을 모방하여 '감아~'라고 말하면 교사는 '감아~'라고 말하거나 영유아의 반응을 조금 확장하여 '감아요"라고 말하며 자동차의 태엽을 감아서 영유아에게 건네준다.

④ 시각적 단서(모델, 직접교수)

자폐성 영유아의 강점인 시각적 기억을 활용하여 목표하는 행동을 촉구하거나 의사소통에 사용되는 방법이다. 이 방법은 언어적 의사소통을 가르치거나 적절한 사회기술을 가르칠 때에도 사용할 수 있으며, 비언어적인 의사소통을 가르치거나 특정 과제수행에 도움이 되는 촉구를 제시하는데도 매우 효과적이다. 시각적 단서는 영유아의 선호도나 인지적 특성 및 발달수준에 따라 영유아 자신의 실제사진을 사용하거나 영유아가 좋아하는 사람의 사진을 활용하기도 하고 만화를 사용할 수도 있다. 또한, 영유아가 좋아하는 문자나 그림을 사용할 수도 있으며 읽기가 가능한 경우에는 간단한 문장을 사용할 수도 있다. 자립능력을 증진시키기 위해 일상생활의 활동들을 순차적으로 가르치는 경우 사진이나 카드를 일련의 행동을 나타내도록 만들어 사용할 수도 있다. 이러한 시각적 단서들을 개인용 컴퓨터에 담아 영유아의 주의를 끌거나, 스스로 과제를 수행할 수 있도록 유도할 수 있다.

〈그림 8-6〉 실제 사진, 만화, 그림 등의 시각적 단서의 예

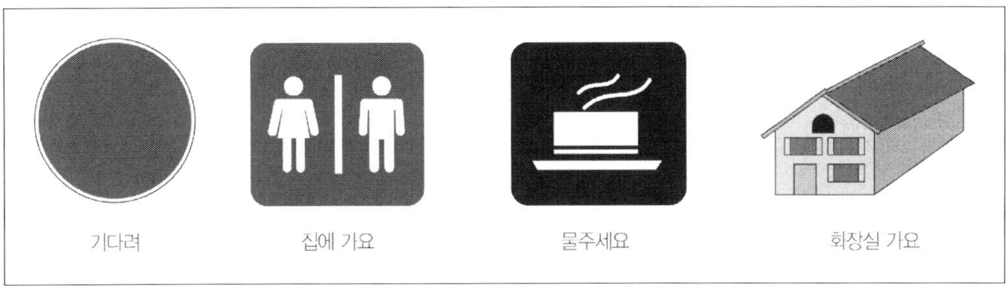

〈그림 8-7〉 문자나 그림 등의 시각적 단서의 예

⑤ 변별훈련(Discrete Trial)과 긍정적 강화

변별훈련은 영유아로 하여금 '어떤 것은 해야 하고 어떤 것은 하지 않아야 하는 행동'이라는 변별을 가르침으로서 가르치고자 하는 바람직한 행동을 이끌어내는데 사용하는 방법이다. 예를 들면, 언어적 의사소통을 가르치기 위해 첫 번째 단계로 발성을 하도록 가르치는 경우, 영유아가 '내가 어떠한 소리를 내든지 발성할 때마다 내가 좋아하는 과자를 조금 먹을 수 있다'라는 변별을 가르치는 것이다. 이러한 변별훈련에는 목표행동의 발생에 대해 긍정적 강화가 함께 주어지는 경우가 대부분이며, 이러한 방법을 사용하여 하위행동과 연관된 상위행동으로 이끌 수 있다. 이러한 변별훈련은 영유아에게 새로운 기술을 가르치는 경우 많이 사용되는 방법으로서, 자폐성 영유아에게 특정 기술을 가르치는데 효과적으로 사용된다.

변별훈련시에 함께 제공되는 긍정적 강화는 영유아의 독립성을 증진시키고 점차적으로 자연강화로 이동함으로서 실제 상황에서 조작적 강화 없이도 학습이나 특정 목표행동에 대한 동기부여를 위해 지속적 강화에서 간헐적 강화로 점차 강화의 빈도와 정도를 감소시켜 가는 강화계획을 진행하게 된다. 예를 들면, 발성을 위해 처음에는 어떠한 소리든지 소리를 낼 때마다 강화를 제공하다가 영유아의 발성이 어느 정도 이루어지는 경우에는 특정 소리를 정확하게 발성하는 경우에만 강화가 제공되도록 서서히 강화계획을 감소시킬 수 있다.

⑥ 학습촉진장비

나이 적합성과 흥미를 끌어냄으로서 학습에 대한 의지를 촉진하기 위해 여러 가지 고안품들이 사용될 수 있다. 요즈음은 학령기 전 영유아들도 컴퓨터 사용도가 거의 일반화되어 있으며, 컴퓨터를 이용한 애니메이션 프로그램이 이전보다 많이 제공되고 있다. 이러한 시점에서 컴퓨터 애니메이션을 활용한 언어지도 및 사회성 지도 등도 여러 가지로 시도되고 있다. 적지 않은 자폐성 유아들은 텔레비전의 특정 화면이나 컴퓨터 화면에서 움직이는 사물에 흥미를 나타낸다. 이러한 특성을 가진 자폐성 유아들이 시각적 기억이 뛰어난 강점을 지니고 있을 경우 컴퓨터나 전자시계의 활동메뉴 등을 활용한 언어지도 및 사회적 기술을 가르치는 것도 도움이 되는 방법이다. 〈그림 8-8〉은 자폐성 유아들에게 언어를 가르치기 위해 사용되는 학습촉진 전자 말하기로서, 가르치고자 하는 단어나 어휘를 사진과 함께 미리 입력하여 녹음하고, 영유아로 하여금 이 놀이감을 가지고 놀면서 누르도록 고안된 것이다.

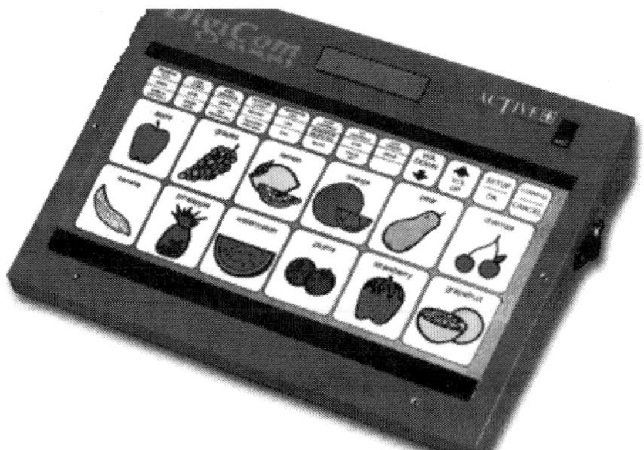

〈그림 8-8〉 언어 가르치기 위한 전자 말하기

⑦ 보완대체수단

〈그림 8-9〉 의사소통 카드 예

보완대체수단은 의사소통이 가능하지만 부족한 부분이 있어서 적절한 사회 작용이나 의사소통을 하지 못하는 경우에 특정 수단을 사용하여 도움(보완)을 줌으로서 자폐성 유유아가 학급에서의 적절한 기술들을 사용할 수 있도록 돕는 체계이다. 보완대체수단으로서는 원하는 것을 그림으로 표현하는 '그림교환 의사소통(PECS)'이나 컴퓨터 그림 의사소통 방법을 사용할 수 있다. 언어적 의사소통이 어렵고 비언어적 의사소통을 가르치기에도 어려운 심한 자폐성 유아의 경우도, 일상생활에 필요한 몇가지 음성(물, 화장실, 안녕 등)을 작은 녹음기에 담아 몸에 착용시키고 필요할 때마다 누르면 자신의 원하는 바가 다른 사람에게 전달되는 전자 말하기 장치를 보완대체수단으로 사용할 수 있다.

⑧ 스크립트, 사회상황 이야기

스크립트는 특정 사건이 발생하는 일련의 개념적 표상으로서, 그 사건에 대한 구체적이고 반복적이며 관습적인 경험을 통해 내면에 추상적으로 형성된 시나리오 원고로서, 유아가 일상적으로 경험하는 활동들에 대해 이미 스크립트를 가지고 있는 상황을 활용하는 방법이다. 예를 들어, 통합 환경에서 급식시간에 스스로 급식을 하는 경우, 유아는 학교식당에 들어가 줄을 서서 차례가 되면 한개의 식판을 집어 드는 행동부터 자신의 식판에 음식이 담겨지면 자리에 와 앉아서 먹은 후 식판을 정리하는 곳에 가져다 놓는 일련의 기본구조가 형성된다. 이러한 기본구조의 형성은 유아로 하여금 학교에서의 식사시간에 대한 상황예측을 가능하게 해 줌으로서 사회적 상호작용과 일상생활 활동을 자립적으로 수행할 수 있도록 돕는다. 즉 스낵을 준비해 두거나, 협력적이면서도 차례를 지키는 게임이나 그룹 활동, 식당에서 외식하기 등을 들 수 있다. 이 기법은 이러한 상황이 특별히 구성되지 않으면 언어를 사용하지 않거나 사회적 상황에 참여하지 않는 영유아들을 위해 도움이 된다. 즉 일상화된 활동 속에서 언어훈련을 하여 영유아의 언어습득 및 일반화 효과를 이용하고자 하는 접근 방법으로서, 일상생활에서의 반복을 통한 활동중심에 초점을 맞추어 영유아에게 익숙한 상황 속에서의 상황언어를 가르치는데 목적이 있다고 할 수 있다.

사회상황 이야기는 자폐성 영유아가 다른 사람의 의도나 감정을 이해하는 능력의 결여로 사회적 행동에 결함을 나타낸다는 이론에 근거하여, 영유아에게 필요한 사회적 기술들을 이야기 속에 제시하여 가르치는 방법이다. 자폐성 유아가 다른 감각정보에 비해 시각적인 정보유형 처리에 강점을 나타낸다는 점에 기초하여 사회상황 안에 그림, 문자 동영상 등의 형태로 적절한 기술을 제시한다. Gray에 의하면 사회이야기는 사회적 상황 안에 있는 하위 단서들을 설명하고 묘사하는 것에 초점을 두며, 자신이나 다른 사람의 관점, 주어진 사회적 상황에서의 사회적 기대, 사회적 상황에 유아가 자신이 능동적이고 성공적으로 참여할 수 있도록 하는 전략을 제시한다.

(2) 접근방법에 따른 전략

① 정상 인지발달 수준에 따른 학습유도 접근

인지 발달론자였던 피아제(Piaget)는 영유아의 발달은 일정한 시점에 이르러 얻게 되는 단계적 발달단계가 정해져 있고, 영유아가 이룬 발달단계에 따라 일정한 정도의 성숙이 이루어지며, 그러한 성숙단계에 맞는 적합한 인지적 학습이 이루어진다고 주장했다. 그의 주장에 따르면, 영유아가 이룬 발달단계의 범주에 따라 그에 적합한 학습이 가능하다는 것이다. 반면에, 신 피아제 이론의 주요개념을 발달시킨 비고츠키(Vygotsky)나 케이스(Case)의 경우에는 '영유아에게 무엇인가를 가르치는 행위 그 자체가 하나의 매개체가 되어 영유아의 학습이나 발달을 이끌어 주는 중요한 수단'이 된다는 사실을 강조한다.

자폐성 영유아의 중재에 있어서 보다 효과적인 방법이 어떠한 것이냐의 질문은 각 영유아가 지닌 기질 및 장애 본질, 그리고 현재 발달수준과 관련이 있을 것이다. 자폐성 영유아의 인지, 사회정서, 언어, 감각운동 등의 발달촉진 프로그램을 피아제의 인지발달이론에 근거하여 접근하는 경우에는 피아제의 발달단계와 그에 해당하는 정서 및 인지 활동 요인들을 면밀히 분석하고, 대상 영유아의 현재 발달수준을 비교하고 분석하여 그에 알맞은 개별화 프로그램을 제공할 수 있을 것이다.

앞에서 언급했듯이, 최근 십 년간의 교육프로그램의 공통점이 정상발달 단계에 근거하여 한 단계 한 단계 발달을 촉진하는 지원적 교육프로그램이라는 것을 감안하면, 자폐성 영유아의 교육을 하는 교육 담당자들은 이러한 발달단계를 영유아의 특성에 따라 새롭게 응용하여 적용하는 중요한 자료로 사용할 수 있을 것이다. 예를 들어, 생활연령이 만 5세에 해당하는 자폐성 유아의 중재프로그램을 계획하는 경우, 영유아의 행동 및 발달특성에 근거하여 평가해 본 결과 피아제의 발달단계상 10~12개월에 속하는 모방을 지금 막 시작하는 단계라면 유아가 관심을 가지는 사물이나 대상을 위주로 하여 학습에 필요한 여러 가지 모방을 유도하는 계획을 세울 수 있을 것이다. 발달단계에 근거한 전략은 우선, 영유아의 발달수준을 파악하여 그에 적절한 난이도와 작은 단위의 과제를 갖고 영유아가 지닌 발달수준에 맞춰 점차적으로 발달을 지원하는 방법을 사용할 것이다.

② 사회적 상호작용과 인지적 정보처리 접근

또 다른 교육접근 방법으로는 비고츠키가 주장하는 사회적 상호작용 접근법이나 인지적 정보처리 발달모형을 응용하는 방법이다. 사회적 상호작용 접근법은 영유아의 정서 및 행동문제를 해결하기 위해서는 무엇보다도 부모와 영유아 혹은 교사와 영유아 사이의 상호작용이 중재의 중심이 된다. 즉, 영유아의 행동, 인지, 정서를 총괄하는 모든 정신과정은 타인이나 영유아 주변의 모든 사회적 환경사이에 긍정적인 상호이해를 통하여 올바른 방향으로 발달된다는 이론이다. 이러한 접근법에서는 영유아를 가르치는 교사 및 부모는 중재대상인 영유아와 정서적 이해방향이 서로 같은지 점검하는 것이 무엇보다도 중요하며, 영유아의 중재프로그램을 계획하고 실행하기 위해서는 영유아의 눈높이와 이해정도에 맞는 지도방향이 설정되어야 한다. 그러기 위해서는 영유아가 어떤 사물이나 대상에 대해 의미하는 바를 교사가 정확하게 파악하고 이해함으로써 영유아와 교사가 공통의 정서를 형성하는 것이 우선되어야 한다. 예를 들어, 자폐성 영유아가 교사의 엄격한 모습에 대해 겁을 먹고 있다는 표시로 갑자기 소리를 질렀다면, 이 소리는 곧 "좀 더 친절한 얼굴을 원해요"의 요구어로 이해될 수 있어야 한다. 그러한 이해가 없이는 자폐성 영유아의 긍정적 발달을 촉진하거나 영유아가 지닌 행동상의 문제를 해결하는데 전혀 도움이 되지 않게 될 것이다.

또 하나의 교육적 접근 근거가 될 수 있는 기법은 인지적 정보처리 발달 모형을 응용하는 것이다. 이 접근법에서 가장 중요하게 고려되는 점은 외부환경으로부터 전달된 자극이 어떠한 경로를 거쳐 영유아에게 내면화 되는지를 면밀하게 파악하는 일이다. 현재까지의 연구결과에 근거하면, 정서 및 행동상의 문제를 지닌 영유아들은 정상적인 인지기능을 지니고 있다 하더라도 주의 산만함이나 충동성, 과다행동, 주의력 결함, 사회성 결함 등의 학습을 제한하는 행동특성들로 인하여 외부환경으로부터 전달되는 자극들에 대한 지각능력 및 인지적 응용능력이 상당한 지연을 나타낸다는 것이다.

이러한 문제해결에 가장 중요한 기본기능은 영유아가 외부의 환경지각 능력이나 작동기억 용량을 증가시킬 수 있는 방안을 모색하면 상당한 진전이 있을 수 있다는 것이다. 이러한 점을 바탕으로 하여 자폐성 영유아의 의사소통증진 교육프로그램을 계획하는 경우에는, 자폐성 영유아들과의 대화에는 아무런 정서기능이 담겨져 있지 않은 어휘나 문장을 사용하지 말고 정서적 의미가 많이 담겨있는 단어나 문장을 사용하면, 영유아가 교사가 하는 언어적 자극을 보다 더 많이 지각하고 작동기억의 양도 보다 높아진다는 것이다. 예를 들면, '공부한다'라는 말과 같이 정서적 의미가 담겨져 있지 않은 어휘를 사용하는 것보다는 '철이가 공부하네~'와 같이 정서적 기능이 내재된 대화패턴을 간단하고 체계적으로 사용하면 영유아의 입장에서 보다 쉽게 받아들인다는 것이다. 특히 자폐성 영유아의 교육에 있어서, 아이가 교사의 의사소통 의지에 대해 별다른 반응을 보이지 않는다거나 '자폐성 영유아의 교육에는 간단한 지시어를 사용해야 한다'는 교육전략 때문에 지나치게 딱딱하고 간결한 어휘를 사용하게 되는 경우가 있을 수 있다. 영유아가 이해하기 쉽도록 간결한 어휘를 사용해야 한다는 점에서는 매우 바람직하나 정서적 전달이 없는 말은 영유아의 장기적인 교육목표에 부합되지 않는다고 할 수 있다.

상호작용 및 정서 · 인지적 접근방법에 근거하여 자폐성 영유아가 지닌 문제를 해결하거나 발달을 촉진하기 위해서는 영유아가 이해할 수 있는 인지적 범위 내에서 긍정적인 상호작용이 이루어지고 영유아가 환경지각과 기억용량이 최대화 될 수 있는 방법이 무엇인가를 신중히 고려해야 할 것이다.

③ 생태학적인 접근

영유아발달 연구자인 브론펜 부르너(Bronfen bruner)는 정서 및 행동상의 문제를 해결하는 교육에 있어서 중요한 것은 사회생태학적 접근이라고 강조하고 있다. 부르너에 따르면, 사회적 제도 및 부모의 직장상황과 같은 가정 이외의 사회조직망이나 이웃의 이해와 협조가 영유아에게는 외계적 중간체계로서 영유아의 발달에 상당한 영향을 미칠 수 있다는 점을 강조한다.

브론펜 부르너가 중요시하는 점과는 반대로, 영유아가 지닌 문제해결의 방법으로 사람의 두뇌를 비유하여 처리하고자 하는 접근법이 있다. 이러한 접근법은 두뇌의 신경회로가 하나의 마디 혹은 인지단위로 해석될 수 있다는 가정에서 문제해결을 시도한다. 하나의 핵을 중심으로 여러 개의 회로망이 연결되어 있는데, 이러한 회로망에는 일정한 단위로 각 마디가 있고, 그 마디들의 집합체가 곧 회로망이라는 것이다. 두뇌의 신경회로망과 같이 영유아가 외부환경으로부터 자극을 받게 되면 그것을 받아들이는 각 마디가 있고, 그 마디는 하나의 단위체로서 회로망이라는 집합을 이루고 있다는 것이다. 이러한 회로망은 각 신경마디의 개체가 활발하게 활동하는 경우 회로망 전체가 활성화 된다는 것이다.

이러한 신경회로망 이론에 근거한 교육접근을 고려하는 경우에는, 자폐성 영유아의 학습증진이나 정서·행동문제 해결은 각 신경 마디 개체의 활성화 여부에 달려있다고 보는 방법이다. 활성화가 가장 왕성한 마디 개체는 적절한 환경 내에 있는 경우 정상발달을 긍정적으로 촉진할 뿐만 아니라, 다른 연결 마디들과 서로 연관되어 문제해결에 필요한 억제와 협조기능이 활성화된다는 것이다. 따라서 영유아의 학습이 원활하게 이루어지기 위해서는 각 개체인 두 개의 신경마디가 동시에 활성화 될 때라고 할 수 있으며, 이러한 신경조직기제의 활성화 이론은 신경생리기제의 활성화와도 관련성이 있다. 영유아기의 뇌신경이 나타내는 생리적 변화는 영유아의 인지발달에 변화를 가져오는 주요 원인이 된다. 환경자극이나 학습유도 자극에 의하여 신경가지들이 적극적으로 활동하게 되면, 그 신경가지는 건강한 수초화 현상을 나타내게 되지만, 그렇지 못한 경우에는 자연적으로 쇠퇴한다는 것이다.

연구에 의하면, 뇌의 특정부위에 있는 시냅스와 시냅스를 서로 연결하는 신경가지들의 평균수는 만 1세까지의 기간 동안 약 1만개에서 무려 10배가 더 늘어난 약 10만개로 증가된다. 이러한 시냅스 연결 가지들은 만 2세 정도까지는 급격히 증가하는 양상을 보이다가 만 7세 정도가 되면 그 증가추세가 점차적으로 적어져서 성인의 수준을 유지한다. 특히, 영유아기의 뇌신경계 말초 신경회로망은 상당한 정도의 재구조화 가소성을 보여준다. 정서, 인지, 행동 발달과 관련하여 김현택 등의 연구(1996)에 나타난 실험결과를 살펴보면, 환경이나 영양 면에서 질적으로 풍부한 환경에서 자란 쥐는 외부와 격리된 환경에서 자란 쥐보다 훨씬 더 건강하고 풍부한 수상돌기를 지니는 것으로 나타났다. 또한, 풍부한 환경에서 자란 쥐는 목적지를 찾아가는 기억과제 학습에서 제한된 환경에서 자란 쥐보다 훨씬 뛰어난 수행결과를 나타냈다. 쥐를 대상으로 한 또 다른 연구에서는 장난감을 갖고 어미와 함께 놀며 즐겁게 자란 새끼 쥐는 어미와 격리되어 자란 쥐에 비하여 뇌의 무게가 무려

10% 정도 더 많은 것으로 나타났다. 이러한 결과들은 수상돌기, 즉 신경회로 단위에 포함된 신경세포 가지들은 영유아기에 개개인이 경험하고 느끼는 정서·인지적 내용에 따라 근육이 단단해지고 튼튼해지는 것과 유사한 발달이 가능함을 뜻한다.

4. 효과적인 중재계획 실행하기

1) 자폐성 영유아 지도전략 구성요소

조기중재 프로그램을 진행함에 있어서 자폐성 영유아의 발달특성을 고려한 효과적인 중재결과를 이끌어 내기 위한 실질적인 지도전략은 〈그림 8-10〉과 같다.

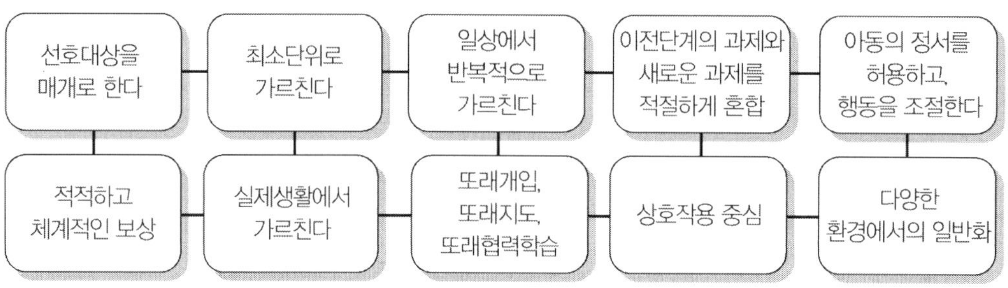

〈그림 8-10〉 자폐성 영유아 지도전략 구성요소

2) 중재실행에 필요한 선수상황들

중재목표와 함께 구체적인 중재프로그램이 설정되면 영유아에게 가르치고자 하는 내용이나 기술을 가장 효과적으로 가르치기 위한 실질적 중재실행 전략이 작성될 것이다. 체계적이고 종합적으로 짜인 중재계획이 성공적인 중재실행으로 옮겨지기 위해서는 중재환경 및 매체 등이 적절하게 준비되어져야 할 것이다. 다음 〈표 8-1〉은 자폐성 영유아의 조기중재가 성공적으로 실행되는데 필요한 선수상황들을 정리해 놓은 표이다.

3) 중재실행 절차

(1) 가르치고자 하는 구체적 기술을 명확하게 정의한다.

(2) 영유아에게 가르치고자 하는 기술을 구체적으로 인지시킨다.
(3) 목표 기술을 작은 단위로 나누어 구체적이고 체계적으로 가르친다.
(4) 가르치고자 하는 학습내용이나 기술을 부드럽고 자연스러운 방법 내에서 체계적으로 지도한다.
(5) 피이드백과 체계적이고 일관된 강화를 활용한다.
(6) 실제상황 제공 및 일반화를 촉진한다.

4) 중재프로그램 점검사항

(1) 중재에 대한 효과와 안전성에 대해 과학적인 타당도가 있는가?
(2) 모든 관련자가 한 팀이 되어 협력하고 있는가?
(3) 골고루 발달하도록 하는 포괄적인 중재방법을 사용하는가?
(4) 관련되어 나타나는 발달상의 문제나 건강상의 문제는 없는가?
(5) 혐오적 방법이나 기타 영유아의 발달에 저해되는 방법을 사용하고 있지는 않는가?

〈표 8-1〉 중재실행에 필요한 선수상황

중재매체	강점, 특성, 선호도, 나이에 맞는 교재교구	나이 적합성 교구자료, 특성 및 발달수준에 의한 개별화, 효과적인 긍정적 강화, 영유아동의 환경에 대한 이해,
중재실행참여자	적극적 부모참여, 관련전문가의 협력	부모, 또래, 형제자매, 이웃, 교사, 행동치료사, 언어치료사, 기타 관련 전문가들 및 지역사회 구성원
중재방법	작은 단위로 단계별 지도, 긍정적 강화 등 최적의 방법 선택	복합적 중재, 자기선택 및 결정기회, 간단하고 명료한 언어, 작은 단위, 구체적인 예, 또래그룹 참여, 독립적 과제수행 유도
일반화 및 유지	체계적, 다양한 환경, 다양한 사람	구조화된 최소장면에서 구조화된 중다장면으로, 구조화된 중다장면에서 일상생활 장면으로, 한 명 대상에서 두 명의 대상으로, 두 명의 대상에서 점차 대그룹 대상으로
대체행동 확장	상위그룹 행동, 자립생활과 통합을 지원할 행동	학습하여 획득하는 기술 범위를 확장시키고, 이미 획득한 기술에 대한 상위그룹을 가장 작은 단위로 연결하여 가르치며, 궁극에는 일상자립을 기능적으로 수행하고 개인의 삶의 질을 향상하는데 필요한

		행동으로 대체행동 확장
중재환경	구조화 예측가능 안정 시각적 일과표	시각적 학습 환경, 구조화되고 예측 가능한 교실, 시각화 된 개별 일과스케줄, 감각적 특성 등을 고려한 자리배치, 휴식할 수 있는 공간 제공
중재내용	긍정적 대체행동, 실제생활기능	위기상황에 대한 대처 계획
중재수준	아동의 발달수준에 맞는 개별화 프로그램	영유아가 현재 수행할 수 있는 수행수준을 근거로 하여, 수행할 수 있는 과제와 그 보다 가장 작은 단위로 상위인 과제를 적절하게 연결한 과제수준

제 9 장

장애유아 가족의 특성과 요구에 대한 이해

1. 장애유아 가족의 요구와 지원의 필요성
2. 미국과 유럽선진국의 장애유아 가족지원
3. 장애유아와 가족이 겪는 어려움
4. 장애유아에 대한 부모와 가족의 적응
5. 장애유아에 대한 국가의 재정적 지원정책

제9장 장애유아 가족의 특성과 요구에 대한 이해

1970년대만 하더라도 유아특수교육의 가장 중요한 목표는 장애유아를 위해 특별히 고안된 교육을 제공하는 것이었으나 장애인의 수용시설의 비판으로 장애인의 거취가 시설중심에서 가족중심으로 전환되면서 장애유아 교육에 있어서 가족과 협력의 중요성이 부각되었다. 즉 학교 교육을 통해서만 장애유아를 지도하는 것은 부족하므로 많은 시간을 장애유아와 함께 생활하는 가족을 지원하고 협력자원으로 이끌어냄으로써 보다 효과적이고 총체적 접근인 가족중심 유아특수교육으로 변화하게 되었다. 이것은 유아발달에 있어서 생태학적 접근이 지지를 받게 되었다는 것을 의미한다. 마찬가지로 장애유아 통합교육에 있어서도 이러한 접근은 똑같이 중요시 되어야 할 것이다.

이 장에서는 장애유아 통합교육을 하는 일반 유아교사들에게 가족지원 프로그램을 실시하고 또한 장애유아 통합교육에서 가장 기초가 되는 도움 정보를 제시하고자 한다. 즉 장애유아 가족의 도움 및 지원의 필요와 요구, 당면한 고충과 갈등, 가정생활 등에서 부딪치는 삶의 어려움을 이해하도록 돕는데 초점을 맞췄다. 장애유아 통합교육을 하는 일반 유아교사가 효과적인 통합교육을 하기 위해서는 특수교육 기초 지식에 앞서 장애를 갖고 있는 유아와 가족이 처한 고충과 갈등 어려움, 심리적 상태, 장애의 특성으로 인한 생활 속의 어려움 등에 대해 이해하고 공감하는 것이 무엇보다 선행되어야 한다.

더군다나 일반 유아교사는 유아특수교사보다 장애유아에 대한 접촉기회 및 경험이 적어 장애유아와 가족에 대해 생소할 뿐 아니라 피상적으로 이해하고 있을 가능성이 있다. 그러므로 이 장에서는 장애유아와 가족에 대해 이해하고 그들이 어떤 도움과 지원을 원하고 있는지를 파악하도록 돕는 정보를 제공하고자 한다. 이것은 장애유아 통합교육시 장애유아의 가족을 협력자 및 지원자로 잘 활용할 수 있는 가능성을 높이며 유아교사가 장애유아와 가족에 대한 공감대를 형성하고 적절한 도움과 필요를 파악하는데 유용할 것이다.

1. 장애유아 가족의 요구와 지원의 필요성

현실적으로 가족 가운데 장애유아가 있는 경우 가족의 기능은 부정적 영향을 받을 수 있고, 부모의 장애유아 양육에 따른 부담 및 스트레스 등으로 인해 가족의 장애유아 교육에 대한 효율적 참여가 어려울 수 있다. 따라서 유아교사나 가족지원교사는 이들의 부담과 스트레스를 이해하고 스트레스를 덜 받는 방법으로 교육에 참여할 수 있도록 적절한 도움과 지원을 제공해야 한다(이상복, 이효심, 1998). 이것은 장애유아가족과 정보를 공유하거나 일시적으로 탁아를 지원하거나 행동기법의 훈련, 정서족 지원의 상담, 장애유아가족의 개인적인 미래 계획 등 다양한 활동을 포함한다. 장애유아가족에 대한 교사들의 이해와, 관심, 지원은 장애유아가족에게 여러 가지 긍정적인 효과가 있음을 제시하고 있다. 즉 가족의 가정에서의 지속적인 장애유아의 양육에 대한 책임강화 양육에 대한 시간의 감소 및 이에 따른 가정의 하루 일과를 유지하고 취미를 추구하고 집 밖에서 직장을 찾을 수 있는 능력의 향상, 장애유아가족의 전반적인 스트레스 수준의 감소, 장애유아의 재활적 요구에 대한 대처 기술의 향상, 장애유아 가족의 전반적인 삶의 질 향상, 재활적 양육을 하기 위해 요구되는 특별한 능력을 배우려는 가족의 의지 등 여러 가지 효과를 나타냈다(Parrott & Herman, 1987; Rosenau, 1983; Zimmerman, 1984).

이와 같이 장애유아의 가족에 대한 교사의 관심과 조언 및 적절한 지원은 장애유아의 발달과 교육에 또 하나의 가정에서의 교사를 활용하는 큰 효과가 있을 가능성이 높음을 말해 주고 있다. 따라서 교사들은 장애유아의 가족에 보다 관심과 애정을 갖고 관찰하고 이해하고 그들의 요구와 도움의 필요성을 구체적으로 파악하여 지원하는 역할이 중요함을 깨달아야 한다. 그러기 위해서는 장애유아가족의 가정생활, 장애유아로 인해 겪게 되는 여러 가지 어려움에 대해 이해하는 것으로부터 시작하여야 한다.

2. 미국과 유럽 선진국에서의 장애유아 가족지원

미국과 유럽 등의 선진국에서는 장애유아 양육 및 교육에 있어서 가족이 수행하는 역할의 중요성을 인식하고, 가족으로 하여금 이러한 역할을 수행할 수 있도록 다양한 지원정책과 실제를 실천하고 있다. 예를 들면 미국의 경우 1986년 장애아동교육법 수정법의 Part H(지금의 장애인 교육법에서는 Part C)는 0~2세 장애 혹은 장애위험 아동 뿐 아니라 가족을 적법한 수혜자로 규정하고 있으며, 각 수혜자를 위해 개별화가족서비스계획(Individualized Family Service Plan : IFSP)을 개발하고 시행할 것을 요구하고 있다. 또한 장애인 교육법 수정법의 Part B는 주정부로 하여금 각 장애아동에 대해 개별화 교육계획안(Individualized Education Program : IEP)이나 IFSP를 개발할 것을 규정하고 있다. 따라서 미국의 Part C 하에서 0~2세 장애아동의 가족은 개인별 가족에 대한 진단 결과에 기초하여 0~2세 장애아동에 대한 무상의 다양한 중재 서비스뿐만 아니라 가족훈련, 상담, 서비스 조정, 이동수단 등과 같은 지원을 받을 수 있다.

이 외에 장애유아 가족은 장애아동가족지원법을 포함한 관련 법규와 정책 등을 통해 주에 따라 차이가 있기는 하나 탁아, 재정적 지원과 같은 실제적 지원을 받을 수 있다. 예를 들면 미시간 주의 경우 중도의 장애유아 가족은 보조 장구 , 탁아, 집개조, 기저귀 등에 드는 비용을 직접 현금으로 지원받을 수 있다.

독일의 경우 역시 주에 따라 차이가 있기는 하나 바이에른 주의 예를 들면 장애유아 가족은 장애유아에 대한 무상의 다양한 서비스 외에도 교육, 심리, 의학 및 법률적 지원 뿐 아니라 보조 장구 지원 및 가정 도우미로부터의 실제적 도움을 제공받고 있으며, 이 중 부모훈련은 공공기관 뿐만 아니라 민간단체에 의해서도 제공되고 있다.

우리나라의 경우에도 많은 학자들이 가족지원의 긍정적 효과를 인식하고 여러 문헌을 통해 가족지원의 중요성과 필요성, 목적, 원리, 방법 및 IFSP 개발절차 등을 제시하고 있다. 따라서 많은 국내외 학자들의 가족지원 필요성에 관한 합의된 의견 및 가족지원효과에 관한 선행연구를 고려할 때 우리나라에서도 장애유아 가족의 능력을 강화시키는 방법으로 가족을 지원할 필요가 있다.

그러나 가족의 중요한 기능(애정, 자아존중, 경제, 양육, 사회화, 레크리에이션, 교육 등)을 충족시키는 방법, 가족의 문화적 전통이 가족의 기능에 미치는 영향 등에 관해 이해하지 못하고서는 이러한 능력 강화의 상황을 창출하는 것은 의미가 없기 때문에 우리나라에서 장애유아 가족을 지원하기 위해서는 무엇보다도 먼저 가족지원의 직접적인 수요자인 장애유아 가족으로부터 그들의 경험을 경청하는 것이 필요하다. 그러나 아직까지 우리나라의 경우 장애유아 가족이 어떠한 지원을 받고 있으며, 앞으로 어떠한 지원을 필요로 하는지 등에 관한 정보 및 연구가 매우 미비한 실정이다. 따라서 우리나라 가족지원에 관한 장애유아 가족의 경험과 요구를 알아

보는 것이 필요하다.

3. 장애유아 가족이 겪는 어려움과 요구

우리나라에서는 아직 장애유아 가족지원 프로그램이 미비하고 활성화 되어있지 못하지만 앞으로의 가족지원 프로그램을 활성화하고 성공적으로 하기 위해서는 장애유아가족의 가족지원에 관한 경험과 요구를 파악하는 것이 무엇보다도 급선무이다. 따라서 여기에서는 이미선(2004)의 연구에 기초하여 현재 우리나라 장애유아 가족의 특성, 매일의 일과, 장애유아가 가족에게 미치는 영향, 장애유아가 받고 있는 지원과 서비스, 장애유아 가족의 지원망, 지각된 가족의 요구 등에 대해 제시하고자 한다. 이는 장애유아 통합교육의 초보자 및 실시하고자 하는 일반 유아교사에게 장애유아와 함께 생활하는 가족에 대해 심층적인 이해를 도모하는 데 도움이 될 것이다.

1) 장애유아 가족의 특성

이미선(2004)은 우리나라의 특수교육기관을 다양한 특수교육기관 즉 특수학교 유치부, 유치원 과정만 운영하는 특수학교, 유치원 특수학급, 복지단체부설 유아특수교육기관, 사설 유아특수교육기관 등을 포괄하는 18개의 유아특수교육기관의 어머니 18명을 대상으로 면담을 통해 장애유아 가족의 가족지원 경험과 요구를 조사하였다. 장애유아 가족의 특성은 다음과 같이 나타났다.

장애유아 가족의 평균 가족 수는 4.1명이었다. 장애유아 어머니의 연령은 31세부터 42세 사이이며(평균연령 35.2세), 직업을 가지고 있지 않았고, 5명을 제외한 나머지 13명은 모두 고등학교를 졸업하였다. 그들의 배우자인 장애유아 아버지들의 연령은 34세에서 46세 사이(평균 39.8세)이며, 6명을 제외한 나머지 아버지들은 모두 대학을 졸업하였다. 이들 가족의 월평균 수입은 최하 80만원에서 300만원 사이로 나타났다. 장애유아의 연령은 만 2세에서 6세(평균 4.11세) 사이이며 이들의 장애유형은 각각 시각장애 2명, 청각장애 2명, 지체부자유 2명, 자폐성장애 5명, 정신지체 7명이고, 장애유아 형제들은 만 1세에서 16세 사이로 나타났다. 장애유아의 장애 정도는 8명은 가볍고 나머지 10명은 좀 심한 편인 것으로 나타났다.

2) 힘겨운 매일의 일과

장애유아 어머니에게 일상적인 생활을 해 나가는 가운데 장애유아가 주 양육자인 부모로부터 지속적, 주기적으로 필요로 하는 지원 정도를 확인하기 위해 가족의 하루 일과를 기술하게 하였다. 그 결과 일반적으로 장애유아가 주 양육자인 어머니로부터 지속적으로 요구하는 주요한 공통적 지원은 식사, 용변, 목욕, 몸단장, 의복 착탈의, 의사소통, 놀이, 치료교육기관 및 유아특수교육기관으로의 통학, 병원진료, 이발관이나 미용실 이용 등 지역사회내의 이동으로 나타났다. 이 외에 장애유아는 부조장구(예 : 보청기, 휠체어) 착탈의와 집안에서의 이동을 위해 도움을 필요로 한다. 특히 대부분의 장애유아 어머니들은 장애유아를 통학시키기 위해 이들과 같이 집에서 나와 수업이 끝날 때까지 기다리고 수업이 끝나면 이들을 데리고 여러 군데의 치료교육기관이나 특수체육시설 등을 다녀야 하기 때문에 장애유아가 주 양육자인 어머니로부터 요구하는 지원은 어머니의 하루 일과 중 아침부터 늦은 오후까지의 시간투자를 필요로 하는 것이다.

장애유아가 가족, 특히 주 양육자인 어머니로부터 필요로 하는 지속적인 지원정도는 장애유아의 장애 특서에 따라 조금 다르게 나타나고 있는데, 특히 지체부자유아를 양육하는 어머니의 경우, 다른 장애유아를 둔 어머니에 비해 집중적이고도 지속적인 양육으로 그들의 일과 대부분을 힘들게 보낸다. 다음의 면담 내용이 이러한 어머니의 상황을 잘 반영하고 있다.

> 아침에 일어나서 6시 30분에 큰 아니 등교와 남편 출근을 시키고, 7시 30분에 다른 세 아이를 깨우고 준비시켜서 한 아이는 학교에 보내요. 특수학교는 9시 30분이라서 ○○이는 8시 30분에 깨워 목욕시키고 옷을 챙겨줘야 하는데 애가 휠체어를 타기 때문에 힘들어요. 그리고 두 아이와 함께 집에서 나와 셋째 아이는 이웃집에 맡기는데, 저한테 "저녁에 봐!"라고 인사를 해요. 그럼, 왜 그런 인사가 마음에 아픈지. 그 아니는 9시 10분까지 유치원에 가야 하는데 ○○이 때문에 지각할 때가 많아요. ○○이 수업이 끝나면 치료시간에 맞춰서 치료실로 가요. ○○이 휠체어를 타기 때문에 이동할 때마다 일일이 차에 앉히고 내리는 게 너무 힘이 들어요. (중략) 치료가 끝나서 돌아오면 빠르면 4시 30분, 대체로 4시 30분에서 5시 30분 사이에 도착해요. 그 사이에 셋째 아이는 이웃집에 있다가 제가 돌아오면서 데리고 와요. 집에 도착해서 정신없이 집안일 하다보면 언제 시간이 지났는지… 아침 국까지 끓여 놓으면 밤 12시가 넘어요. 12시에서 1시 사이에 잠이 드는 게 보통인 것 같아요.

그리고 다른 어머니들 역시 위의 어머니와 같이 집중적이고도 지속적으로 힘들지는 않더라도 장애유아 양육으로 하루하루를 바쁘게 힘들게 보내고 있으며, 대부분의 어머니들은 그들의 바쁜 하루 일과를 그들 나름대로 받아들이면서 생활한다. "처음에는 너무 힘들고 어려워서 어디 도망

가고 싶었는데, 이제는 이게 제 생활이다 싶어요. 어차피 제가 할 수밖에 없잖아요.

3) 장애유아가 가족에게 미치는 영향

장애유아가 가족에게 미치는 영향은 일반적으로 가족 구성원의 장애가 발견된 후부터 시작되며, 이러한 영향은 그 정도와 특성에 있어 가족 구성원의 장애 특성, 가족의 사회·경제적 지위, 가족의 심리적·신체적 특성, 종교 여부 등에 따라 조금씩 다른 것으로 나타났다. 그러나 장애유아 가족이 공통적으로 경험하는 것은 장애영유아를 포함한 구성원간의 적절한 관계 형성의 어려움, 심리적·신체적·경제적 부담의 증가, 시간적 여유의 부족이며, 이 외의 영향으로는 앞으로의 가족계획에 대한 우려, 집의 이사나 개조와 같은 물리적 환경의 변화가 있다.

장애유아가 가족에게 미치는 영향을 구체적인 예를 들면, 장애유아를 양육하는 과정에서 이들 가족은 장애유아의 특성, 행동문제에 대한 대처, 의사소통방법 등에 관한 지식 부족으로 이들과의 적절한 관계 형성에 어려움을 가진다.

자기 성미에 맞지 않거나 자기가 원하는 대로 되지 않으면, 소리를 지르고 울고 그러더라고요. 그리고 무슨 행동을 하는데 화가 나면 화장실에 가서 물을 틀어요. 물소리를 나게 하고, 그것을 못하게 하면 자기의 머리를 박거나해요. 이럴 때는 정말 어떻게 할지 모르겠어요.

또한 주 양육자인 어머니는 하루하루를 바쁘고 힘들게 보내고 있는 자신의 상황을 충분히 이해하지 못하는 배우자와 갈등을 겪기도 한다. 이 외에 주 양육자인 어머니들은 다른 자녀에게 많은 관심과 배려를 하지 못하고 장애 자녀로 인해 다른 자녀의 학교 행사 등에 빠지는 경우로 인해 다른 자녀에 대해 많은 안타까움과 미안한 마음을 나타내고 있다. 한편 비장애 형제들은 대체로 부모의 도움 및 안내로 잘 적응하고 있는 반면, 가끔 장애 형제가 지닌 장애에 의문을 나타내거나 장애 형제를 친구들에게 설명하는데 어려움을 나타내거나 부모의 장애 형제에 대한 지나친 관심에 대해 분노하거나, 장애 형제 때문에 친구를 집으로 데리고 오지 않는 고립적인 행동을 나타내거나, 부모 대신에 장애 형제를 보살펴야 하는 것에 대해 불만을 나타내기도 한다. 어머니의 면담 중에 이에 관한 예를 들면 다음과 같다.

○○의 형이 하루에도 몇 번씩 엄마는 누굴 더 사랑하는가 묻는데, 자기가 먼저 태어나서 엄마한테 더 사랑을 많이 받을 거라고 해요. 어떤 때는 일부러 ○○이를 형 보는데서 혼낼 때도 있어요."

장애유아가 가족에게 미치는 또 다른 영향의 예로서 가족은 다음번의 출산시 또 장애자녀를 낳게 될 수도 있다는 생각으로 가족계획에 관한 의사결정에 어려움을 가진다. 또한 장애유아에게 좋은 교육기관이 있는 곳과 가까운 지역으로 이사를 하거나 치료교육비 보조 장구 구입 등에 드는 비용 때문에 그들이 살던 아파트를 팔고 덜 비싼 아파트로 이사를 한 경험을 가지고 있다. 특히 청각장애나 지체부자유 영유아 가족은 장애유아의 치료교육비나 보조 장구 구입비로 인해 경제적인 면에서 많은 부담을 느낀다. 면담을 통해 이와 관련된 내용을 살펴보면 다음과 같다.

> 동생을 갖고 싶긴 한데, 또 장애가 있을까봐서 아직 동생을 못보고 있어요. 아이 아빠도 낳으라고 하는데, 제가 아직 확신이 없어요. 선생님, 괜찮을까요?

> 원래 우리 집은 천안이에요. 작년에 1학기만 거기서 다녔는데 적당한 교육기관도 없고, 아이도 어려서 피곤해 하고, 선생님도 아이도 힘들어서 2학기 때 서울에 이사 와서 자취를 시작했어요. 지금 아버지는 혼자 천안에 있어요. 제가 아는 다른 장애아동가족들도 장애아동 때문에 서울로 이사 왔어요.

> 보청기 구입은 다른 장애 아동의 엄마들 말 듣고 병원에서 소개받아 구입해서 어렵지 않았는데 (중략) 보청기에 대해 잘 모르겠어요. 무척 비싸서 부담이 많이 되었어요. 성능이 좋은 보청기는 보통 150만 원 이상 들거든요. 20만 원 정도를 정부에서 지원해 주는데, 사실 더 좋은 보청기가 나오면 해주고 싶은데…

또한 장애유아 가족은 현재 혹은 장차 장애유아 통합교육 가능성 여부로 많은 고민을 하며, 장애유아로 인해 평소에도 소외감, 슬픔, 우울 등의 정서를 경험한다. 이러한 심리적 어려움을 가지고 있는 가족은 장애유아가 다니는 중재기관 전문가들이 친절하지 않고 무뚝뚝하게 가족을 대하거나 장애유아를 공평하게 대하지 않는 태도 등에서 마음의 상처를 받은 경험을 가지고 있다.

> 엄마 마음도 좀 장애가 있지요. 소외감도 잘 느끼고… 선생님들이 편애해요. 생각이 소심하고 생각이 많아서 그런지(중략) 동등하게 대해 줬으면 좋겠어요. 우리애가 부족해서 사랑을 못 받는다고 생각하면 슬퍼요. 치료실 같은 경우는 많이 듣고 느낀 바이지만, 엄마들 대할 때, 빈부귀천을 막론하고 직업의식을 가지고 대해 줬으면 해요.

한편, 장애유아 가족은 장애유아의 양육으로 야기된 요구나 부담 때문에 외식이나 여행, 여가 시간의 부족을 토로하고 있다. 몇몇 가족은 장애유아 양육으로 인한 부담 때문에 이들을 수용시설로 보내는 것을 시도하거나 고려한 적이 있다. 다음에 제시된 면담 내용은 이와 관련된 경험을 잘 반영하고 있다.

> 나도 ○○에게 얽매이니까 하고 싶은 걸 하지 못해요. 지금은 컴퓨터 교육도 받고 싶고, 자격증이나 부업도 갖고 싶은데 아이 때문에 못하고 있어요. 주로 이런 것은 오전에 있거든요.

> ○○이를 키우는 게 너무 힘들어서 한 번은 식구들이랑 지방에 있는 시설에 같이 갔었어요. 그런데 들고 간 귤 박스를 떨어뜨릴 정도로 아무 생각도 안 나고, 그냥 되돌아오고 싶었어요. 소독 냄새가 심하고, 애들은 ○○이만한 아이부터 성인까지 있었는데 너무 부족한 게 많았어요. 보모가 한 방에 한명씩 있었는데… 안내한 사람한테(이곳에 있는 장애인들의) 부모가 있나 물었더니 계시긴 한데 처음에 1주일에 한번, 한 달에 한 번씩 방문하더니 지금은 발길을 끊는데요. 사람이 그렇구나. 나 역시 그렇게 되겠구나 하는 생각에 너무 무서웠어요. 그래서 말없이 ○○이를 안고 나왔어요. 우리 식구 모두가 소리 없이 울었어요. 서울에 오면서 가족은 함께 모여 살아야 한다고 생각했어요.

4) 장애유아가 받고 있는 지원과 서비스

장애유아가 받고 있는 주요한 공통적인 지원과 서비스로는 유아특수교육과 치료교육(예 : 언어치료, 물리치료, 행동치료) 서비스가 있으며, 이 외에 특수체육(예 : 수영), 의료, 보조 장구 및 과외가 있다. 이 중에서 무상 유아특수교육기관에 의한 교육 및 의료보험법에서 보조 장구 구입비 지원에 따른 보조 장구 지원을 제외하고, 대부분의 지원과 서비스에 드는 비용은 모두 이들 가정에서 직접 지출되고 있다.

장애유아가 받는 지원과 서비스와 관련하여 가족들은 처음 장애유아의 장애를 발견한 후, 유아특수교육 체계에 관한 경험이나 지식부족, 지역사회에 적절한 유아특수교육기관의 부족, 장애유아의 통합에 대한 일반 유아교육기관의 거부, 장애인 복지관이나 유명한 치료교육기관의 많은 대기자 수, 관련기관간의 협력 부족 및 일원화된 관리 체계의 미비 등으로 장애유아를 진단 및 평가하고, 이들을 위한 적절한 유아교육기관이나 치료교육기관을 찾는데 어려움을 겪은 경험을 가지고 있다. 특히 처음 장애유아의 장애를 발견한 후, 1년 정도가 유아특수교육 분야에 대한 경험이나 지식 부족으로 장애영유아를 위한 지원과 서비스를 찾는데 많은 어려움이 있었다고 말한다. 다음 면담 내용은 이러한 어려움의 일부를 예로 제시한 것이다.

엄마 혼자 여러 가지를 하고 있는 거죠. 제가 여기저기를 다녀야 하니까요. 일괄적으로 해주는 기관이 있으면 좋은데, 똑같은 교육기관인데, 다른(치료)교육기관을 갈 때 마다 맨 날 똑같은 질문하고, 검사하고… 서로 간에 협력이 안 되니까 그런 것 같아요.

특히 이들 가족은 일반적으로 무상 유아 특수교육기관에서 장애유아에게 제공하는 서비스에 만족하지 않으며, 만족하지 않는 이유로 충분한 치료교육 서비스의 부족, 학급당 많은 아동수, 교육 프로그램의 질적 문제 등을 그 이유로 들고 있다. 이러한 이유로 사설 유아특수교육기관의 가족은 사교육비를 내는 기관으로 장애유아를 보내게 되었다고 말한다.

5) 장애유아 가족의 지원망

장애유아를 양육하는데 있어서 이들 가족을 지원하는 주요 지원망을 모두 열거하면, 다른 가족 구성원(확대가족 포함), 친구, 다른 장애유아 부모, 이웃, 교회, 유아특수교육기관(담임교사 포함), 지방자치단체 및 국가로 나타남으로써 장애유아 가족은 공식적 및 비공식적 지원망 모두로부터 지원을 받고 있다. 그러나 지원의 정도는 개인별 가족에 따라 차이가 있는 것으로 나타났다.

대부분의 장애유아 가족은 공식적 지원망에 속하는 유아특수교육기관에서 월 1~2회 실시되는 부모교육에 한정된 지원을 받고 있으며, 이러한 부모교육은 개인별 장애유아 혹은 가족의 상황을 고려하지 않은 채 일률적인 내용이나 방법으로 실시되며, 형식적인 경향이 있다고 말한다. 따라서 장애유아 가족은 전체 부모가 모인 자리에서 가족 구성원의 장애나 문제행동이 심한 경우, 이들에 관해 궁금한 사항이 있어도 질문할 용기를 갖지 못한다. 유아특수교육기관 교사에 따라서는 학교 수준에서 이루어지는 부모교육과는 별도로 정보나 자료 제공 혹은 개별면담 등의 방법을 통해 학급 수준 혹은 1대 1로 부모교육을 실시하나 이는 매우 드문 사례이다. 유아특수교육기관에서 실시하는 부모교육에 대한 불만으로 몇몇 가족은 장애유아의 독특한 문제나 개인별 관심사를 다루기 위해 장애인 복지관 등에 교육비를 내고 부모교육에 참여한 경험을 가지고 있다.

한편, 장애유아 가족은 또 다른 공식적 지원망에 속하는 국가, 지방자치단체, 공공기관 등에서 제공하는 복지 시책에 관해 상세히 알고 있지 못하다. 이들이 알고 있는 복지시책에 관한 지식도 유아특수교육기관으로부터 제공받기 보다는 주로 다른 장애아동의 부모로부터 제공받고 있으며, 어떤 경우 교사들이 부모들보다 더 모르는 경우가 많다고 생각한다. 또한 장애유아

가족은 복지시책에 대해 알고는 있어도 이를 이용하는 방법에 관한 지식 부족이나 이용 절차상의 어려움 등으로 대부분이 등록 장애인에 대한 인적 공제, 장애인 의료비 공제, 승용자동차에 대한 특별 소비세·등록세·취득세면제 등과 같은 세금 감면 정도만을 받고 있다.

또한 대부분의 장애영유아 가족은 장애유아를 양육하고 교육하는 과정에서 다른 가족 구성원으로부터 지원을 받기는 하나, 몇몇 가족은 다른 가족 구성원들이 장애유아 양육에 대해 지지적인 태도를 보이기 보다는 부정적인 태도를 보인다고 말한다. 또한 가족은 가족 구성원보다는 친구, 이웃, 다른 장애아동의 가족, 교회로부터 상대적으로 더 많은 심리적 지원, 탁아, 정보 제공 등의 지원을 받는다. 그러나 비공식적인 지원을 받고 있는 장애유아 가족조차도 이웃 및 지역사회로부터 종종 고립되어 있다고 생각하며, 이러한 고립감은 주로 일반인의 장애인에 대한 부정적인 시각이나 편견 때문이라고 생각한다. 장애유아 가족은 사회의 부정적 태도 때문에 마음의 상처를 입은 경험을 다음과 같이 말하고 있다.

> 언젠가 제가 ○○이랑 패스트푸드점에 갔어요. 저와 제 아이가 의자에 앉는데, 한 여자 종업원이 이상한 눈으로 저를 뚫어지게 쳐다보는 거예요. 저 한번 쳐다보고 제 아이 한번 쳐다보고… 저도 화가 나서 같이 쳐다봤어요. 그 종업원이 저를 쳐다보지 않을 때까지요. 그랬더니 나중에는 눈을 돌리더라고요. 집에 와서 너무 억울하고 분해서 막 울었어요.

6) 지각된 장애유아 가족의 요구

가족이 장애유아 양육 및 교육에 대한 효율적 참여를 위해 필요로 하는 지원은 개인별 가족에 따라 조금씩 다르게 나타나고 있으나, 가족이 가장 높은 빈도로 나타낸 지원에 대한 요구는 장애유아를 위한 적절한 교육기관이며, 이 외의 주요 요구로서 0세부터의 특수유아교육 제공, 방학 중 혹은 방과 후 장애유아 프로그램, 장애유아 탁아 서비스, 장애유아를 포함한 가족 구성원의 문제해결과 관련된 가족교육, 유용한 정보제공, 상담 및 정서적 지원, 보조 장구 및 의료비와 관련된 의료보험법의 현실에 맞는 법규 개정 등 다양한 지원에 대한 요구를 표명하고 있다.

즉 가족은 장애유아의 발달과 재활을 위해 무엇보다도 장애유아에게 질 높은 교육을 제공할 수 있는 적절한 교육기관이 있기를 바란다. 더 나아가 지금의 3세보다는 이른 시기인 0세부터 특수교육이 제공되기를 바란다. 또한 이들은 유아특수교육기관을 제외하고는 적절한 사설학원이나 같이 놀아 줄 또래 친구가 없는 장애유아에게 다양한 방학 중 혹은 방과 후 프로그램이 제공되기를 바란다. 또한 가족, 특히 주 양육자인 어머니들은 장애유아 양육으로 심리적·신체적 부담 및 여가 시간의 부족을 느끼며, 이러한 문제는 장애유아 탁아나 가사 보조 서비스가 제공되는 경우 많이 감소될 것이라고 말한다. 이 외에 가족은 장애유아와의 의사소통, 문제행동, 가정에서의 학습지도 방법, 장애영유아 통합교육 가능성 등과 관련된 문제를 다루는데 도움이 되는 정보나 교육 프로그램이 제공되기를 바란다. 또한 장애유아 양육과 교육으로 경제적 부담이 늘어난 이들 가족은 어떤 형태로든 재정적인면에서의 지원이 있기를 바라며, 이러한 측면에서 장애유아의 보조 장구 및 의료비와 관련된 법규가 현실에 맞게 개정되어야 한다고 말한다. 마지막으로 가족은 이들이 요구하는 다양한 지원을 여러 기관을 다니면서 받지 않고, 가능한 한 한 장소에서 일괄적으로 받기를 바란다.

한편 가족의 지원에 대한 요구 중 어떠한 요구를 가장 큰 요구로 생각하고 있는지 알아보기 위해 현금 보조금에 질문한 결과, 대부분의 가족은 국가로부터 현금보조금이 지원되는 것에 긍정적인 반응을 보이며, 가족이 진실로 필요로 하는 곳에 이러한 현금보조금을 사용할 수 있을 것이라고 생각한다. 그러나 일부 가족은 현금 보조금이 장애유아가 아닌 다른 용도로 사용될 수 있음을 우려하면서 현금보조금 대신에 치료교육기관에 대한 교육비 면제 등과 같은 간접적 지원 형태를 선호한다. 현금 보조금을 가족들이 직접 받는 경우, 그것을 어디에 사용할 것인가를 질문한 결과, 대부분의 가족은 무엇보다도 우선 장애유아의 치료교육비로 사용할 것이며, 이 외에 장애유아의 보조 장구 구입, 장애유아 통학을 위한 교통수단 구입이나 차량유지비, 학습지 구독, 앞날을 위한 저축 등에 사용할 것이라고 하였다. 장애유아의 주 양육자인 어머니는 치료교육, 유용한 정보제공, 탁아, 상담 및 의뢰 서비스 등과 같은 다양한 지원을 장애유아와 주 양육자인 어머니들이 하루의 많은 부분을 보내게 되는 유아특수교육기관에서 받고 싶어 하며, 이러한 요구는 다음의 면담 내용에 잘 나타나 있다.

> 치료에 대한 부담이 커요. 학교에서 치료가 되면 여기 저기 다니지 않고, 경제적으로나 시간적으로 낭비가 적을 것 같아요. 장애아동을 키우는데 부담이 없도록 아이도 가끔 봐주면 좋겠어요.

이와 같이 우리나라에서 장애유아 가족은 유아특수교육기관으로부터 부모교육 외에는 별다른 지원 활동을 하지 못하고 있는 현실을 확인하였다. 더욱이 장애아동 교육과 직접적 관련이 있는 장애인교육법에 개별화된 가족지원에 관한 근거가 규정되어 있는 미국과는 달리, 우리나라의 경우 특수교육진흥법에 부모교육에 관한 근거가 규정되어 있는 것을 제외하고는 가족지원에 관한 근거조차 제시되어 있지 않다. 또한 개인별 장애유아 가족은 서로 다른 장애 특성,

사회 · 경제적 지위, 심리적 · 신체적 특성, 공식적 비공식적 지원망 등을 가지고 있었다. 이러한 차이 때문에 가족이 장애유아로 인해 갖는 어려움 및 이러한 어려움을 극복하기 위한 양육과 교육에 참여하는 가족이 필요로 하는 지원의 범주와 정도도 조금씩 다른 것으로 나타났다. 이것은 장애유아에 대한 지원은 다양한 개인별 가족의 특성과 요구에 맞도록 요구의 차이를 존중하여 이루어져야 함을 시사한 것이며, 이러한 시사점은 학자들이 주장하는 가족지원 원리와도 일치하는 것이다.

그리고 특히 주지할 사항은 장애유아 가족들은 장애유아에 대한 교육과 치료 외에도 정보제공, 탁아, 상담 및 의뢰 서비스와 같은 지원을 하루 일과 중 많은 시간을 보내고 유아특수교육기관이라는 장소에서 받기를 원하였다. 따라서 유아특수교육기관 및 장애유아통합교육을 하는 일반 유아교육기관의 교사들은 누구보다도 먼저 가족지원의 긍정적 효과를 인식하고, 개인별 가족의 특성과 요구에 따라 개별화된 다양한 지원을 제공하는 노력이 요청된다. 또한 장애유아를 지도하는 유아특수교사나 일반 유아교사들은 장애유아와 가족에 대해 보다 많은 개별적인 관심과 애정을 쏟고 최대한의 특수교육 서비스를 지원해야 할 것이다.

그리고 장애유아와 가족에게 개별화된 다양한 지원을 제공하기 위한 노력의 일환으로 교사들은 가족의 문화 다양성에 관한 인식, 다양한 특성을 지닌 가족과의 의사소통 기술, 가족진단 방법, 공식적 · 비공식적 지원에 관한 지식, 가족교육 프로그램과 같이 다양한 집단 경험을 조직할 수 있는 집단 리더십 기술 등과 같이 가족지원을 하는데 필요한 지식과 기술을 개발하는 것이 요구된다. 더 나아가서는 가족 상담과 같은 가족지원 활동을 설치 목적으로 하는 전국 141개 특수교육지원센터, 부모교육, 탁아 서비스, 장애인 가족 캠프, 방과 후 프로그램 등을 운영하고 있는 한국장애인부모회의 지방조직, 기타 지역사회내 관련 기관간의 협력을 통해 장애유아 가족에게 다양한 범주의 지원을 제공하거나 개인별 가족 특성과 요구에 맞는 지역사회 내의 적절한 지원망으로 가족을 의뢰하는 역할을 통하여 가족지원 활동을 수행하는 보다 적극적인 노력이 요청된다.

그리고 장애유아 가족이 필요와 요구에 대해 세세하게 조사한 한 연구(2004, 오세철, 김혜경)에 의하면 장애유아 부모들은 아동과 관련된 정보로 다음과 같은 정보를 제공받기를 원하는 것으로 나타났다. 즉, 가정에서의 아동교육방법, 발달지체 아동의 미래, 자녀발달 정도에 관한 교사전문가와의 상담, 아동의 장애 전도, 기관의 프로그램(교육과정), 자녀를 돌보고 적절히 도와주는 방법, 발달지체 아동의 권리 아동의 평가와 배치, 아동의 행동문제, 교육과정 계획의 참여, 아동의 친구관계 형성, 영유아 발달과정, 여가 및 취미 생활영역, 자녀의 성교육 방법 등이다. 또한 가족과 관련된 정보로는 가족지원에 대한 정보, 가족과 관련하여 전문가와 상담하는 방법, 부모교육에 대한 정보, 형제자매에게 심리적 정서적 도움을 지원받는 방법, 가족과 여가 및 취미 생활을 즐길 수 있는 방법, 가족과 친척들에게 장애자녀에 대해 설명하는 방법, 가족참여 프로그램에 대한 정보 등을 알고 싶어 하는 것으로 나타났다. 그리고 지역사회와 관련된 정보로는 특수교육기관의 배치에 대한 정보, 통합교육기관의 배치에 대한 정보, 방학 중 자녀를 위한 교육프로그램, 지역사회의 현장학습 기회 참여에 관한 정보, 의료보험 지원에 관한 정보, 장애자녀의 일시위탁에 관한 정보, 장애아를 위한 부모 모임이나 단체 참여방법, 다른 가족과의 교제방법, 교통수단 지원 정보, 레크리에이션에 관한 정보 등을 원하는 것으로 나타났다.

장애유아 통합교육을 실시하는 유아교육기관 및 유아교사는 이러한 정보에 대해 체계적인 안내서 및 책자를 만들어 부모들의 정보에 대한 요구를 충족시켜 줄 수 있어야 할 것이다. 현대사회는 장애유아의 부모뿐만 아니라 그 가족을 참여시키는 새로운 부모참여 프로그램을 요구한다. 학교는 장애유아의 통합교육이 보다 효과적인 증진 결과가 나타나도록 부모와의 만남이 있어야 하며, 부모와 가족 참여에 대해 부모와 다른 학교 및 사회 기관들과 협력하고 논의해야 할 것이다. 협력활동으로는 학교와 가정간의 의사소통의 촉진, 가정 학습활동에의 가족 참여, 관리, 의사결정, 학교에 대한 주장 활동에의 가족 참여, 가족 프로그램 육성을 위한 사회기관과의 공동연구 등이 이루어져야 할 것이다. 그럼으로써 장애유아와 가족, 학교, 지역사회가 함께 유기적으로 연결되어 장애유아의 교육과 활동이 원활하게 이루어지게 될 것이다.

4. 장애유아에 대한 부모와 가족의 적응

장애유아 통합교육 현장에서 장애유아와 가족에 대한 이해를 하기 위해서는 장애유아를 가진 부모들의 심리상태를 알아보고 이에 적절하게 준비하고 대처하는 것이 필요하다. Cansler의 장애인 가정의 적응단계를 중심으로 장애유아에 대한 부모와 가족의 적용에 대해 살펴보고자 한다.

1) 장애유아 부모의 적응과정

장애유아 부모의 적응과정은 〈표 9-1〉과 같은 정서적 반응 단계를 거쳐 점차적으로 적응해

가면서 심리적인 안정도 점차적으로 이루어진다.

〈표 9-1〉 부모의 정서적 반응 단계

단 계	정서적 반응	전형적인 행동
1단계	충격	• 처음에 장애를 알게 되어 충격을 받기 시작하여 방황
2단계	부정	• 부정하거나 믿으려 하지 않음
3단계	노여움	• 사실을 점점 인정하기 시작하지만 대부분의 부모는 노여움을 품게 됨 • 문제의 원인을 찾고 비난할 상대를 찾게 됨 • 원인을 알게 되면 자녀의 문제를 알게 됨 • 예방하지 못한데 대한 어느 정도 죄책감
4단계	슬픔	• 전체의 적응 과정에 스며있는 감정 • 슬픔과 의기소침, 절망
5단계	초연함	• 마음을 비우기 시작 • 별 일이 없었던 것처럼 대수롭지 않게 의미없이 나날을 보냄
6단계	개심	• 부모가 사실을 수락하기 시작하는 전환기 단계 • 마음을 고쳐잡는 개심의 반응 • 상황에 대한 실상을 인식하고 미래에 대한 희망을 갖게 됨 • 자기 자녀가 무엇을 성취할 것인가에 초점을 두기 시작 • 부모프로그램 참여, 장애아동 지원단체 활동에 적극적 참여
7단계	수용	• 자녀의 특수요구가 무엇인가를 충분히 이해 • 특수한 요구를 충족시켜 주기 위해 치료교육을 시도 • 상황을 감수하고 장애를 수용하는 성숙한 정서를 나타내게 됨

2) 장애유아 부모와 가족의 반응

흔히 볼 수 있는 장애유아에 대한 부모의 정상반응으로는 충격으로 인한 부정, 분노와 죄의식, 수용과 적응이 있다. 이와 관련된 부모와 가족의 심리와 태도 및 반응을 살펴보면 다음과 같다.

(1) 부정

- 장애의 정도를 과소평가하거나 아예 받아들이지 않는 즉 부정을 하는 것이다. 따라서 부모들은 전문가들의 진단을 우선 의심하거나 받아들이는 것을 유보 내지는 거부한

다. 어느 부모들은 자기아이의 진단평가팀의 전문의, 임상심리학자, 특수교육자등의 자질과 능력을 의심하며, 흔히 다른 전문의를 찾아가 새 의견을 얻기 위해 다시 자기아이를 검사시킨다. 병원들이나 전문의의 사무실을 계속 옮겨 방황하여 장애아동을 위해 조기진단과 조기치료를 시작하는 것이 지연되며, 때로는 장애의 치료시기를 완전히 놓치거나 향후 치료 효과를 심하게 저하시킬 수 있다.

- 또 다른 형태의 부정은 사실을 은폐하거나 어렵고 고통스러운 사실을 자기 혼자 견디고 삼키면서 자기 배우자에게는 이러한 정신적인 고통이나 부담을 주지 않으려는 의도에서 철저히 숨긴다.

(2) 분노와 죄책감

- 초기의 분노는 밖으로 표현될 경우 감정전위 현상으로 나타나게 되는데 어려움의 원인이나 책임을 자기 외에 다른 사람에게 돌림으로써 자신의 무력감 등의 정신적인 부담을 줄이려고 하는 것이다.
- 부모는 자신의 죄책감을 덮기 위해서 아동의 장애를 남의 탓으로 돌리려는 무의식적인 자신의 심리적인 요구 때문에 장애를 갖고 있는 아동을 지나치게 보호하는 행동을 하여 아동의 정서적 성숙과 육체적 발달을 지연시킬 수 있고, 아동 자신에게 자기가 무엇인가 부족하다는 느낌을 가지고 자라게 한다.
- 자기아동이 장애를 갖고 있다는 것이 엄연한 사실일 때 초기의 분노를 오히려 자기에게 돌림으로써 현실적으로 아동의 장애문제를 해결하는데 정력을 쏟지 않고 오히려 자기 자신을 탓하고 공격하여 우울증 증세를 보이기도 하여 장애아동으로 부터 자기를 격리시켜서 결국은 장애아동을 가진 가정에서 반드시 필요한 부모의 도움을 아이에게 줄 수 없게 되며 가족은 이중의 부담을 안게 되는 것이다.

(3) 수용과 적응

- 부모는 장애자녀를 가지게 되면 위에서 열거한 병적 반응을 하게 되지만 점차 그 태도를 버리고 장애자녀를 있는 그대로 받아들이는 태도를 가지게 된다. 부모가 장애자녀를 수용할 수 있게 되면 장애자녀에 대한 죄의식을 갖지 않게 되고, 수치심도 갖기 않게 되기 때문에 누구하고도 자유롭게 장애자녀의 문제를 놓고 의논할 수 있게 되며, 자녀의 장애를 왜곡함이 없이 그대로 받아들이고 전문가를 찾아 전전함이 없이 장애

자녀에게 할 수 있는 가장 좋은 지원을 하게 된다.

- 장애아에 대한 부모의 병적인 반응이 나타나기도 한다.
- **만성부정** : 부모가 오랫동안 해결하지 못한 장애에 관련된 죄의식 때문에 친척들이나 외부와의 접촉을 일체 끊고 고립되어서 단지 장애아동과 지신들만의 생활에 전념하는 것이다.
- **지속되는 분노와 죄의식** : 장애자녀를 가진 거의 모든 부모는 만성적인 슬픔을 가지고 있다. 부모들이 만성적 슬픔에서 장애자녀를 수용하지 않게 되면 분노와 죄의식을 갖게 된다. 부모가 자기 아동에 대해 죄책감을 제대로 다뤄서 일정한 기간 안에 해소하지 못할 경우에 대부분의 경우 장애에 대한 반작용으로 지나치게 신경을 쓰고 정성을 쏟게 되는데 이런 부모의 경우 사실은 자기네들의 이러한 행동에 대해 후회를 하거나 분개한다.

장애유아 통합교육을 실시하는 유아교사들 중에서, 특수유아교사는 장애유아와 부모 및 가족을 접촉한 기회 및 경험이 많아 장애유아를 가진 부모 및 가족의 마음을 헤아리고 이해하는 측면에서 일반유아교사보다 훨씬 유리한 입장에 있다. 반면에 일반유아교사는 장애유아와 부모 및 가족에 대해 접촉 경험이 적을 뿐 아니라 장애유아로 인해 심리적으로 불안정하고 위축된 장애유아 부모와 가족을 이해하고 공감대를 형성하는 것이 쉽지 않을 것이다. 따라서 유아교사들은 위에서 언급한 장애유아 부모와 가족의 정서상태 및 적응과정을 충분히 이해하고 가능한 많은 대화와 잦은 접촉을 통해 장애유아 부모와 가족이 유아교사를 편안하고 친숙하게 느낄 수 있도록 배려해야 할 것이다. 더 나아가서는 장애유아의 부모 및 가족의 스트레스 및 우울한 기분 등을 해소하여 심리적인 건강을 유지하도록 적절한 언어적 상호작용이나 부모교육 프로그램 등을 제공해야 할 것이다.

5. 장애유아에 대한 국가의 재정적 지원정책

일반유아에 비해 장애유아는 매우 다양한 욕구를 가지고 있으며 교육 및 보육, 치료 등 포괄적인 서비스의 지원이 필요하다. 국가는 장애로 인한 가정의 해체를 막고 부모와 다른 형제의 부담과 스트레스를 줄이기 위해서 장애유아 뿐만 아니라 그 가족에 대한 지원도 필수적이다.

장애유아와 그 가족을 위한 국가의 재정적 지원정책을 살펴보면 다음과 같다. 2004년 일반

유치원에 취원한 만 3~5세 특수교육 대상 장애유아에게 유치원 학비 1인단 월 20만원(연간 240만원) 지원으로 사실상 장애유아에 대한 유치원 특수교육의 실질적인 무상교육을 실시하였다. 이는 특수교육 대상 유아의 무상교육 보장으로 장애유아 가정의 생활안정 및 교육복지 증진에 기여했다는 의미를 지닌다.

2005년 보육시설의 장애유아 무상교육 4천명에서 9천명으로 확대실시를 통해 보육시설을 이용하는 장애유아 보육료 전액무상(만 0세~12세 취학 전 장애유아)을 이루었으며 1인당 월 29만 9천원을 지원하였다. 또한 장애유아 통합보육시설 및 장애유아 전담시설 보육교사 인건비를 100% 지원하였으며 반편성외 장애유형에 따라 아동 10명당 치료사 1명, 취사부 1명 등에 대해서도 100% 인건비를 지원하게 되었다.

2005년 특수교육기관 종일반 및 방과 후 학교 운영지원을 통해 특수교육 대상 학생의 전일제 교육과 보호에 의한 장애학생의 전인적 발달 도모 및 부모의 사회활동 참여를 증대시키는 결과를 가져왔다.

2006년 장애아 특수학급 설치 의무화 정책을 통해 장애학생을 위한 일반학교 특수학급이 유치원과 초·중·고등학교 과정별로 지역교육청당 1개 이상 설치되었다. 또한 일반학급당 장애학생수도 유치원 4명, 초·중학교 6명, 고등학교 7명으로 낮춰졌다. 이 외에 특수학교에만 있던 치료교육교사를 특수학급에도 배치하고 평균 55만원에 달하는 학부모의 치료비 부담도 덜어주게 되었다.

2007년 5월 25일에는 '장애인 등에 대한 특수교육법'이 제정되어 2008년 5월 25일부터 시행되기에 이르렀다. 이 법안은 장애인 교육을 지원하는 법안으로 국가 및 지방단체가 장애인 및 특별한 요구가 있는 사람에게 통합된 교육환경을 제공하고 생애주기에 따라 장애유형 및 장애정도의 특성을 고려한 교육을 실시하여 이들이 자아실현과 사회통합을 하는데 기여함을 목적으로 한다. 따라서 이 법안에 의하여 특수교육대상자는 유치원부터 고등학교까지 의무교육을 받게 되며 만 3세 미만의 장애영유아교육은 무상으로 받게 된다. 또한 각급 학교의 장 또는 대학의 장은 특수교육대상자가 그 학교에 입학하고자 하는 경우에는 장애를 이유로 입학의 지원을 거부하거나 입학전형 합격자의 입학을 거부하는 등 교육기회에 있어서 차별을 하지 못하게 되었다.

또한 특수교육대상자는 필요한 '특수교육 관련 서비스'를 제공받게 되는데 이는 인적, 물적 자원을 제공하는 서비스로 상담지원, 가족지원, 치료지원, 보조인력지원, 보조공학기기지원, 학습보조기기지원, 통학지원 및 정보접근 지원 등을 말한다. 또한 국가 및 지방자치단체는 특수교육대상자에게 적절한 교육을 제공하기 위해 '장애인에 대한 특수교육종합계획의 수립'에 관한 업무를 수행하는데 경비를 예산의 범위 안에서 우선적으로 지급하도록 하고 있다. 이는 선진국 수준에 준하는 특수교육대상자에 대한 지원이라고 할 수 있는 획기적인 것이다.

이제 우리나라는 제도적 측면에서는 장애유아와 그 가족을 위한 지원체계가 최상의 조건으로 마련되었다고 할 수 있다. 따라서 앞에서 언급했던 장애유아와 그 가족이 겪는 어려움 및 지원체계의 미비함은 이제 법적으로는 어느 정도 해소 할 수 있는 기반이 마련되었다. 다만 이를 실제적으로 실현하고 보편화하는데 어느 정도의 시간이 소요되고 어느 정도의 수준에서 이루어질지가 관건이다. 이에 대한 국가와 국민의 적극적인 노력이 필요하다. 또한 제도화한 만큼 하루빨리 혜택이 실질적으로 이루어져야 할 것이다.

제 10 장

영재유아와 영재교육

1. 영재유아의 개념 및 특성
2. 영재유아의 판별 방법
3. 유아를 위한 영재교육 프로그램
4. 유아 영재교육의 방향

제10장 영재유아와 영재교육

우리나라에서는 교육기본법 제12조와 제19조에 영재교육을 할 필요성을 명시하였고, 이를 기반으로 영재교육진흥법을 2000년 1월 28일에 제정·공포하였으며 2002년도에는 정부에서 영재교육진흥법 시행령과 함께 영재육성책을 발표하였다. 이처럼 영재교육에 대한 관심이 높아져 감에도 불구하고, 대부분의 연구나 정책들은 초등학교 이상의 영재학생에만 국한되어 있으며, 실제적으로 영재유아는 영재교육의 진흥대상에도 완전히 배제된 상태에 놓여 있다.

영재유아가 자신의 잠재력을 최대한 발휘할 수 있도록 하기 위해서는 개별 유아들에게 적합한 교육적 경험이 제공되어야 한다(Kaplan, 1980). 하지만 특정분야에 뛰어난 능력을 보이는 영재유아들이 조기에 적절한 교육을 받지 못하여 그 재능이 사라져 버리는 경우를 종종 볼 수 있다. 이처럼 뛰어난 능력을 나타내는 유아들이 그들의 영재성을 사장시키지 않기 위해서는 유아의 영재성을 조기에 발견하여 그들이 지니고 있는 잠재능력을 최대한 발휘할 수 있도록 하는 교육적 지원이 절실히 필요하다. 유아의 나이가 어릴수록 유아가 속한 물리적, 심리적 환경이 영재성의 발현과 계발에 영향을 주며 실질적인 역할을 한다.

이처럼 유아기의 영재교육이 중요함에도 불구하고, 유아의 영재교육이 제대로 실현되지 못한 데에는 여러 가지 이유가 있다. 첫째, 영재유아 정의의 문제, 유아의 영재성 평가방법이나 도구의 문제, 전문가의 부재 등으로 인해 실질적으로 전문가에 의해 영재유아를 판별해 내는 작업을 하지 못함에 기인한다. 둘째, 영재유아 교육 프로그램과 교사가 부족하기 때문이다. 셋째, 영재교육에 대한 올바른 인식이 형성되어 있지 않아 부모들 가운데는 교육을 받으면 영재가 된다고 생각하거나 유아에게 나타난 영재성을 전혀 인식하지 못하는 경우가 많다. 이러한 이유들 때문에 체계적인 영재교육 서비스를 제공하는 일은 초등학교, 중학교 및 고등학교에 집중하게 되고 제외된 영재유아들은 자신의 특성과는 맞지 않는 프로그램 속에서 비효과적이고 비현실적인 교육을 받고 있는 것이다.

유아가 가진 영재성을 발현시키기 위해서는 유아기부터 유아의 영재성을 조기에 판별하여 그들에게 적절한 교육 프로그램을 제공하는 것이 매우 절실하다. 적합한 평가방법에 의한 유아 영재판별과 적절한 교육적 개입은 뛰어난 능력을 보이는 영재들의 잠재력을 극대화 할 수 있으며, 또한 뛰어난 영재가 미성취 영재로 전락하는 것을 미리 방지할 수 있도록 해준다(장영숙, 2001). 이는 유아기부터 영재성에 대한 판별이 필요하며 영재유아에 대한 교육 서비스가 필요함을 나타낸다. 따라서 본장에서는 영재 유아의 정의 및 특성, 판별 그리고 영재유아의 교육 프로그램, 영재 유아교육의 나아갈 방향 등 핵심적인 내용을 중심으로 기술해 보고자 한다.

1. 영재유아의 개념 및 특성

1) 영재성의 정의

영재성에 대한 정의는 계속적으로 다양하게 개념화 되어왔기 때문에 영재성이 무엇인가에 대한 합의된 정의를 이끌어내는 것은 쉽지 않다(Harrison, 2004). 영재성에 대한 초기의 이론에서는 영재성을 지능과 동일한 개념으로 인식하였다. 이에 따라 Terman과 Odem(1925)은 영재를 "스탠포드-비네(Stanford-Binet) 검사에서 지능지수가 140인 인상인 자 또는 동일연령집단에서 상위 1%의 점수에 속하는 사람들"이라고 보았다.

그러나 이처럼 영재성을 지능이라는 단일 기준으로 보는 것에 대한 비판이 제기 되었으며, 영재성에 다양한 재능들을 포함시키는 다면적인 측면으로 영재성의 개념을 확장시키는 노력이 나타났다. 이러한 견해가 반영된 것이 미국 교육부의 정의이다. 이에 따라 미국 교육부(Marland, 1972)에서는 영재성을 일반지능, 특수학업적성, 창의적이고 생산적인 사고력, 지도성, 시각 및 공연예술, 정신운동 능력의 6개 영역으로 나눌 수 있다고 보았다. 이 제안은 결국 영재를 일반지능 뿐 아니라 교과적성, 창의성, 지도성, 예능적성, 운동능력 등 모든 면에서 고려해야 한다는 것을 의미하는 것이다.

하지만 Renzulli(1986)는 이러한 미국교육부의 정의가 과제집착력과 같은 동기유발적 요소가 결여되어 있다고 비판하면서 영재성의 구성요소를 평균 이상의 지적능력, 과제에 대한 집착력, 높은 창의력을 영재성의 구성요소로 보았다. Renzulli는 웩슬러 지능검사로 측정 하였을 때, 지능지수가 약 115 이상이면 충분히 영재교육의 대상이 될 수 있다고 주장한다. 일반적으로 지능이 높을수록 대단히 뛰어난 성취를 할 가능성이 높다고 생각하는 경향이 있어

왔다. 그러나 Renzulli는 평균이상 정도의 지적 능력이면 뛰어난 성취를 하기에 충분하다고 강조한다.

Gagne(1993)는 영재성은 천성적으로 타고났거나 체계적 훈련을 받지 않은 상태에서 흔히 적성이라 일컫는 인간의 능력을 영재성이라고 보았고 이러한 영재성이 체계적인 훈련을 토해 인간의 특정 활동 분야에서 전문적인 능력이나 기능으로 나타났을 때, 이를 특수재능이라고 보았다. 즉 적성이 동기와 성격이라는 개인 내적 요인과 가정, 학교 사회의 환경요인이 제공하는 체계적이고 집중적인 훈련을 통해서 발달되어 특정분야의 특수재능으로 나타나게 되는 것이다.

Maker(1993)는 영재성의 핵심요소를 가장 효율적이고 효과적인 방법으로 복잡한 문제를 해결하는 능력이라고 보았다. 즉 영재성은 효율적이고 효과적인 방법들을 사용하여 수렴적인 사고와 확산적인 사고를 요구하는 문제를 해결하고 독창적으로 문제를 새롭고 더 명확하게 정의할 수도 있는 능력이라는 것이다.

한편, Gardner(1983, 1993)의 다중지능 이론에서는 문화권 내에 존재하는 어떤 영역에서 조기에 나타나는 생물심리학적인 잠재력을 영재성이라고 보았으며 이러한 영재성에 대한 정의는 영재를 보는 시각과 학습방식이 다양화 될 수 있는 가능성을 제공한다. Gardner는 언어, 논리수학, 공간, 음악, 신체운동, 대인관계, 개인이해 그리고 자연탐구 능의 다중지능 영역이 서로 독립적이며 동등하며 인간의 능력은 다양한 지능영역에서 나타날 수 있음을 보여준다(장영숙, 2002). Gardner의 다중지능 이론은 영재성을 단일한 것이 아니라 다원적인 개념으로 이해함으로써 영재성에 대한 새로운 접근을 시도한다.

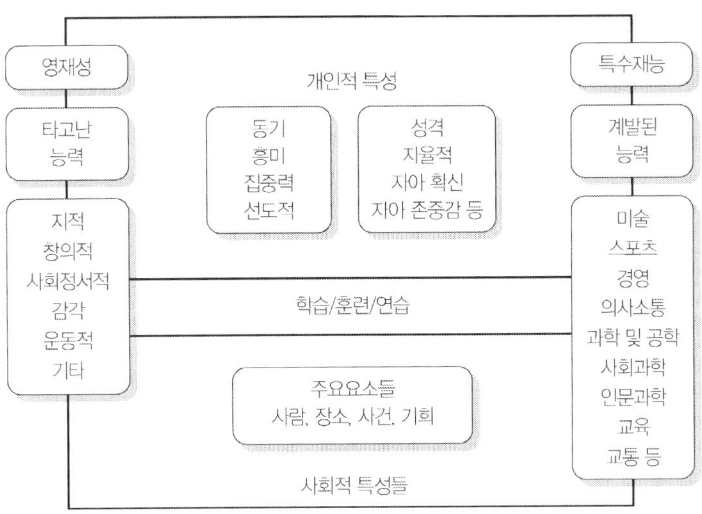

〈그림 10-1〉 영재성과 특수재능간의 관계

우리나라에서는 교육기본법 제12조와 제19조에 영재교육을 할 필요성을 명시하였고 이를 기반으로 영재교육진흥법을 2000년 1월 28일에 제정・공포하였다. 영재교육진흥법 제5조에는 "고등학교 과정 이하의 각 급 학교에 취학한 자 중에서 다음 각 호의 1의 사항에 대하여 뛰어나거나 잠재력이 우수한 사람 중 영재판별 기준에 의거 판별된 사람을 영재교육 대상자로 선정하며 영재교육을 해야 할 분야로 일반지능, 특수 학문 적성, 창의적 사고능력, 예술적 재능, 신체적 재능, 기타 특별한 재능으로 구분하여 제시 하였으나 구체적인 비율은 제시하지 않았다. 이 정의는 정규교육과정이 아닌 특수교육을 받아야 할 영재의 비율이나 제공해야 할 영재교육의 영역을 명시하고 않지는 않다. 그 이유는 각 영재교육 기관이 자율적으로 영재교육 대상자의 비율과 영재교육의 영역을 정하고 그에 적절한 교육목표, 선발방법, 교육내용과 방법을 적용하는 것이 바람직하다고 보기 때문이다. 이 정의에 의해서 영재교육 대상자로 선발된 학생에 대해서는 그 학생의 능력 수준, 관심 및 적성을 고려하여 인문사회과학, 자연과학, 예술, 체육 및 기타 다양한 특수재능 영역의 도전적인 프로그램을 제공하여야 함을 의미하고 있다.

이상에서 살펴본 것을 종합해보면 영재성의 정의와 관련된 최근의 경향은 다음과 같이 요약될 수 있다.

첫째, 영재성은 학업 능력에 직접 상관이 있는 지적 능력만을 고려하던 입장에서 다양한 분야의 재능까지도 포함한다.

둘째, 영재성의 구인으로 창의성이 새롭게 강조되고 있다.

셋째, 영재성은 태도나 성향(예를 들면, 과제집착력 등)까지도 포함한다.

넷째, 영재성은 실용적인 가치가 있는 고등의 문제 해결력을 포함한다.

다섯째, 잠재적인 가능성과 능력을 고려하여 영재의 범위를 보다 폭넓게 잡는다.

2) 영재유아의 특성

영재성은 광의로 일반 지능에서부터 특별한 재능까지를 포함하고 있으며 그 특성들은 지적 측면에서 드러나지 않고 창의성, 사회・정서적 영역, 감각 운동적 영역 등 여러 면에서 드러날 수 있다. 영재의 특성에 관해 기술한 여러 문헌들에 의하면 지적 영재들이 지적 요인 뿐 아니라 동기적 또는 창의적 특성에서도 남다른 특성을 보인다고 주장하고 있다.

Rogers(1986)는 영재부모에게 초기 36개월 동안 아동의 발달에서 보여준 특성을 질문했을 때 뛰어난 어휘력과 기억력, 주의집중 각성과 주의집중 지속성 및 창의성이 거의 2, 3세 정도에서 일찍부터 뚜렷하게 나타난 특징들이었다고 보고하였다. 또한 학습 능력에 있어서는 아주 어릴 때부터 책에 강한 호기심과 관심을 보였으며 퍼즐이나 컴퓨터를 좋아하고 숫자나 글자를 일찍부터 깨우쳤다고 보고하고 있다.

Piirto(1994)는 언어사용, 수리적 능력, 음악, 미술, 신체운동 능력, 시공간 능력, 사회 인지 능력과 같은 영역에서 빠른 발달을 보이며 기억력이 우수하고 또래보다 오래 집중하며 발달의 제측면 간에 불균형을 보이고 정서적으로 조숙하여 또래를 이끌거나 자기보다 나이 많은 아이들과 상호 교류하는 것으로 보고하고 있다.

국내 연구로는 조석희, 한순미(1986) 등이 전국에서 발굴한 144명의 3~5세 영재유아가 언어발달, 글자읽기와 책읽기, 숫자 알아보기와 셈하기 등에서 일반적인 발달 시기보다 훨씬 앞섰음을 보고하고 있다.

영재의 특성에 대해 기술한 기존의 연구들을 종합해보면 언어적 측면에서 영재유아는 일반유아에 비해 언어발달에 있어 어휘력이 풍부하고 정보를 빨리 습득하고 오래 기억한다. 영재유아들은 1.5세부터 3세 사이에 빠른 어휘 습득이 일어나고 일찍이 비교적 복잡한 문장을 구사한다. 언어사용의 정확성, 단어에 대한 흥미, 언어놀이에 대한 욕구 등이 다른 아이들보다 뛰어나다. 또한 영재들은 3.5세경이면 스스로 글을 깨우치고 읽고 싶어 한다. 영재늘은 보통 아이들보다 3~4개월 정도 더 빨리 말하기 시작하며 읽기는 1~2년 정도 더 빨리 시작한다(Abraham & Hartwell, 1985). 그러나 Gross(1993)는 일반유아보다 늦은 18개월과 21개월에 말을 시작한 IQ 170, 200의 두 형제의 연구결과를 통해 조기 언어발달이 영재성을 확인하는 지표이기는 하지만 그렇다고 지연된 말하기를 영재가 아니라는 지표로 받아들여서는 안 된다는 것을 보여주었다.

영재들은 신체적 측면에서 대체로 적어도 평균 이상의 발달을 보인다. Gross(1993)의 연구에서는 일반아들이 7~8개월에 혼자서 서는데 반해 IQ 160 이상인 영재들은 평균 6.1개월에 혼자서 서기를 하였으며 도움 없이 혼자서 걷는 연령은 12.1 개월로 일반아들보다 3개월 정도 빨랐다고 하였다. 하지만 Frierson(1965)은 거주지역이 동일한 경우에는 일반아와 영재아 사이에는 신장과 체중에 차이가 없다고 하였다.

사회·정서적인 발달에서 영재들은 새로운 상황에 빨리 적응하고 친구들과 잘 어울리며 동료들의 관계에 있어서도 주도적이라는 주장이 있는 반면 영재들의 뛰어난 어휘력, 유창한 사고 능력 때문에 또래들과 사회적 관계를 맺는데 어려움이 있다는 주장도 있다. 이 외에도 영재유아의 특성으로는 전논리적 사고, 애매모호한 것에 대한 불편함, 개념적 지식 차이성, 뛰어난 사고 기술 등을 지적하고 있으며 비범한 기억력, 끈질긴 질문, 추상적 이해 능력, 왕성한 호기심, 학습에 대한 욕구, 뛰어난 유머감각 등이 있다(Gross, 1993). 동기 특성에 있어서도 영재아는 과제에 대한 집착력이 강하여 하나의 주제나 문제에 몰두하며 과제를 완성할 때까지 끈기있게 노력한다.

〈표 10-1〉 영재아동의 학습 특성

특성	수반되는 문제
1. 예리한 관찰력, 순수한 감수성, 의미 이해, 신기함에 대한 점검 의향	1. 잘 속을 가능성
2. 추상, 개념화, 통합능력, 귀납적 학습과 문제해결에 대한 관심, 지적활동에 대한 즐거움,	2. 감독에 대하여 경우에 따라 저항, 사소한 일에 대한 거부 및 용서(격한 감정의 누그러짐)
3. 인과관계에 대한 흥미, 관계성 파악 능력, 개념 적용에 흥미	3. 비논리성 수용의 어려움
4. 구조와 질서를 선호, 가치체계, 수체계, 시계, 달력 같은 일관성을 선호	4. 자신의 체계를 고안, 때로는 갈등이 발생
5. 기억력이 좋음	5. 기계적 절차와 반복훈련을 싫어함. 기초적 기능의 초기 숙달이 필요함
6. 언어숙달, 풍부한 어휘, 표현능력, 독서에 흥미, 첨단분야에 대한 정보의 확장	6. 초기에 특별한 독해가 필요, 독서에 대한 부모의 저항, 장황한 말투를 피해야 함
7. 의문스러운(미심쩍은) 태도, 지적 호기심, 꼬치꼬치 캐물음, 내재적 동기	7. 초기의 가정이나 학교에서의 자극 부족
8. 비판적 사고력, 회의론, 평가적 검토, 자기비판과 자기점검	8. 타인에 대한 비판적 태도, 자기비판에 의한 실망
9. 창의성과 독창성, 새로운 일처리 방식의 선호, 창조, 묘안 떠올리기, 자유분방에 관심	9. 알려진 것에 대한 거부, 자기 자신을 위한 창안이 필요
10. 집중력, 강력한 주의집중(삼매경), 장기간의 주의집중	10. 방해하는 것에 저항
11. 고집이 세고 목표 지향적 행동	11. 완고함
12. 감수성, 직관력, 타인에 대한 공감, 정서적 지원 및 감정이입적 태도 필요	12. 성공과 인정의 욕구, 비판에 대한 민감, 또래집단의 거부에 상처받기 쉬움
13. 왕성한 의지, 기민성, 열의 진행되는 발명에 관하여 강도 높은 자발적인 노력	13. 한가로움과 발전이 이루어지지 않는 것에 대해 좌절

특성	수반되는 문제
14. 일과 공부에서 독립적, 개인적 작업의 선호, 자기 신뢰, 활동과 이동의 자유가 필요	14. 부모 및 동료집단의 압력과 비동조성, 거부와 반항의 문제
15. 다재다능과 예술상의 기교, 흥미와 능력의 다양성, 많은 취미, 음악, 미술과 같은 예술 형식에 숙달	15. 집단작업에서의 조화(동질성) 부족, 유연성과 개성화 필요, 관심의 탐구와 개발에 도움이 필요. 주된 관심사항에서 기초능력의 구축이 요구됨.
16. 친밀함과 사교성	16. 다양한 형태의 집단에서 동료관계가 필요 사회적 지도력의 개발 문제

〈표 10-2〉 영재아동의 탁월한 특성 진단 검목표 :
같은 나이 또래의 동료와 비교하여 보았을 때 특징과 차이점

어휘력	• 많은 어휘를 가지고 있다. 나이에 비하여 더 발달된 말과 용어를 알고 있으며 사용한다. 말에 대하여 흥미를 가지고 있으며 정확하게 말을 한다.
언어적 재능	• 자신을 잘 표현한다. 글을 명확하게 쓴다. 자기 또래의 아동보다도 긴 문장을 쓴다. 사용하는 언어적 표현이 다양하다. 외국어를 쉽게 배운다. 두 가지 또는 그 이상의 언어를 유창하게 사용한다.
독서	• 독서를 즐긴다. 열심히 읽는다. 광범위하게 읽는다. 읽는 것을 쉽게 익혔다. 스스로 읽어서 배운다. 같은 또래의 아동보다도 더 많고 좋은 책을 읽는다. 적어도 자기 나이에 비하여 2학년 수준 이상의 책을 읽는다. 읽기 어려운 책을 골라낸다. 백과사전류, 지도책, 생물학 책과 같은 정보적 단서를 즐겨 읽는다.
쓰기	• 알파벳을 쓴다. 자신의 이름, 단어와 문장을 쓴다. 편지, 이야기, 시, 운문을 쓴다.
기억력	• 비상한 기억력을 갖고 있다. 세부적인 것도 기억해 낸다. 이야기 내용의 대강을 기억한다. 거의 그대로 이야기 내용을 되풀이하여 말할 수 있다. 듣고 읽은 것을 많이 되풀이하거나 연습하지도 않고 기억한다. 장소, 경험, 사람, 방향 등을 잘 기억한다. 기억을 해서 완전한 노래를 부를 수 있다. 멜로디와 가사를 둘 다 기억한다.
학습	• 빨리 효과적으로 배운다. 쉽게 배운다. 흔히 많은 노력을 들이지 않고서도 배운다. 최소한의 설명과 노력으로 수준 높은 것을 많이 배운다.
사고력	• 명확하고 논리적으로 사고한다. 이성적이며 추론(연역)하고 일반화하고 논하고 함축되어 있는 관련성을 인식한다. 의미를 이해한다. 자기 행동의 이유를 설명할 수가 있다. 하나의 상황에서 다른 상황으로 학습을 적용 할 수 있다.

사고의 융통성	• 문제에 대한 선택적인 해결책을 찾는다. 새로운 환경과 경험에 적용한다. 새로운 환경을 즐긴다. 애매모호성을 다룰 줄 안다.
추상적인 추리력	• 추상적인 사고를 할 수 있다. 어려운 개념을 이해하기 위한 구체적인 예시물을 거의 필요로 하지 않는다. 시각적이고 구체적인 자극 없이 정신적으로 수학적 관계성에 도달할 수 가 있다.
상징적 사고	• 상징적인 사고를 할 수가 있다. 말과 숫자와 같은 상징체계로서 일을 쉽사리 해낼 수 있다. 부호를 즐긴다. 수학능력이 우수하다.
일반화 통찰력	• 사물의 관계성을 인식하고 올바르게 일반화를 도출해 낸다. 뚜렷하게 관련되지 않은 관념들 사이에서의 관련성을 찾을 수 있다. 원인과 결과에 대한 통찰력을 갖는다. 학습을 새로운 환경에 전이한다. 사건에 대한 유사성과 차이점을 찾아낼 수 있다. 과거의 경향을 인식하고 미래에 대해 그것을 계획한다.
계획과 조직성	• 일을 계획하고 조직한다. 문제를 해결하는데 있어서 사전에 예상을 한다. 행동하기 전에 생각한다. 일을 추진함에 있어서 과학적 조사방법을 적용한다. 물리적으로 문제를 해결하기 전에 기술적으로 문제를 생각한다. 일과 활동에 대한 효과적인 절차를 선택하고 세운다.
유머 감각	• 날카로운 유머감각 또는 해학적이다. 다른 사람에게는 쉽게 이해가 되지 않는 소재에서 유머를 찾는다. 지적인 환경에서 유머를 즐긴다. 빈정거림과 잔인한 농담을 싫어한다.
공간적 관계성	• 짝 맞추기 그림을 좋아한다. 기계적인 물건들을 조립하는데 능숙하다. 형태와 구성을 지닌 놀이를 즐긴다. 서로 다른 토막들을 빨리 분류해 낸다.
정서적 안정성	• 정서적으로 대개 안정되어 있다. 쉽게 흥분하지 않는다. 화를 느리게 나타낸다. 욕구좌절 감당력이 강하다. 사람에게 특히 어리거나 덜 영리한 아이들에게 인내심을 갖고 대해 준다.
우수한 성취력	• 어떤 분야에 있어서 우수한 능력을 가지고 일을 해낸다. 음악, 미술, 과학 또는 학력 등과 같은 분야에서 상을 받는다. 학교에서의 성적에서 계속 높은 점수를 받는다.
자부심이 강하고 자기 신뢰성이 높다.	• 독립적이고 개인주의적이고 자부심이 강하며 자기 신뢰적이다. 교사나 다른 사람으로부터의 지시를 거의 필요로 하지 않는다. 정당한 근거 없는 설득으로부터 쉽사리 동요되지 않는다. 비판적인 조사 없이 권위자의 발표를 그대로 받아들이지 않는다. 타인과 다르게 되는 것을 두려워하지 않는다. 그 자신의 힘과 능력에 대해 자신을 가지고 있다. 명확한 생각과 성향을 가지고 있다.
건강	• 자기 또래들 보다는 건강상의 문제가 거의 없다.

정력	• 정력적이고 활동적이다. 특히 어릴 때는 흔히 '과잉활동'이라고 잘못 불려진다. 신체적으로 잘 조화되어 있다. 운동경기를 즐기며 체육활동에서 우수하다.
발달 초기의 성장	• 일찍 일어서고 걷고 빨리 말한다. 모든 점에 있어서 기대되는 것보다 더 일찍 해낸다. 같은 나이 또래의 다른 아기보다 훨씬 더 잘 자라는 것 같다.
형제 및 다른 사람과의 비교	• 누이와 형제들도 역시 영리하다. 가족 중 다른 형제들과 다르다. 매우 영리하다. 같은 나이의 다른 아동들보다 더 영리하다.
나이 많은 놀이 친구를 선호하는 경향	• 자기보다도 나이 많은 아이들과 어울려 놀기를 좋아한다. • 어른을 포함한 나이 많은 사람과 함께 있기를(교제하기를) 좋아한다.
복잡성	• 복잡한 것에 흥미를 갖는다. 복잡한 사고를 바란다. 그 복잡성을 증가시키기 위하여 놀이의 규칙을 바꾼다. 환경의 많은 요인과 국면들을 동시에 생각할 수가 있다. 지질시대, 인류의 기원, 상대성과 같은 비교적 넓은 영역의 개념을 즐겨 이해한다. 복잡한 자료를 각각의 부분으로 분리하여 이해하려고 한다. 종교, 정치성, 국가적 쟁점 등과 같은 자신의 연령에 따른 경험수준을 넘어선 문제에 관심을 갖는다.
창의성과 상상력	• 창의적이고 상상적이다. 놀이, 이야기, 장난감을 만들어 내고 그것들을 개조해 낼 수 있다. 상상적인 이야기를 한다. 문제와 질문에 대한 많은 해결책을 산출해 낸다. 특이한 관계성과 연관성을 찾는다. 특이한 방법으로 사건과 경험을 해석한다. 공상을 한다. 나이에 비해 특이한 개념에 대해 호기심을 갖는다. 어릴 때 상상적인 놀이 친구를 갖기도 한다. 공상, 동화, 공상과학소설 등을 즐긴다. 새로운 구조와 과정을 상상하고 그것들을 말과 글, 그림, 음악 또는 다른 예술적 형태로 표현 할 수 있다.
독창성	• 새롭고 활력적이고 독특한 작품을 만들어낸다. 의외의 일을 해낸다. 여러 분야에서 매우 독창적인 사고를 나타낸다. 기량이 풍부하다.
호기심	• 호기심과 연구심이 있다. 자극적인 질문을 많이 한다. 사물과 환경을 가까이 탐색한다. 어떻게, 무엇 때문에(왜) 사물이 움직이는지 알려고 하며 발견해 내려고 하고 그것들을 분리시키려 한다. 설명한 것에 대해서 의혹을 품는다. 말의 의미에 대해 호기심을 갖는다. 계속적으로 '왜?'하고 묻는다. 세계에 대한 경이감을 가지고 있다. 사회적인 현상에 대해 항상 의문을 갖는다.
경이감	• 경외심을 나타내며 자연 현상에 깊은 감명을 받는다. 세상에 대해 정열감을 가지고 있다. 다른 사람과 협조하면서 발견하는데 공헌하려고 한다.
지식의 범위	• 나이에 비해 풍부한 지식을 가지고 있다. 광범위하게 또는 특이한 분야의 책과 자료를 읽는다. 사전, 참고서적 그리고 연감 등의 정보적 도서를 즐겨 읽는다. 자신의 나이를 넘어선 특별한 분야의 매우 전문적인 지식을 가지고 있다.

흥미의 범위	• 광범위한 범위에 걸쳐 흥미를 가지고 있다. 특별한 영역에 대한 강한 흥미를 가지고 있다. 특이한 취미를 가지고 있다. 특이한 정열과 관심을 가지고 흥미와 취미거리를 찾는다. 다양한 주제에 대한 정보 창고를 가지고 있는 것처럼 보인다. 자신의 나이를 넘어서는 흥미와 취미를 가지고 있다.
심미적 관심과 그 분야의 재능	• 미(아름다움)에 대한 반응을 나타낸다. 심미적 관심과 예술, 음악, 율동, 춤, 작문, 시 등과 같은 분야에 대하여 탁월한 재능을 가지고 있다. 음악작품(작곡자)과 노래의 멜로디를 기억해 낸다. 색깔의 조화, 빛깔 그리고 그림자의 변화에 대해 반응을 나타낸다. 시를 듣고 읽고, 쓰기(창작)를 즐긴다. 형태와 꾸밈에 대해 민감하게 반응을 한다. 뛰어난 솜씨로 악기를 연주한다.
우수한 학업 성취력	• 어떤 분야에 있어서 또는 어떤 특별한 과목에서 계속적으로 높은 점수를 받는다. 학업의 진전을 즐긴다. 수학에서 탁월한 재능을 나타낸다.
지도력	• 이들은 지도자이다. 그래서 다른 사람에게 영향력을 행사한다. 환경에서 지도자의 위치에 앉는다. 가치있는 활동을 하게 될 때는 솔선한다. 대개 활동을 지도한다. 조직가이다. 의지력이 강해 보인다. 계획하고 조직하기를 좋아한다. 환경을 지배하려는 경향이 있다.
세부적인 것에 대한 주의력	• 세부적이고 반복적인 것에 대해서는 침착하지 못하다(참을성이 적다). 일상적인 과제에 대해 쉽게 지루함을 느낀다. 덜 세밀하고 반복적인 지시를 요구한다. 흔히 최소한의 정보를 가지고 지시를 미리 예견해 낸다. 정확하고 교묘하며 취미와 특별한 공부와 같은 강한 흥미의 주제에 대해서는 세부적인 데까지 관심을 기울이려고 한다.
주의력과 집중력	• 오랜 시간 주의를 기울인다. 주의집중에 몰두 할 수 있다. 쉽게 주의산만해지지 않는다. 시간의식을 자주 망각하는 경향이 있다. 일에 깊이 빠져 든다.
지속력(끈기, 과제집착력)	• 어려움에도 불구하고 지속해 나간다. 일이 완성될 때까지 그 일에 붙어있다. 다른 사람의 시각에선 가능성이 없고 달성할 수 있을 것 같지 않은 목표에 집중하려 한다. 자신에게 흥미롭고 일을 열심히 지속해 나가는데 거의 외발적인 동기를 필요로 하지 않는다. 집요하며, 목표를 성취하는데 있어서 단호함을 나타낸다.
자기비판력	• 자기 비판적이다. 완전을 위해서 노력한다. 그 자신의 일과 업적에 대해 쉽게 만족하지 않는다. 자신의 능력을 항상 올바로 평가한다. 자기 자신의 평가에 의해서 행동을 수정한다. 겸손하다. 자신의 지식을 자랑하거나 과장하지 않는다. 자신의 독특성을 의식하고 있다.
감응력	• 기민하다. 날카롭게 관찰력이 예민하다. 환경에 대응한다. 자기 스스로 발견 및 지각하고 깨닫는 경향이 강하다.

성격의 강인성	• 자기 통제적이며 외부의 통제를 거의 필요로 하지 않는다. 대개 좋은 행동을 하며 도덕기준에 부응한다. 자기 동년배들보다 더 건전한 성격 경향과 사회적 태도를 갖고 있다.
솔직성	• 의견을 표현하는데 있어서 숨김이 없다. 솔직하고 정직하다. 솔직하게 어른을 평가한다. 처벌을 피하려고 거짓말을 하지 않는다.
신뢰성	• 믿을 만하고 신뢰성이 있고 책임감이 있다. 주어진 일을 수행할 것임을 믿을 수 있다. 지시에 따르라는 것을 믿을 수 있다.
사회적 책임감	• 사회정의의 강한 지각을 가진다. 다른 사람의 복지에 대해서 염려한다. 다른 사람의 권리에 대해서 적극적으로 관심을 둔다.
협동성	• 협동적이다. 다른 사람과 일을 잘 해낸다. 공연한 말다툼과 싸움을 피한다. • 마음에 맞는 다른 사람과 함께 지내는 것을 좋아한다.
일반상식	• 일반 상식을 갖고 있으며 좋은 결정을 나타내 보인다.
민감성	• 깊은 감상력을 느낀다. 다른 사람들을 염려한다. 원칙에 따라 친절하다. 감정에 민감하고 다른 사람을 필요로 한다. 다른 사람에 대한 동정심과 감정이입을 가진다.
인기	• 다른 아이들이 매우 좋아한다. 사교적이고 친구들과 즐긴다. 지도자의 역할을 위임 받는다. 남들이 친구라고 생각해 준다. 밝은 성격을 가지고 있다.
열의	• 새로운 경험을 시도하려 한다. 과학이나 다른 분야에서의 특이한 결과에 대해서 기쁨을 나타낸다. 다른 사람이 이야기 할 때 번번이 끼어든다. 자신과 다른 사람의 발견에 대해서 기뻐한다. 지식을 습득하는데 있어서 즐거움을 나타낸다.

이러한 다양한 특성이 학교 교육환경, 가정의 교육환경에 따라 격려, 촉진되기도 하고 또는 무시되거나 묵살되고 방해받기도 한다. 영재아의 특성 발휘 및 성장 육성은 영재아, 재능아 자신의 내적인 조건과 외부환경 및 상황에 따른 외적 조건 간에 상호작용의 산물이라고 할 수가 있다.

2. 영재유아의 판별 방법

영재유아를 판별하는 방법은 지능검사나 창의성 검사 등 표준화된 검사를 통해 영재를 판별하는 방법, 부모나 교사의 관찰과 지명에 의한 방법, 체크리스트에 의한 평가, 개인 면접에 의한 평가, 수행평가 등을 통한 방법이 있다. 대표적인 기존의 영재유아 판별 방법 등을 살펴보고 그 문제점을 제시해 보면 다음과 같다.

1) 지능검사

전통적으로 영재유아를 판별하는데 있어서 지능검사와 같은 표준화된 검사가 사용되어 왔다. 그러나 집단용 지능검사는 집필 검사가 많아 유아기에 사용하기에는 맞지 않은 경우가 많다. 개인용 지능검사는 선별단계에서 선별된 대략적인 영재집단에게 좀 더 엄격한 선발 즉 최종적인 판별을 해 낼 수 있어 상대적으로 유아기의 영재아를 판별하는데 중요한 위치를 차지한다. 그럼에도 불구하고 개인 지능검사는 비용도 많이 들고 창의력, 지도력, 운동기능 능력 등을 판별하기는 어렵다. 또한 언어나 환경적인 결손을 가진 유아는 낮은 점수를 받을 수 있다는 문제점이 있다. 지능지수는 인간이 지닌 다양한 능력 중 언어, 수, 공간 능력만을 알려주는 것이다. 그러므로 높은 지능만을 기준으로 하여 영재유아를 판별하는 경우 오류가 있을 수 있다.

2) 창의성 검사

창의성 검사는 지능검사에 의해서는 낮은 지능 때문에 영재로 판별되지 못했던 창의성이 높은 유아를 판별해 낼 수 있는 장점이 있다. 또한 창의성 검사에서는 도형검사를 주로 채택하여 사용하기 때문에 지능검사보다도 문화의 영향을 적게 받는다. 그러나 창의성 검사는 영재를 판별하는데 있어 신뢰도와 타당도가 약하며 이를 실시하고 평가하는 사람에 따라 결과가 많이 달라질 수 있다. 또한 창의성은 복합적인 요소들이 역동적인 상호작용을 함으로써 나타나기 때문에 정확한 측정을 한다는 것이 쉽지 않다.

3) 교사 및 부모의 관찰과 지명

교사의 관찰과 지명은 영재를 선별할 때 자주 쓰이는 방법이기는 하나 영재 유아를 판별하는데 있어서는 타당도가 그리 높지는 않다. Jacobs(1971)는 중학교 2학년과 고등학교 1학년 학생들에게 있어서 교사가 50%의 영재를 판별할 수 있었으나 유치원에 다니는 유아들에 있어서는 영재 집단을 오직 4.3%만 판별하였다고 보고하였다. 교사의 지명방법은 교사의 주관적인 판단에 의존하기 때문에 객관성이 결여될 우려가 있다. 따라서 교사의 지명방법을 사용할 경우에는 영재판별에 대한 이해를 높이기 위한 적절한 연수나 교육이 필요하다.

부모의 판단은 유아의 영재성을 판단하는 중요한 정보원이 될 수 있다. Louis와 Lewis (1992)는 부모들은 자녀의 영재성을 교사보다도 더 정확하게 인지할 수 있다고 하였다. Bloom(1985)의 연구에 따르면 영재들 중 많은 사람들이 어려서 가족이나 부모에 의해 재능이 발견되어 특출한 능력을 발휘한 것으로 나타났다. 그러나 부모의 관찰과 지명도 부모의 주관성이 개입되기 때문에 부모가 영재의 특성과 판별방법을 배울 기회가 제공되고 부모에 대한 교육이 선행되어야 신뢰성있는 결과를 얻을 수 있다.

4) 체크리스트에 의한 평가

체크리스트는 평가지를 이용해 유아의 행동특성을 검사할 수 있기 때문에 유아의 영재성을 간편하게 파악하는데 유용한 방법이다. 그러나 Lawrence와 Anderson(1977)에서 Renzulli와 Hartman(1978)의 행동 평정척도와 웩슬러 지능검사간의 상관관계를 산출한 결과 학습특성에만 상관이 있었고 다른 영역의 특성에서는 상관이 나타나지 않았다. 이와 같은 점을 고려해 볼 때 체크리스트에 의한 영재행동 평정척도만을 이용해 영재를 판별하는 경우에는 정확하고 신뢰할 수 있는 영재판별을 하기가 어렵다.

5) 개인 면접에 의한 평가

유아와의 개별적인 면접은 유아의 언어능력 및 영재성의 수준을 평가하는데 유용하게 사용될 수 있다. 유아와의 개별적인 면접은 유아의 특성과 능력을 파악하는데 도움을 준다. 그러나 유아와의 면접 과정에서 유아의 마음을 여는데 있어서의 어려움, 유아와 면접자 사이의 친밀감, 유아의 동기 및 기질 등 여러 요인들이 유아의 능력을 파악하는데 영향을 미칠 가능성이 크다. 유아들은 면접 과정의 여러 가지 상황적 요인에 의해 많은 영향을 받을 수 있기 때문에 유아와의 개인 면접만으로 신뢰성 있는 유아의 영재성을 측정하는 것은 어려움이 있다.

6) 수행평가

일반적으로 수행평가는 시각예술과 공연예술 등을 평가할 때 많이 사용되어져 왔다. 그러나 최근에 많은 관심을 끌고 있는 Gardner의 다중지능이론에 기초한 프로젝트 스펙트럼에서는 교육과정과 평가를 구분 짓지 않고 맥락적 상황에서 유아의 능력을 평가함으로써 기존의 유아영재의 판별방법이 가지고 있던 문제점을 보완할 수 있다(장영숙, 황윤세, 2003). 하지만 교사의 평가기준에 대한 명확한 인식 없이는 주관적 판단에 치우칠 염려가 있다.

위에 언급한 여러 가지 영재유아의 판별 방법 중 어느 한 방법만으로는 영재유아의 판별절차를 대표할 수 없으며 지능검사라든가 창의성 검사라든가 어느 한가지의 검사만으로는 영재유아 판별의 대표적인 검사가 될 수 없다(장영숙, 2001). 영재아를 판별하는데 있어서는 어떤 한 가지 방법을 사용하기 보다는 여러 가지 방법을 사용하여 다면적으로 영재유아를 판별하는 것이 필요하다.

또한 유아의 영재성을 판별하는데 있어서 한 번의 검사로 부족하며 일반적으로 여러 단계에 걸쳐서 유아에 대한 자료를 수집할 필요가 있다. 영재유아를 판별하기 위해서는 주관적인 자료와 객관적인 자료를 함께 사용하는 것이 좋다. 처음 단계에서는 부모의 추천과 교사의 관찰은 유아의 영재성을 판단하는데 중요한 역할을 한다. 부모의 추천과 교사의 관찰은 주관성이 많이 작용할 수 있기 때문에 그 다음 단계에서는 추천된 유아를 대상으로 지능검사, 학업성취 검사 등을 실시함으로써 객관적인 자료를 수집하는 것이 중요하다. 그래서 판별된 유아를 대상으로 그 다음 단계에서는 다시 전문가가 실연 과정이나 문제해결 과정을 직접 관찰하여 평가하는 것이 중요하다. 그러나 이러한 검사만으로 유아의 성격적인 측면이나 학습태도를 세밀하게 발견할 수는 없다. 이를 확인하기 위해서는 영재유아를 대상으로 하는 영재교육 프로그램에 참여하도록 한 후 뛰어난 성취를 할 가능성을 지속적으로 관찰하는 것이 필요하다.

〈표 10-3〉 유아 영재성 판별에 대한 최근 경향

구분	기존의 경향	최근의 변화 경향
판별목적	최종적인 판단과 규명	잠재적 영재성의 개발과 적절한 교육 프로그램의 배치를 위함
판별철학	소수의 우수아를 중심으로 한 제외성의 원칙	개인의 특성과 장점을 간주하는 포괄성의 원칙
판별기준	단일한 준거와 방법	다양하고 복합적인 준거와 방법
판별단계	한 번의 종합적 총점제	다단계의 절차와 특성별 강조점
판별주체	소수의 전문가와 행정책임자	부모 및 교사 등의 의견을 종합하여 최대한 반영
정보종류	효과적인 한두 가지	가치 있는 다양한 종류
평가방법	단답식 또는 선다형의 일회적 지필 검사	장기간에 걸친 수행과정을 직접 관찰 할 뿐 아니라 포트폴리오나 창작물과 같은 평소의 업적물을 참고한 질적인 개별 사례연구 포함

구분	기존의 경향	최근의 변화 경향
평가내용	습득된 지식의 양이나 사고과정, 기본적 문제해결 능력	습득한 지식을 활용하고 새로운 자료를 조작할 수 있는 능력과 발휘된 창의적이고 구체적인 행동 산출물과 교육장면에서의 태도와 성격적 특성 포함.

3. 유아를 위한 영재교육 프로그램

다음에 소개되는 영재교육 프로그램 모형 중 상당수는 초・중등학교 영재아를 위해 설계된 것이다. 그러나 앞으로 연구과정을 거쳐 그 절차와 단계 그리고 그 세부사항 등을 영재유아에 맞춰 재구성하면 유아 영재교육 프로그램으로써 적용될 수 있다고 본다. 각 모형을 살펴보고 이러한 모형이 유아 영재교육 프로그램 개발에 주는 시사점을 살펴보면 다음과 같다.

1) Renzulli의 3부 심화학습 모형

삼부 심화학습모형(Enrichment triad model)은 영재교육에서 가장 널리 활용되고 있는 영재 교수-학습 모형중의 하나이다. 이 모형은 영재아에게 학습 선택의 자유와 개별화 교수의 학습 환경을 제공해 주는 것을 기본 원리로 삼고 있다. Renzulli는 3단계의 심화학습 원리를 제안하고 있는데 이는 다음과 같다.

제1부 심화는 일반적인 탐색활동의 단계로서 장차 제3부에서 독자적인 탐구과제를 수행할 수 있도록 광범위하고 다양한 내용에 접하게 하며 아이디어를 내면화 시켜주는 과정이다. 이 단계에서는 정규 교육과정에서 다루지 않은 다양한 주제와 영역을 소개하며 전문가 초청강연, 견학, 비디오 상영, 조사, 토론 등의 활동으로 진행된다. 제2부 심화는 실제 삶의 여러 분야에서 발생하는 다양한 문제들을 좀 더 효과적으로 처리할 수 있도록 하는 기술, 능력, 태도, 방법 등을 익힌다. 이 단계에서는 개념의 이해를 돕는 발견학습 또는 실험활동 및 기능을 익히는 확인 실험활동 등이 주로 이루어진다. 제3부 심화에서는 이해한 내용이나 습득 숙달된 기능을 적용하여 일상생활 또는 주변에서 발견할 수 있는 문제를 학생이 주도적으로 정하고 이를 해결하기 위한 탐구활동으로 이루어진다. 이 단계에서는 전문가들이 사용하는 연구방법을 활용하여 탐구를 수행하는 방식으로 진행되며 이 단계에서 영재아들이 반드시 산출물을 만들어 내도

록 기회를 제공하고 격려해 주어야 한다.

이 프로그램이 유아 영재교육 프로그램 개발에 주는 시사점은 다음과 같다. Renzulli의 3부 심화수업모형은 학습이 진행될수록 보다 고급 사고기능이 필요한 학습활동을 제공해야 하며 마지막 단계에서는 그 분야의 실제적인 문제를 탐구할 수 있는 심화 탐구활동들을 포함하는 유아 영재교육 프로그램을 개발해야 함을 시사한다. 이 모형은 넓은 범위의 유아에게 다양한 수준과 형태의 심화학습 프로그램을 제공함으로써 경쟁적인 분위기보다는 협동적인 분위기를 조성하며 점진적인 심화단계를 거쳐 가면서 유아들이 체계적으로 프로젝트에 접근하게 할 수 있다.

2) Treffinger의 자기 주도적 학습모형

Treffinger의 자기 주도적 학습모형(Self-directed Learning Model)의 기본 가정은 영재 유아가 자신의 학습에 능동적으로 참여할 때 더욱 많이 배울 수 있으며 자신이 선택한 분야를 학습하면 더 동기화되어 학습을 할 수 있다는 것이다. 이 모형의 가장 큰 특징은 스스로 작성한 '학습계약서'인데 이 계약서를 통해 자기 주도적인 학습을 보장 받을 수 있고 또한 책임을 지도록 되어 있다.

Treffinger 모형은 4단계로 이루어져 있는데 이는 다음과 같다. 제1단계는 학습의 내용, 범위, 장소, 산출물, 소요시간들을 교사가 결정하는 교사 주도단계로 이루어진다. 제2단계에서는 1차 학습자 주도단계로 교사가 주도하여 학습자에게 몇 개의 학습활동을 제시하여 선택하게 한다. 제3단계에서는 2차 학습자 주도단계로 교사와 학습자가 공동으로 가장 적절한 프로그램을 개발하되 학습활동, 목표설정, 활동평가 등의 과정에서 학습자에게 보다 많은 책임을 부여한다. 제4단계는 자기 주도단계로 학습활동의 내용 및 방법, 소요시간 등을 학습자가 스스로 선택하도록 하고 교사는 자원인사로서 필요한 경우에만 정보를 제공한다. 자기주도적 학습 모형이 유아 영재교육 프로그램 개발에 주는 시사점은 다음과 같다.

첫째, 자기주도적 학습모형은 개별화교육에서 영재유아를 위한 학습방법으로 활용할 수 있다. 이 모형은 유아 위주의 교수-학습 구조를 사용함으로써 학습자 스스로 학습내용을 결정할 수 있게 하므로 동기유발이 잘 될 수 있다는 장점이 있다. 또한 이 모형은 단계적으로 자기 주도적 학습능력을 배양함으로써 실제적인 문제에 대한 심층적 연구를 가능하도록 하게 한다는 장점이 있다. 선택의 자유가 있고 독립적 능력을 증진시켜 나가는 것은 자기주도적 학습모형에서 특히 강조되는 점이다. 영재들의 경우 독립심, 인내심, 호기심, 자발성이 강하며 앞으로 고도의 독자적 연구를 수행하여야 한다는 점을 고려할 때 자기 주도적 학습모형은 영재유아를 위한 프로그램 개발에 효과적으로 활용될 수 있다.

둘째, 유아 영재교육 프로그램 개발시 교수학습 활동의 진행에 있어 교사의 역할 및 학습 안내의 정도가 점차 줄어들도록 학습 자료를 구성해야 한다는 점을 시사한다. 도입부의 안내단계에서는 교사 주도하에 유아들의 흥미와 관심을 끌 수 있는 재미있는 학습활동이 제공되어야 한다. 주제의 학습이 진행될수록 특정분야에 관심을 가진 유아들끼리 모여 제공된 자료만으로도 보다 심화된 활동을 하고 자율적이며 독립적인 탐구를 할 수 있도록 학습 자료를 설계하여야 한다. 이를 위해 학습 초기에는 필요한 자료를 가능한 풍부히 주고 점차로 유아들이 스스로 자료를 찾거나 요구하게 하는 학습자료 전개방법이 필요할 것이다.

3) Parnes의 창의적 문제해결 모형

Parnes의 창의적 문제해결모형(Creative Problem Solving)의 기본 가정은 창의성은 학습될 수 있는 행동이라는 기본 가정을 지닌다. 이 모형은 1963년 Alex Osborn 모형을 기반으로 하여 이를 발전시킨 것이다. 이 모형은 다음의 문제를 이해하는 단계(1단계에서 3단계까지), 아이디어를 일반화하는 단계(단계 4), 행동을 계획하는 단계(5단계와 6단계)의 연속적인 6가지 단계로 되어 있으며 각 단계마다 확산적 사고와 수렴적 사고가 반복된다. 창의적 문제해결 모형은 관심영역 발견, 자료탐색, 문제 탐색, 아이디어 탐색, 해결책 탐색, 수용가능성 탐색의 여섯 단계로 되어 있다(Parnes, 1988).

창의적 문제해결 모형은 유아 영재교육 프로그램을 개발할 때, 확산적 사고와 수렴적 사고를 활용하여 창의적 문제해결이 가능하도록 하는 프로그램을 개발해야 한다는 것을 시사한다. 유아 영재교육 프로그램을 구성함에 있어서 창의적 문제해결력을 신장시킬 수 있는 프로그램을 구성하고 이를 적극적으로 활용할 수 있도록 해야 하며 영재교육을 담당하는 교사의 연수 등에 있어서도 창의적 문제해결력을 신장시킬 수 있는 교수법을 습득하도록 훈련시켜야 할 것이다. 이 모형의 가장 큰 장점은 실제적으로 부딪치는 문제를 해결할 수 있다는데 있다.

4) Williams의 인지적 사고과정-정의적 감각과정의 상호작용 모형

Williams의 인지적 사고과정-정의적 감각과정의 상호작용 모형(Cognitive-Affective

Interaction Model)은 인지적 측면과 정의적 측면을 개발하는데 목표를 두고 있으며 교과목, 교수방법, 인지적·정의적 학습내용이 삼차원으로 구성되어 있다(Williams, 1970). 차원 1은 교과목 내용에 관한 것으로 언어, 수학, 과학, 사회, 음악, 미술의 여섯 가지로 분류되어 있다. 차원 2는 교수전략과 교수모형에 관한 것으로 18가지의 교수방법들로 구성되어 있으며 이러한 교수방법으로는 역설, 속성, 유추, 격차, 참신한 질문, 변화의 사례, 습관의 사례, 조직적이면서도 무선적 탐색, 탐구기능, 애매성에 대한 참을성, 창의적 표현, 발달에의 적용, 천재들에 관한 연구, 평가 장면, 창의적 읽기 기능, 창의적 청취 가능, 창의적 쓰기 기능, 시각화 기능 등이 포함된다. 차원 3은 Williams 모형의 핵심적인 부분인 학생의 인지적·정의적 학습과정에 관한 것이다. 차원 3은 인지적 사고과정인 융통성, 유창성, 독창성, 정교성과 정의적 과정인 호기심(의지), 과감성(격려), 복잡성(도전), 상상력(영감)으로 구성된 8가지 과정으로 나뉜다. 6가지의 교과목과 18가지의 교수전략 그리고 8가지의 학생형태는 6×18×8 가지 즉 8,644가지의 수업양식을 만들어 낼 수 있다. 차원 1의 교과목과 차원 2의 교수방법이 상호작용하여 차원 3인 학생행위 즉 인지적·정의적 학습과정을 유도할 수 있다.

이 모형의 장점은 인지적 측면과 정의적 측면을 결합했다는데 있다. 현재 유아 영재교육은 정의적 영역이나 감각운동 영역은 지나치게 소외되고 인지적 영역 중심의 교육이 이루어지고 있다. 따라서 유아 영재교육 프로그램의 개발에도 인지적 영역 뿐 아니라 정의적 영역, 감각운동 영역의 목표가 도달될 수 있도록 주제나 활동내용을 선정하고 교수학습방법에서도 이러한 목표 도달이 강조되도록 학습 자료를 구성하여야 한다.

5) Taylor의 다중재능접근 모형

Taylor(1967)는 사람이 갖는 재능에는 학문적 적성, 창의력, 기획력, 의사소통력, 예언력, 의사결정력 등이 있으며 이러한 각각의 능력을 계발할 수 있는 교수 학습 자료를 개발하여 교육에 활용할 수 있을 것이라고 하였다. 다중재능접근 모형은 각 사람은 다양한 분야에서 저마다 지능을 갖고 있다는 점, 각 사람은 몇 가지 재능 분야에서 영재아 일 수 있다는 점, 잠재적으로 모든 아동들은 적어도 한 가지 재능 분야에서는 평균 이상일 수 있다는 점 그리고 거의 모든 학습자는 재능에 중점을 둔 수업에서 바람직한 효과를 올릴 수 있다는 점을 기본 신념으로 하고 있다. Taylor가 학생은 한 지능 영역에서 영재이지만 다른 영역에서는 보통이거나 열등아 일 수 있다는 것을 처음 제안했을 때는 상당한 논쟁거리가 되었지만 지금은 Gardner(1983)나 Sternberg(1986) 등 많은 학자들에 의해 폭넓게 지지되고 있다.

이 모형은 각 재능의 발달에 필요한 영역별 유아 영재교육 프로그램이 개발되어야 할 필요성을 시사한다. 아울러 각 영역별 재능을 계발할 수 있도록 하는 교육적 환경을 조성하는 것이 필요하며 중요한 요소가 고루 발달될 수 있도록 유아 영재교육 프로그램을 개발해야 할 필요성을 제시한다.

4. 유아 영재교육의 방향

1) 놀이를 통한 유아 영재교육의 방향

대체로 영재유아를 학습시키기 위한 수단으로 매우 복잡하고 추상적인 자료만을 생각하는 경향이 있다. 하지만 평범한 유아들에게 있어 놀이가 중요한 위치를 차지하는 것과 마찬가지로 영재유아에게도 역시 놀이는 복잡하고 추상적인 사고를 배우게 하는데 매우 중요한 역할을 한다(Kaplan, 1980). 영재들은 높은 개념적 지식, 높은 추상적 사고, 호기심, 높은 언어발달, 창의성 등을 지니고 있는 특성이 있다. 그러므로 교육의 목표도 영재들의 특성에 맞추어 높은 사고를 요하는 내용, 창의력과 비판적 사고와 같은 고등사고과정, 창의적 산출물, 자신의 능력에 대해 인지할 수 있도록 하는 것이 되어야 하며 이러한 목표는 놀이경험을 통해 나올 수 있다.

영재유아를 위한 교육과정에서는 놀이 경험을 심화하고 속진함으로써 놀이 경험으로부터 비판적 사고, 문제해결력, 창의력, 논리력 등의 높은 사고과정을 경험할 수 있도록 해야 한다. 영재유아를 위한 교육과정은 유아들의 놀이 경험을 내용, 과정, 산출물, 정의적 측면 등에서 다음과 같은 사항에 대해 고려해 봄으로써 영재유아를 위한 차별화된 교육과정을 만들 수 있다.

(1) 내용

- 놀이 경험으로부터 어떤 개념들을 확장할 수 있을까?
- 놀이 경험에서부터 어떤 개념과 주제를 소개할 수 있을까?
- 놀이의 경험을 어떤 개념, 원칙이나 이론과 관련시킬 수 있을까?

(2) 과정

- 놀이 경험으로부터 어떻게 고등 사고 기능을 강화시킬 수 있을까?

- 놀이 경험으로부터 어떻게 탐구적 기능을 강화시킬 수 있을까?
- 놀이 경험으로부터 어떻게 읽기, 쓰기, 말하기 등의 기본 기능을 습득하도록 할 수 있을까?

(3) 산출물

- 놀이 경험을 이야기 하거나 묘사하게 하기 위해 어떤 새로운 형태를 이용할 수 있을까?
- 어떤 새로운 기법을 이용해 놀이 경험으로부터 지식을 재개념화 하거나 지식을 산출하도록 하게 할 수 있을까?

(4) 정서적 측면

- 놀이 경험으로부터 유아의 흥미, 능력, 욕구를 판단할 수 있는 지식을 얻을 수 있을까?
- 놀이 경험으로부터 다른 사람과 관련 맺고 있는 유아에 대해 판단할 수 있는 지식을 얻을 수 있을까?

놀이는 영재유아와 평범한 유아를 서로 연결시켜 줄 수 있고 영재를 고립시킬 수 있는 경계선을 허무는 역할을 할 수 있다. 영재를 교육하는데 있어서 주요하게 관심을 가져야 할 부분은 영재유아가 평범한 유아들과 함께 사회화 될 기회를 제공하면서 또한 영재유아들에게 학습 기회를 극대화 시킬 수 있는가하는 것이다. 영재유아에게 유아교육 프로그램에서 기본이 되는 놀이를 제공하고 이와 더불어 영재유아의 욕구와 흥미에 맞도록 교육과정을 제공해 줄 때 영재유아는 유아들 사이의 동질성을 유지하면서 개인차를 존중하는 교육을 받을 수 있을 것이다.

2) 창의적 문제해결력 계발을 목표로 하는 유아 영재교육

(1) 창의적 문제해결력 계발의 필요성

영재유아가 가지고 있는 잠재성을 키워 미래에 창의적인 생산자로 성장하기 위해서는 창의적인 문제해결 능력을 신장시켜야 하며 이는 유아 영재교육의 최종 목표라고 할 수 있다. 현대와 미래 사회는 새롭고 독창적인 아이디어를 생성하고 창의적으로 사고하여 문제를 해결해 나가는 능력을 요구하고 있다. Renzulli(1986)는 영재성의 '세고리 모형(three-ring model)'에서 역사적 또는 세계적 성취를 이룬 사람들이 공통적으로 갖고 있는 특성으로 보통 이상의 능력, 창의성, 과제에 대한 집착력 등 세 가지의 요소를 들고 있다. 이처럼 창의적 사고는 영재성의 핵심이며 영재들이 새로운 아이디어를 창출하고 창의적 생산을 할 수 있도록 하는데 중요한 역할을 한다(장영숙, 조석희, 2000).

Torrance(1995)는 창의적 사고가 정신건강, 교육적 성취, 직업 성공 및 기타 인생의 중요한 영역에서 매우 중요하다는 것을 역설하면서 '창의적 행동의 수준을 향상시키는 것만이 국가의 일반적 복지와 국민들의 만족과 정신 건강에 가장 크게 기여할 수 있는 것'이라고 하였다. 이는 창의적 문제해결력의 계발만이 각 개인이 가지고 있는 생산성을 최대화 시킬 수 있고 미래사회를 생산적으로 이끌어 갈 수 있도록 하는 가장 효과적인 방법임을 의미하는 것이다. 창의적 문제해결력의 계발이 영재교육의 목표가 될 때만 유아기부터 영재들은 일상생활에서부터 전문적인 영역에 이르기까지 다양한 상황에서 발생할 수 있는 문제를 창의적이면서 체계적인 방법으로 해결할 수 있는 능력을 기를 수 있다.

(2) 창의적 문제해결력의 개념

최근의 창의성 연구에서는 창의성이 문제해결과정에서 나타나게 된다는 점을 강조하는 경향이 증가하고 있다. 대부분의 문제해결에 관한 모델들은 문제해결이 창의성과 밀접한 관계가 있음을 보여준다. Langley와 그의 동료들(1987)은 일반적인 문제해결의 원리를 창의적 문제해결 과정과 과학적 발견에 그대로 적용할 수 있으며 창의적 문제해결 과정이 일반적인 문제해결 과정과 크게 구별되는 부분은 문제가 잘 정의되어 있지 않은 점이라고 하였다.

Isaksen과 Treffinger(1985)는 창의적 문제해결이란 '문제이해, 아이디어 산출, 행동 계획 및 실행의 3단계를 거치면서 수렴적 사고와 확산적 사고가 작용하여 창의적 및 생산적 사고가 일어나는 문제해결의 과정'으로 정의 하였다. 창의적 문제해결력은 일반적 영역의 지식과 기능 기반, 동기적 요소, 특정영역의 지식과 기능 기반, 비판적 사고, 확산적 사고의 다섯 가지 요소가 역동적인 관계 속에서 서로 상호작용하는 가운데 나타난다(조석희, 장영숙, 정태희, 2003).

① 일반적 영역의 지식과 기능은 전 교과에 적용이 되는 초인지 전략, 학습 기능과 같은 그리고 아직 확인되지 않았으나 일정 부분 학습자의 학습에 영향을 주는 또 다른 일반적 영역의 지식과 기능을 의미한다.

② 특정영역의 지식과 기능 기반은 문제해결에 직접적으로 관련 있는 영역의 지식과 기능

기반을 뜻한다. 최근에는 특정영역의 지식과 기능은 문제해결과 창의성 발휘에 중요한 요소로 인식되고 있다.

③ 동기적 요소는 일반적 그리고 특정영역의 지식과 기능기반 요소 등 창의적 문제해결력의 나머지 요소들이 기능하는데 원동력을 제공하는 부분이면서 성장하는 요소이다.

④ 확산적 사고는 창의적으로 문제를 해결하기 위해서 문제를 새로이 형성하고 새로이 정의하고 새로운 해결책 또는 대안을 찾아보는 상황에서 요구된다.

⑤ 비판적 사고는 판단하고 대안적 설명을 고려하고 당연시하는 것을 거부하며 판단에 증거가 있는가를 검토하며 이 증거가 다른 판단도 지지할 수 있는 것인가를 확인하는 것이다.

창의적 문제해결에는 확산적 사고로 아이디어를 생성해 내는 것도 중요하지만 생성해 낸 아이디어를 다듬고 선택하는 것도 중요하다. 이는 창의적 문제해결력은 확산적 사고와 수렴적 사고가 함께 요구된다는 것을 의미하며 창의적 문제해결력을 지도하는 방법을 살펴 볼 때도 확산적 사고뿐만 아니라 수렴적 사고도 함께 고려해야 할 필요성이 있음을 나타낸다.

(3) 창의적 문제해결력 계발을 위한 사고 훈련 기법

① 확산적 사고 기법

- 브레인스토밍(Brainstorming) : 브레인스토밍이란 뇌에 폭풍을 일으켜서 어떤 문제를 해결하는 것을 뜻한다. 이것은 Osborn(1963)이 개발한 것으로 일산적인 사고방법대로가 아니라 거침없이 자유롭게 생각하도록 격려함으로써 좀 더 다양하고 우수한 아이디어를 얻는 방법이다.
- SCAMPER : Eberle(1971)가 개발한 SCAMPER는 용도를 개발하거나 품질을 개선하는 등의 아이디어 개발에 유용하다. 예를 들면 연필을 다음의 SCAMPER에 적용하여 생각해 볼 수 있다.
  - S : 대치하기(Substitute) – 다른 누구? 다른 무엇? 다른 성분? 다른 재료? 다른 에너지?
  - C : 결합하기(Combine) – 혼합하면? 아이디어를 결합하면?
  - A : 응용하기(Adapt) – 맞도록 고치면? 이것과 비슷한 것은? 각색을 하면?
  - M : 수정하기, 확대하기, 축소하기(Modify, Magnify, Minify) – 확대하면?

빼면? 변형시키면?

- P : 다른 용도로 사용하기(Put to other use) – 다른 용도는? 수정하면 다른데 사용가능?
- E : 제거하기(Eliminate) – 없애버리면? 부품수를 줄이면?
- R : 재배치, 거꾸로 하기(Rearrange, Reverse) – 거꾸로 하면? 반대로 하면? 역할을 바꾸면?

- 형태학적 분석법(Morphological Analysis) : 이 기법은 어떤 문제에 대해 둘 이상의 구성요소를 연구하는 것이다. 특정한 문제의 한 가지 속성에 대해 해결해야 할 문제와 관련된 제반 요인들을 추출하고 이들 요인들 각각을 한 변으로 하는 사각형이나 입방체를 만든 다음 각각의 요소에 아이디어의 명칭을 강제적으로 부여함으로써 새로운 해결책을 찾는 방법이다. 예를 들면 폐품을 이용하여 교실 환경을 개선할 수 있는 방법 찾기 등을 생각해 볼 수 있다.
- 색다른 용도법(Unusal uses) : 원래의 용도외에 다른 용도로 사용할 수 있는 방법을 찾아보게 하는 방법으로 예를 들면 칫솔로 이 닦는 것 외에 다른 용도로 사용할 수 있는 방법을 생각해 내는 것을 들 수 있다.
- 목록표 작성법(Listing Techniques) : 첫단계로 문제를 제시하고 제시된 문제와 아무런 관련이 없는 목록을 만든다. 두번째 단계는 제시된 목록을 문제와 연결시킨다. 세번째는 아이디어를 평가한다. 예를 들면 편식을 하는 유아의 편식 없애는 방법은? 왕자, 고무줄, 화장지, 신문, 냄비 등을 작성하여 두번째 단계, 세번째 단계를 적용해 볼 수 있다.

② 수렴적 사고 기법

- 역브레인스토밍(reverse brainstroming) 기법 : 이 기법은 Hotpoint 회사가 발명해 낸 것으로 브레인스토밍 방법과 비슷하지만 아이디어를 생성해 내는 것이 아니라 생성해 놓은 아이디어에 대하여 비판을 생성해 내기 위해서 사용한다.
- PMI(Plus, Minus, Interest) 기법 : 이 방법은 DeBono(1973)가 고안한 기법으로 특정한 대상의 긍정적인 면과 부정적인 면을 각각 기록한 다음 이들 동시에 여러 가지 요인들이 혼합되어 작용하는 사고의 상황에서 하나하나씩의 단계를 거쳐 보다 냉철한 판단 아래 사고를 전개시킬 수 있는 이점을 가지고 있다.
  - P(Plus) : 아이디어에 대해 좋은 점(왜 그것을 좋아하는가?)

- M(minus) : 아이디어에 대한 나쁜 점(왜 그것을 좋아하지 않는가?)
- I(interest) : 아이디어에 관해 발견한 흥미 예를 들면 창문은 유리창 대신 플라스틱 창으로 바꾸어져야 한다.

영재 유아를 조기에 판별하면 영재유아의 행동과 욕구를 이해할 수 있고 적합한 프로그램을 계획하고 교육과정을 만들 수 있어서 교육 기회를 향상시킬 수 있다는 장점이 있다. 그러나 유아기에 실시한 판별 검사가 성장한 후에 실시한 판별검사와 상관이 그리 높지 않은 경우도 있기 때문에, 유아기에 실시한 판별이 성장한 후에도 동일하리라는 단순한 사고를 벗어나서 유아의 잠재가능성을 최대로 계발한다는 목적 하에 영재 판별을 해야 한다.

유아들은 빠른 속도로 발달하는 과정에서 심리적 특성들이 안정되어 있지 않기 때문에 영재라는 말을 사용할 때는 조심스럽고 신중하게 사용해야 한다. 이는 취학 전 유아의 경험이 유아의 발달에 많은 영향을 끼칠 수 있다는 의미이지, 유아들의 영재성을 발견하고 그것을 길러주는 노력을 소홀히해도 된다는 이야기는 아니다. 빠르게 변화하는 유아를 위해서는 유아의 특성을 잘 파악함으로써 각자에게 적절한 교육환경을 제공해 타고난 능력을 최대한 발휘할 수 있도록 하는 교육이 필요하다. 영재유아가 자신의 특성에 가장 적절한 교육을 받을 수 있을 때 잠재력을 최대로 발휘할 가능성이 많아지며 이 때문에 영재유아를 위한 차별화된 교육이 필요한 것이다.

참고문헌

참 고 문 헌

- 강순구 · 조윤경 역(1985). 포테이지 아동발달 지침서. 서울 : 서울장애인종합복지관.
- 김경숙 외(2002). 유아특수교육개론. 서울 : 학지사
- 김미경 외(2007). 정서 및 행동장애아 교육. 서울 : 학지사.
- 김병하 외(1994). 청각장애와 언어. 대구 : 대구대학교 출판부
- 김삼찬 · 이선호 외(2005). 한국수화사전. 서울 : 형설출판사.
- 김선희 외(2002) 의사소통장애. 서울 : 학지사.
- 김승국 외(1998). 청각장애아동교육. 서울 : 학지사.
- 김영태(2002). 아동언어장애의 진단 및 치료. 서울 : 학지사
- 김은숙(1994). 맹아 조기교육법. 서울 : 도서출판 특수교육.
- 김재복(2003). 통합교육과정. 서울 : 교육과학사.
- 김정권 외(1998). 정신지체아교육과 지도의 실제. 서울 : 양서원
- 김정권(1987). 교육진단검사(자폐아 · 정신지체아). 대구 : 대구대학교 출판부.
- 김종현 외 3인(1996). 특수유아교육. 서울 : 창지사.
- 김종현 · 이성현 · 이은림 · 정대영(2001). 특수유아교육. 서울 : 창지사
- 김종휘(1998).영재학생식별편람(영재학생을 어떻게 발견하나?). 서울 : 원미사
- 박순희(2005). 시각장애아동의 이해와 교육. 서울 : 학지사.
- 박순희(1995). 시각장애와 중복장애 유아를 위한 취학전 교육 서비스. 서울 : 도서출판 특수교육.
- 박은혜 외(2002). 특수아동교육. 서울 : 학지사
- 박화문 외 6인(1999). 장애유아의 교육과 지도. 서울 : 창지사.
- 배소영(1998). 취학전아동의 언어장애 치료. 1998년도 한국언어치료학회연수자료집. pp.23~44. 한국언어치료학회, 대구.
- 서영숙 · 천혜정(2005). 유아의 장애이해교육. 서울 : 양서원.
- 서울장애인종합복지관 조기교육실 역(2000). ASQ 부모작성형 아동 모니터링시스템. 서울 : 서울장애인복지관
- 석동일 외(2007). 청각학개론. 대구 : 대구대학교출판부.
- 신민섭 외(2003). 그림을 통한 아동의 이해와 진단. 서울 : 학지사.

- 여광응 · 박대용 · 이점조 · 추연구(2003). 특수아동 부모교육의 이론과 실제. 서울 : 양서원.
- 오세철 · 김혜경(2004). 부모 참여프로그램 운영을 위한 장애유아 부모의 정보 요구 조사. 한국지체부자유아교육학회지 중복 · 지체부자유아 교육, 43, pp.123~141.위양자(2001). 장애아전담 보육시설의 장애유아교육 실태와 장애유아 교육 활성화 방안조사. 공주대학교 대학원 석사학위논문.
- 유안진(1997). 인간발달신강. 서울 : 문음사.
- 이군현(1988). 영재교육학. 서울 : 박영사.
- 이규식 외(1996). 청각학. 대구 : 대구대학교출판부.
- 이규식 외(2004). 의사소통장애 치료교육. 서울 : 학지사.
- 이기현(1998). 유아 통합교육을 위한 사회적 상호중재 방법에 관한 고찰. 아동교육. 7(2), pp.102~119.
- 이미선(2004). 가족중심의 유아특수교육 : 장애유아 가족의 가족지원에 관한 경험 과 요구. 유아교육연구, 24(6), pp.89~112.
- 이상복, Luke Y. Tsai, 김정일(2002). 자폐성 영 · 유 · 아동의 조기중재. 대구 : 대구 대학교 출판부.
- 이상복 · 이효신(1998). 유아특수교육. 경산 : 대구대학교 출판부.
- 이소현 역(1995). 장애영유아를 위한 교육. 서울 : 이화여자대학교 출판부.
- 이소현(1999). 가족 참여를 위한 지원 및 중재. 현장특수교육, 7(3), pp.8~17.
- 이승복 역(2001). 언어발달 5판. 서울 : 시그마프레스.
- 이승환 외(2001). 의사소통장애개론. 서울 : 하나의학사.
- 이신동 · 이경화 · 최병연 · 박숙희(역)(2002). 유아영재교육의 이해. 서울 : 학문사.
- 임안수(2005). 시각장애아 교육. 대구 : 해동.
- 장영숙(2001). 유아 영재의 판별과 역동적 평가. 영재교육연구. 11(3). 131~153.
- 장영숙(2002). 유아의 다중지능과 어머니의 다중지능과의 관계 연구. 열린유아교육 학회. 7(2). 259~278.
- 장영숙 · 조석희(2000). 창의성 신장을 위한 영재 심화학습 프로그램의 효과에 대한 교사와 영재아의 평가 비교 연구. 영재교육연구. 10(1). 33~53.
- 장영숙 · 황윤세(2003). 유아 언어영재 판별에서 프로젝트 tm펙트럼(Project Spectrum) 의 활용에 대한 기초연구. 한국영유아보육학. 33. 155~184.
- 장진권(2004). 한국수화여행. 한국농아인협회.
- 장프링수와뒤몽(2002). 내가 얼마나 큰지 보여주지. 서울 : 문학동네.
- 정은희 외(2005). 청각장애아교육. 학지사.
- 조광순(2001). 국내 장애유아 조기교육 : 그 질적 향상을 위한 과제. 현장특수교육, 9(1), pp.18~23.
- 조석희 · 장영숙 · 정태희(2003). 영재판별을 위한 간편 창의적 문제해결력 검사 개발 을 위한 기초연구. 한국교육. 30(1). 259~296.

- 조석희 · 한순미(1986). 취학전 영재의 특성 및 부모의 지도실태와 요구에 관한 조사 연구. 서울 : 한국교육개발원.
- 조용태(2005). 특수아 상담. 서울 : 양서원.
- 주신기(2004). 한국수화. 한국농아인협회.
- 최민숙(1999). 가족중심 유아특수교육의 태동과 가족참여의 효율성을 저해시키는 요인. 특수교육연구. 6, pp.3~14.
- 최성규(1997). 청각장애아 심리. 서울 : 도서출판 특수교육.
- 최진희 · 김은경 · 윤현숙 · 이인순 · 이정숙 역(1996). 장애유아를 위한 캐롤라이나 교육과정. 서울 : 대한사회복지개발원.
- 한국맹인복지연합회(2000). 시각장애유아 조기교육프로그램. 서울 : 저자.
- 한국언어병리학회편(1994). 언어장애의 이해와 치료 1~5권. 서울 : 군자출판사
- 한석실(2004). 유아영재를 위한 발달에 적합한 실제. 미래유아교육학회 춘계 학술대회 논문집. 19~57.
- Abraham, W. & Hartwell, L. K.(1985). early identification of the reschool of the reschool child : A study of parent and teacher effectiveness. *Gifted Education International*, 3, 127~129.
- American Psychiation(1994). Diagnostic and statistical of manual disorder(4th ed). Washington, D.C. : American Psychiatric Assoication
- Bloom, B. S.(ed.).(1985). Developing talent in young people. New York : Ballantine Books.
- DeBono, E.(1973). Cort Thinking. Elmsford, NY : Pergamon.
- Eberle, B.(1971). Scamper. Buffalo, NY : DOK Publishers.
- Gagne, F.(1993). Constructs and models pertaining to exceptional human abilities. in K.A. Heller, F.J. Monks, & A.H. Passow(EDS.), *International handbook of research and development of giftednedd and talent*. Oxford Pergamong Press.
- Gaedner, H.(1983). Frames of mind : The theory of multiple intelligances. New York : Books.
- ______(1993). Multiple intelligences : The theory in practice. New York : Basic Books.
- Gottfried, A., Gottfried, A.E., & Bathurst, K., & Guerin, D.W.(1994). Gifted IQ early development aspects : the Fullerton longitudinal study. New York : Plenum.
- Gross, M.U.M.(1993). *Exceptionally gifted children*. London : Routledge.
- Harrison, C.(2004). Giftedness in early childhood education : the search for complexity and connection. *Roeper Review*, 26(2), 28~84.
- Hobson, R. P.(1989). Beyond cognition : A Theory Autism. In G. Dawson(Ed.), *Autis*

m : New Perspectives on nature, Diagnosis, and treatment. New York : Guilford.

- Isaksen, S. G., & Treffinger, D. J.(1985). *Creative problem solving* : The basic course. Buffalo, NY : Brearly Limited.
- Jacobs, J.(1971). *Psychology in the schools.* 140~142.
- Kanner, L.(1943). Autistic disturbances of affective contact. *Nervous Child,* 2, 43~56.
- Kaplan, S.N(1980). Curricular and Programmatic concerns. In Ventrua County Superintendent of School(Ed.). Educating the preschool/primary gifted and talented. Ventura, California.
- Karnes, M.B.(1986). The challenge. In Kanres(ed.), *the unobserved : our young gifted children.* Reston, Virginia : The ERIC Clearing House.
- Kasten, S., Spaulding, I.., & Scharf, B.(1980). Rasing the young blind Child: A Guide for Parents and educators. New York: Human Sciencess Press
- Kitano, M.(1985). Ethnography of a preschool for the gifted : What gifted young children actually do? *Gifted children Quartely,* 29. 67~71.
- Koenig & Hobrook(2000). *Foundation of Education*(2ds). New York; AFB Press.
- Langley, P., Simon, H. A., Bradshaw, G. L., & Zytkow, J. M.(1987). *Sciencetific discovery : Computational explorational of the creative process.* Cambridge, MA : MIT Press. Quoted in R. J. Sternberg, & T. I. Lubart. *Investing in creativity, American Psychologist,* 51(7), 677~688. 1996.
- Louis, B. & Lewis, M.(1992). Parental beliefs abcut giftedness in young children and their relation to actual ability level. *Gifted Child Quarterly,* 36, 27~31.
- Maker, C.J.(1993). Creativity, intelligance, and problem solving : A definition and design for cross-cultural research and measurement related to giftedness. *Gifted Edu cation International,* 9(2), 68~77.
- Marland, S.(1972). Education of the gifted and talented. Vol 1. Reported to the Congress of the United States by the U.S. Commissioner of Education. Washington, D.C. : U.S. Goverment Printing Office.
- Osbron, A.F.(1963). Applied imaginatipn. New York : Scribner's.
- Parnes, S. J.(1988). Visionizing : State of the art processes for encouraging innovative excellence. East Aurora, NY : D.O.K.
- Parrott, M. E., & Heman, S. E.(1987). *report on the Michigan family support subsidy program* Lansing : Michigan Department of mental Health.
- Peterander, F.(1996). *Early intervention : Information, orientation and guidence of families* Munich : Druck-Service Schwarz Gmbil.
- Piirto, J.(1994). Talented Children and adults : Theirdevelopment and education. New

York : Macmillan College Publishing Co.

- Pretti-Frontczak, K. L.(1996). Examining the efficacy of embedding young children's goals and objectives into daily activities. Unpublished doctoral dissertation, University of Oregon, Eugene, Oregon.
- Renzulli, J. s.(1977). The enrichment triad model : A guide for developing defensible programs for the gifted and talented. Wethersfield, CT : Creative learning Press.
- ________(1986). The Three-Ring Conception of Giftedness : A developmental model for creativity productivity. In R. J. Sternberg and J E. Davidson(Eds.), Conceptions of Giftness. Cambridge, MA : Cambridge University Press.
- Rogers, M. T.(1986). A comparative study of developmental traits of gifted and average youngsters. Unpublished doctoral dissertation, University of Denver, Denver, Co.
- Ronald B. Gillam(2000). *Communication sciences and disorders.* by singular publishing group.
- Snow, M. Hertzig, M., & Shapiro, T.(1987). Expression of emotion in young autisticchildren. *Journal of the American Academy of the and Adolescent Psychiatry,* 26, 836~838.
- Taylor, C. W.(1967). Questioning and creating : A model for curriculum reform. Journal of Creative Behavior, 1(1), 22~23.
- Terman, L. M. & Odem, M. H.(1925). Thememental and physical traits of a thousand gifted children. Stanford, CA : Stanford Univ. Press.
- Torrance, E. P.(1995). Why Fly? Norwood, NJ : Ablex publishing Corporation.
- Treffinger, D. J.(1975). Teaching for self-directed learning : A priority for the gifted and talented. The Gifted Child Quarterly, 19, 46~59.
- Urban, K. K.(1995). *Creativity-A component approach model.* A paper presented at the 11th World Conference on the Education for the gifted and Talented. Hong Kong : July 31-Aygust 4, 1995.
- Volkmar, F. R.(1987). Social development. In D. J. Cohen., A. M. Dennellan., & R. Paul(Eds.), *Hanbook of autism and pervasive developmental disorders*(pp.41~60). New York : Willey.
- Williams, F. E.(1970). *Classroom ideas for encouraging thinking and feeling*(2nd ed). Buffalo, NY : D. O. K.
- Zimmerman, S.(1984). The mental retardation family subsidy program : Its effects on families with a mentally handicapped child. *Family Relations,* 33, pp.105~118.

강미희

학 력

- 전남대학교 사범대학 유아교육과 졸업
- 한국교원대학교 대학원 석사학위 취득(유아교육 전공)
- 한국교원대학교 대학원 박사과정 수료(유아교육 전공)

경 력

전) 광주보건대학 유아교육과 학과장

- 광주광역시교육청 유치원 장학위원 및 평가위원
- 한국유아교육학회 광주・전남지회 상임위원 및 감사
- 전남교육연수원 유치원 1급 정교사 자격연수 교육과정 개발 자문위원
- 광주교육연수원 강사(유치원 1급 정교사 자격연수)
- 전남교육연수원 강사(유치원 1급 정교사 자격연수, 신규교사, 수업장학요원 직무연수)
- 전남대학교 연수원 강사(유치원 교사 학습지도 직무연수)
- 한국교원대학교 및 광주여자대학교 유아교육과 강사
- 광주광역시 광산구청 사회복지과 보육정책위원회 위원
- 공립유치원 교사 경력 13년(구례중앙초등학교병설유치원 외 3개 공립유치원)
- 유아특수교육 직무연수 실시(광주보건대학 주최, 전라남도교육청 후원, 광주・전남지역 공립유치원 교사 대상)
- 2005, 2007, 2008 유아특수교육 직무향상 교육과정 실시
  (광주보건대학 주최. 교육인적자원부 지원, 광주지역 사립유치원 및 어린이집 교사 대상)
- 광주광역시교육청 강사(광주광역시 공립병설유치원 교사 연수),

현) 광주보건대학 유아교육과 교수

- 광주보건대학 유아교육과 학과장
- 한국유아교육학회 광주・전남지회 운영위원
- 광주광역시교육청 유치원 장학위원

저서 및 논문

- 일반유아교사를 위한 장애유아통합교육의 이해와 적용, 21세기사, 2009.
- 왼손잡이 고쳐야하나? 절대 NO, 서울 : 보경문화사, 1998.
- 왼손잡이를 바르게 이해합시다, 국어 읽기 6-1, 교육인적자원부, 2002.
- 왼손잡이 어린이에 대한 어머니와 교사의 인식(한국교원대학교 대학원 석사학위논문, 1995)
- 아동 그림책으로서 삼강행실도의 특성과 가치 연구(유아교육연구, 23(4), 105~139. 2003)
- 삼강행실도의 아동교육사적 가치 연구(열린유아교육연구, 10(3). 79~111, 2005)
- 예비유아교사의 인현극 공연 경험이 유아에 대한 인식과 교수활동 및 자아인식에 미치는 효과(유아교육연구, 25(2), 119~142. 2005) 외 다수
- Multiculturalism : Toward The New Millenium. *The School Field*, 9(3), 45~59, 1998.
- 16PF Personality Profile of Gifted Children : Preliminary Report of an International Study, *North American Journal of Psychology*, 6(1), 51~54, 2004.

김순영

학 력

- 전남대학교 사범대학 가정교육과 졸업
- 대구대학교 교육대학원 석사학위 취득(특수교육 전공)
- 대구대학교 대학원 박사학위취득(특수교육 전공)

경 력

전) 한국정신지체아교육학회 이사

- 제7차 특수학교교육과정 각론 개발위원
- 제7차 특수학교 1종교과용도서 및 교사용지도서 편찬 및 집필위원
- 조선대학교 겸임조교수
- 광주여자대학교 겸임교수
- 특수학교 및 특수학급 교사 21년(광주선명학교 외 3개 학교)

현) 신광중학교 교감

- 한국발달장애학회 이사
- 광주광역시교육청 특수교육 운영위원
- 광주교육대학교 강사

저서 및 논문

- 일반유아교사를 위한 장애유아 통합교육의 이해와 적용, 21세기사, 2009
- 특수아동의 심리학적 이해, 서울 : 학지사, 2003
- 지적장애아 교육의 심리학적 탐색, 서울 : 학지사, 2008
- 정신지체학교 초등부 기능적 생활중심 지도프로그램, 국립특수교육원, 1977
- 중다예시 자기교시훈련이 정신지체아 자기교시수행 및 문제해결력의 일반화에 미치는 효과(박사학위논문)
- 자기교시법의 중도(中度)정신지체아 적용을 위한 탐색적 연구
- 중다예시 자기교시훈련이 발달장애유아의 과제수행 및 문제해결력의 일반화에 미치는 효과
- 제7차 특수학교교육과정 재량활동 운영실태 및 교사연구에 관한연구(정신지체 · 정서장애학교중심)
- 자기교시훈련이 학습장애아의 나눗셈 연산능력에 미치는 효과

일반유아 교사를 위한 **특수유아의 이해와 지도**

1판 1쇄 발행 2010년 06월 30일
1판 3쇄 발행 2023년 06월 08일
저 자 강미희, 김순영
발 행 인 이범만
발 행 처 **21세기사** (제406-2004-00015호)
경기도 파주시 산남로 72-16 (10882)
Tel. 031-942-7861 Fax. 031-942-7864
E-mail : 21cbook@naver.com
Home-page : www.21cbook.co.kr
ISBN 978-89-8468-359-4

정가 12,000원